上岗轻松学

图解汽车车身修复与涂装快速入门

主　编　祖国海
参　编　杲宏杰　王建民
主　审　宋传平

机 械 工 业 出 版 社

本书以照片图、线条图、表格为主要编写形式，突出“图解”和“快速入门”两大特点，力求更好地满足初级技术人员快速上手的需求。本书内容浅显易懂，以够用为度，主要介绍了车身修复工具及设备，车身修复基本工艺，车身的检验、测量与矫正，车身的修复，表面预处理，涂底漆，涂中间层，涂面漆，涂膜缺陷的产生及预防等内容。

本书可作为汽车修理工入门自学用书，也可作为各类职业鉴定培训机构和职业技术院校的培训教材。

图书在版编目（CIP）数据

图解汽车车身修复与涂装快速入门/祖国海主编. —北京：机械工业出版社，2013.9

（上岗轻松学）

ISBN 978-7-111-43544-0

Ⅰ.①图… Ⅱ.①祖… Ⅲ.①汽车-车体-车辆修理-图解②汽车-车体-涂漆-图解 Ⅳ.①U472.4-64

中国版本图书馆 CIP 数据核字（2013）第 177415 号

机械工业出版社（北京市百万庄大街 22 号　邮政编码 100037）

策划编辑：陈玉芝　责任编辑：陈玉芝　王华庆　版式设计：常天培

责任校对：佟瑞鑫　封面设计：饶　薇　责任印制：李　洋

中国农业出版社印刷厂印刷

2013 年 10 月第 1 版第 1 次印刷

169mm×239mm · 10 印张 · 182 千字

0001—4000 册

标准书号：ISBN 978-7-111-43544-0

定价：26.00 元

凡购本书，如有缺页、倒页、脱页，由本社发行部调换

电话服务　　网络服务

社服务中心：(010)88361066　教材网：http://www.cmpedu.com

销售一部：(010)68326294　机工官网：http://www.cmpbook.com

销售二部：(010)88379649　机工官博：http://weibo.com/cmp1952

读者购书热线：(010)88379203　**封面无防伪标均为盗版**

前 言

PREFAC

随着汽车产销量的与日俱增，汽车维修行业正换发着勃勃生机，广大刚进入该行业的技术人员亟须内容生动、实用性强、通俗易懂的图书进行学习和参考。为此，我们编写了《图解汽车车身修复与涂装快速入门》一书。

“图解”和“快速入门”是本书的两大特点。

“图解”，即通过大量的现场照片图、三维立体图将抽象深奥的知识具体化、形象化，通过线条图将复杂的结构简单化、清晰化，以更好地阐释操作过程及相关内容，达到读图学知识的目的，有于读者对知识的理解。

“快速入门”，即本书讲解的汽车车身修复与涂装知识属于汽车修理工入门级水平，语言通俗易懂，贴近现场，便于读者快速掌握。

本书以最新颁布的《国家职业标准》为依据，紧紧围绕汽车维修一线所需的理论知识与操作技能，系统地介绍了车身修复工具及设备，车身修复基本工艺，车身的检验、测量与矫正，车身的修复，表面预处理，涂底漆，涂中间层，涂面漆，涂膜缺陷的产生及预防等内容。本书对当前汽车的新知识、新技术、新工艺也有一定的阐述，贴合实际，具有指导性。

本书可作为汽车修理工入门自学用书，也可作为各类职业鉴定培训机构和职业技术院校的培训教材。

本书由祖国海主编，杲宏杰、王建民参加编写，宋传平担任主审。

由于编者水平有限，书中难免存在不足之处，恳请广大读者批评指正。

编　者

目　录

CONTENT

第一章

车身修复工具及设备

第一节　车身修复工具

名称	图示	说明
钣金锤	 整平锤	锤头为圆形，也有方形的，锤面平整，略有弧度，用于整平外板
	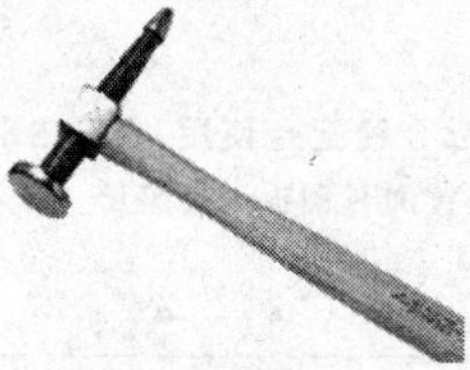 尖嘴锤	又叫镐锤或鹤嘴锤，一端锤头细长，呈鹤嘴状，用于精细修复外板上的小凸起
	 收缩锤	锤面呈锯齿状，敲击铁板时会留下细小的点痕，可有效控制整平过程中产生的金属延展
	 橡胶锤	橡胶制的锤头，可用于金属外板及结构件的整形

（续）

名称	图　示	说　明
	木锤	轻质的木质锤头，在外板整平时可有效抑制金属延展
钣金锤	 操作方法 	(1)用手轻轻握住锤柄的端部（相当于锤柄全长的1/4位置）。握锤时食指和中指应适当放松，小指和无名指相对紧一些，使锤柄形成一个比较灵活的转轴 (2)锤击工件时，眼睛注视工件，找准锤击的落点 (3)锤击作业质量的关键在于落点的选择，一般遵循"先大后小、先强后弱"的原则，从变形量较大处起按顺序敲打，并保证锤头呈平面落在工件表面上，同时还要注意工件的结构强度，有序排列钣金锤的落点 (4)用手腕摇动的方法轻轻敲击工件表面，并利用钣金锤敲击工件时产生的回弹力使钣金锤按圆圈轨迹运动
垫铁		与各种钣金锤配合使用，在敲击时为钢板提供支撑，也可从背面对钢板进行整形
		当选用垫铁衬托金属板件时，垫铁的形状要与金属板料曲面的曲率相一致，否则在修理过程中将会产生严重的后果，使金属板件损坏得更严重，造成二次损伤
打板		用于修复棱角和沟槽部位，修出来的棱角和沟槽线条匀称、棱角分明

（续）

名称	图　示	说　明
划针	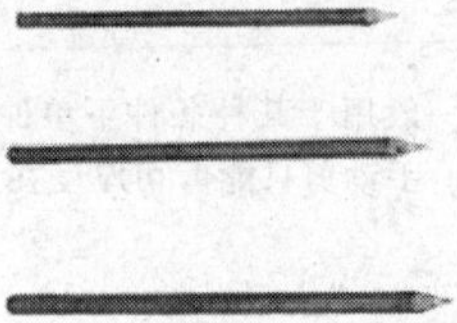	用于在金属板上划出标记。在修复棱角之前,先用划针做好标记,这样修复出的棱角就不会“偏移”了
撬棍	 粗撬棍	利用杠杆原理,可在板件内部由内至外对凹陷进行大致整形
	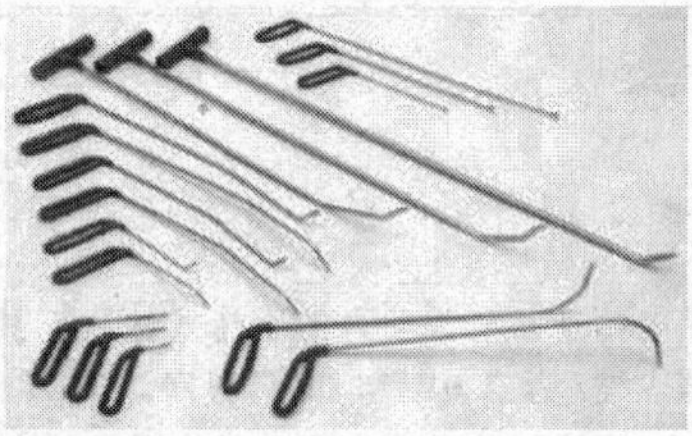 细撬棍	用于对车辆进行免伤漆修复,使“小磕小碰”不再进行整套的钣金涂装
柔性锉	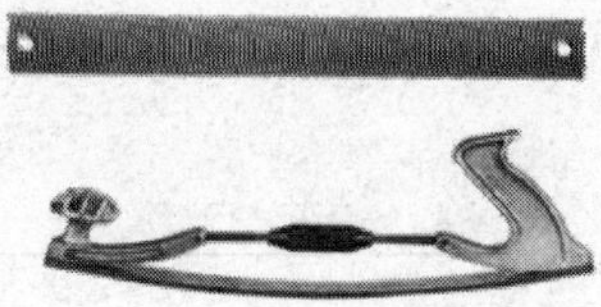	通过观察锉削痕迹,可以方便地检查出钣金件上的凸起部位,便于后续整平修复
打磨机		盘式打磨机在车身钣金修理中应用极为广泛,主要用来磨除金属表面上的涂膜或铁锈。钣金面的凹陷处也可通过打磨机的打磨而显现出来。打磨时工作用的砂轮片粒度通常为60号、80号或120号等,常用的是80号
手提砂轮机		手提砂轮机主要用来磨削不易在固定砂轮机上磨削的零件。例如,发动机罩、驾驶室、翼子板及车身蒙皮等经过焊修的焊缝,可用手提砂轮机磨削平整。手提砂轮机有电动和风动两种类型。按砂轮直径分,常用的手提砂轮机规格有 ϕ150mm、ϕ80mm、ϕ40mm三种

（续）

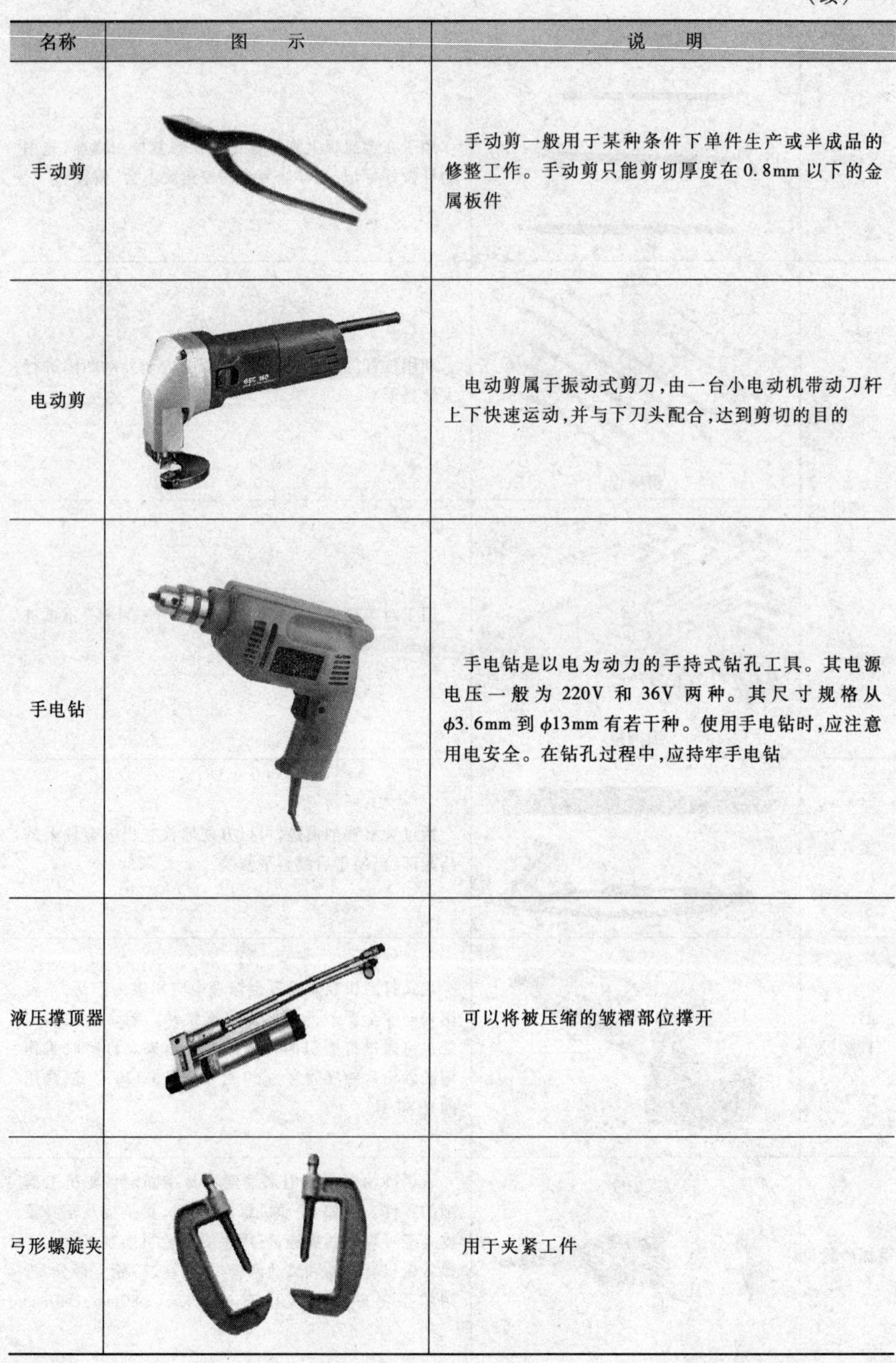

名称	图示	说明
手动剪		手动剪一般用于某种条件下单件生产或半成品的修整工作。手动剪只能剪切厚度在 0.8mm 以下的金属板件
电动剪		电动剪属于振动式剪刀，由一台小电动机带动刀杆上下快速运动，并与下刀头配合，达到剪切的目的
手电钻		手电钻是以电为动力的手持式钻孔工具。其电源电压一般为 220V 和 36V 两种。其尺寸规格从 ϕ3.6mm 到 ϕ13mm 有若干种。使用手电钻时，应注意用电安全。在钻孔过程中，应持牢手电钻
液压撑顶器		可以将被压缩的皱褶部位撑开
弓形螺旋夹		用于夹紧工件

第二节　车身修复设备

一、气焊设备

名称	图示	说明
氧气瓶		氧气瓶是运送和储存高压氧气的容器。其容积为40L,工作压力为15MPa。按照规定,氧气瓶外表涂装成天蓝色,并用黑漆标明“氧气”字样
乙炔瓶		乙炔瓶是储存和运送乙炔的容器。我国最常用的乙炔瓶公称容积为40L,工作压力为1.5MPa。其外形与氧气瓶相似,外表涂装成白色,并用红漆写上“乙炔”“不可近火”等字样
减压阀		气焊时所需的工作压力一般比较低,气瓶内输出的气体在降压后才能使用。减压阀的作用就是降低气体压力,并使输送给焊炬的气体压力稳定不变,以保证火焰稳定
焊炬	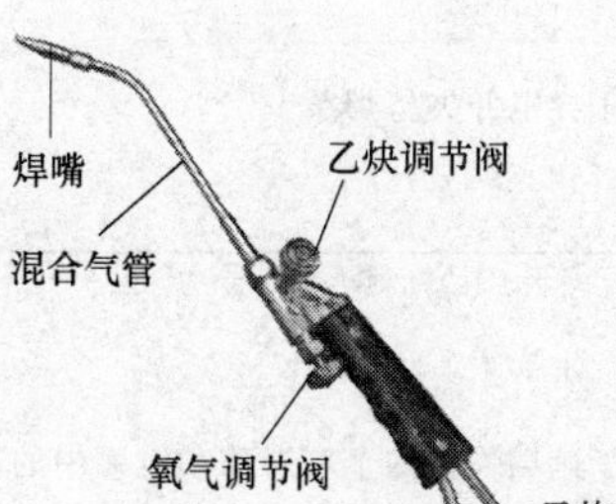	焊炬的作用是将乙炔和氧气按一定的比例均匀混合,由焊嘴喷出后,点火燃烧,产生气体火焰。常用的焊炬是射吸式焊炬

（续）

名称	图　示	说　明
割炬	切割气管 切割氧气手轮 割嘴 手把 混合气管 燃烧氧气手轮 乙炔手轮 氧气 乙炔	气割是利用可燃气体(乙炔)和氧气混合燃烧的火焰,将金属加热到燃点,然后喷射氧气流,使金属剧烈燃烧并吹除氧化熔渣,使金属分割开来的方法

二、焊条电弧焊设备

名称	图　示	说　明
电焊机	交流电焊机 直流电焊机	利用正负两极瞬间短路时产生的高温电弧来熔化焊条上的焊芯和被焊材料,从而使它们结合 电焊机的结构十分简单,就是一个大功率的变压器,将220V交流电变为低压电。电源既可以是直流的,也可以是交流的
焊钳		用于导电并夹持焊条
面罩	手持式	用于遮挡飞溅的金属熔珠和电弧中的有害弧光,保护操作者的头部和眼睛

（续）

名称	图示	说明
面罩	 头戴式	用于遮挡飞溅的金属熔珠和电弧中的有害弧光，保护操作者的头部和眼睛
焊条		焊条由焊芯和药皮两部分组成。焊条熔化后作为填充金属进入熔池，形成焊缝金属

三、CO_2 气体保护焊设备

名称	图示	说明
焊接设备		CO_2 气体保护焊是以 CO_2 作为保护气体，依靠焊丝和工件之间产生的电弧来熔化金属的一种焊接方法
焊接原理	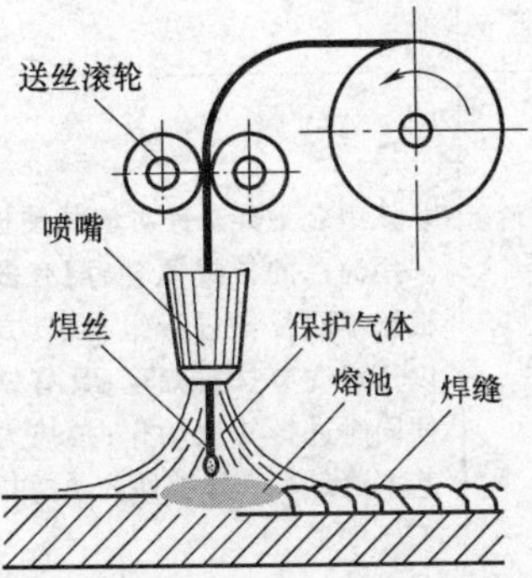 送丝滚轮 喷嘴 焊丝 保护气体 熔池 焊缝	CO_2 气体保护焊是以可熔化的金属焊丝作电极，并有 CO_2 气体保护的电弧焊，是焊接黑色金属的重要方法之一

（续）

名称	图　　示	说　　明
设备连接	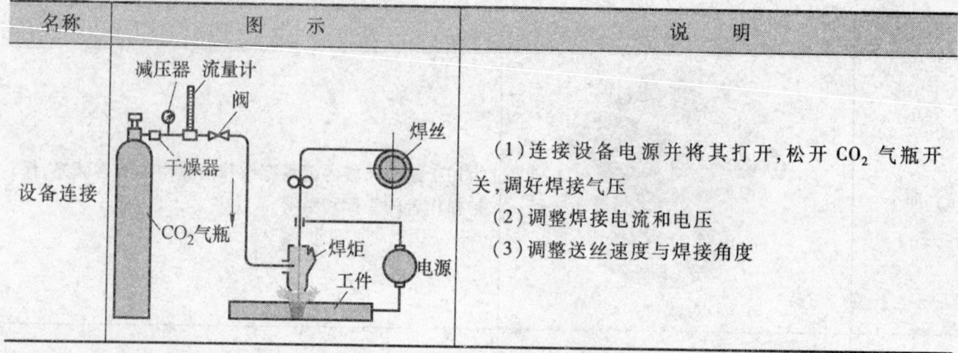	(1)连接设备电源并将其打开，松开 CO_2 气瓶开关，调好焊接气压 (2)调整焊接电流和电压 (3)调整送丝速度与焊接角度

四、矫正设备

名称	图　　示	说　　明
地锚设备	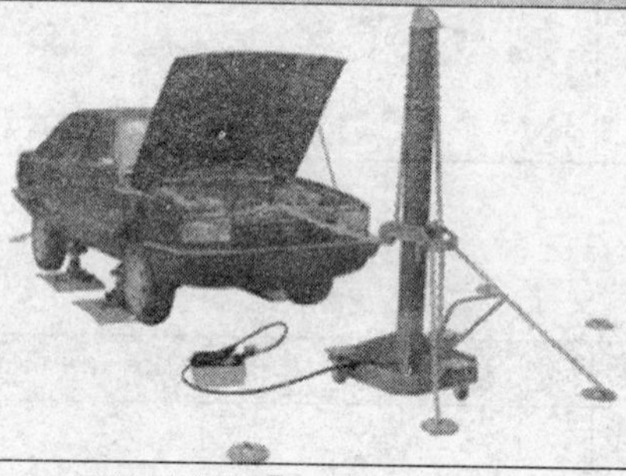	适用于小型汽车钣金维修厂，能够进行快速固定，可进行单点或多点拉拔，而且锚固牢靠
矫正仪	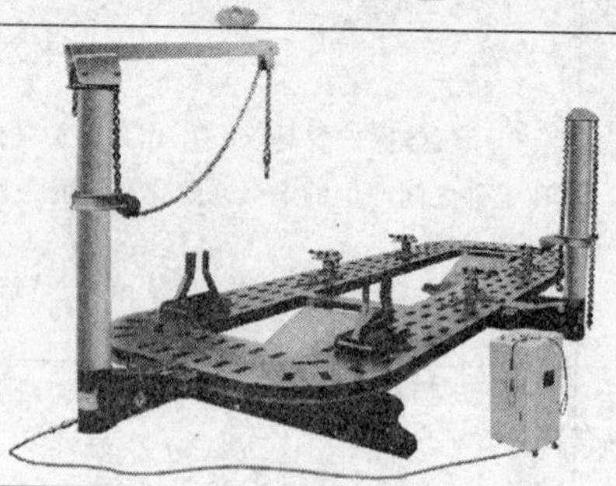	采用一个重载拉塔（用于提供强劲动力）和一个辅助拉塔（用于辅助汽车固定及拉伸），配备即插即用式地锚，以方便汽车及设备固定，四套主夹具可与汽车裙边方便对接
强力拉拔组合工具		该组合工具是针对较强硬板件设计的，采用简单的拉拔原理，配有多种支脚，可根据不同位置进行组合，以方便拉拔；可以任意调节拉拔幅度；具有锁止功能，方便同时进行其他动作；拉拔力量够强，可基本满足车身外板件的快速拉拔维修

（续）

名称	图　　示	说　　明
棱线拉拔组合工具		采用简单的拉拔原理；配有多个支脚、横梁，可根据不同位置进行组合，以方便拉拔；可以根据需要控制拉拔幅度，方便对车身腰线位置进行快速拉拔作业
简易拉拔组合工具	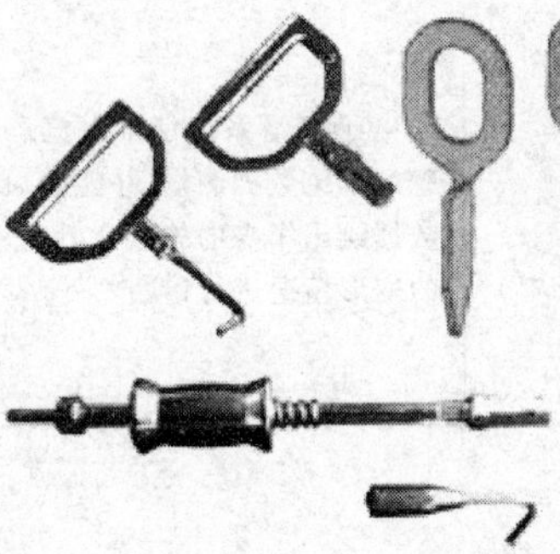	采用力的相互作用原理；配有多种手拉钩，方便提拉车身焊接的介子垫片等；与钣金锤配合，可更简单地对车身外板件进行拉伸修复

五、测量设备

名称	图　　示	说　　明
轨道式量规	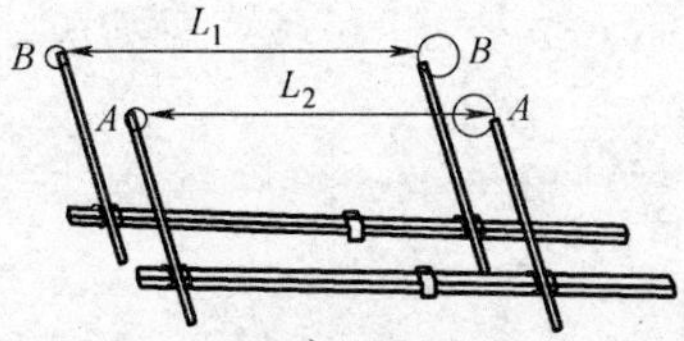 B L_1 B A L_2 A a) A L A 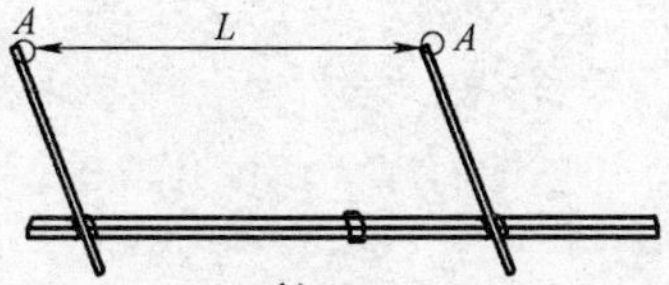 b)	轨道式量规的左右两个测量销可沿轨道滑杆移动，并插入被测量孔中，从滑尺上即可读出两孔间的距离 轨道式量规的最佳测量位置为悬架和机械元件上的焊点，它们都是部件中的关键控制点。对于关键控制点，在汽车修理过程中必须反复测量

（续）

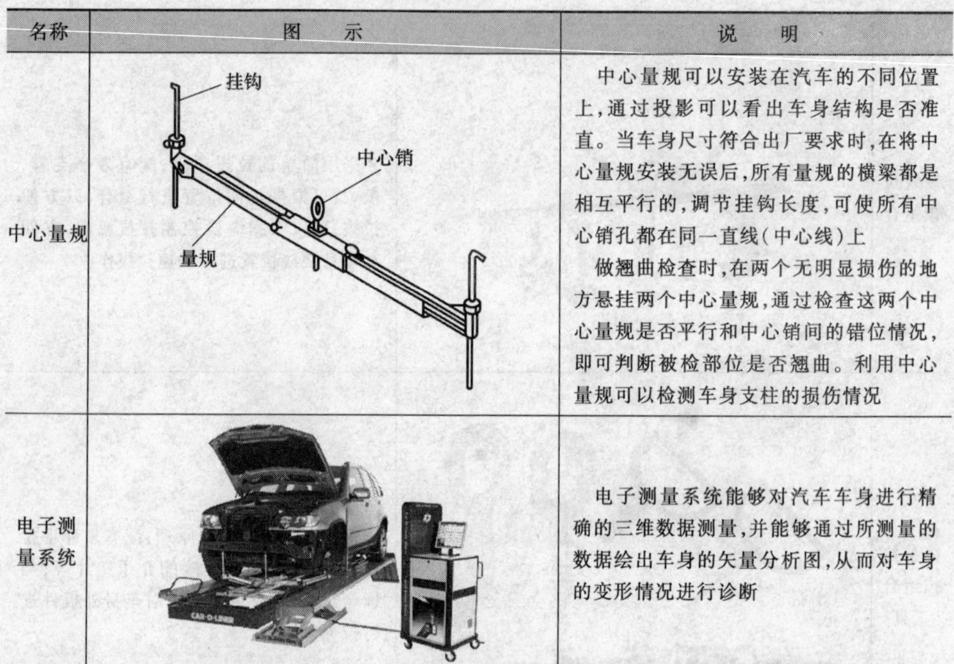

名称	图　示	说　明
中心量规	挂钩 中心销 量规	中心量规可以安装在汽车的不同位置上，通过投影可以看出车身结构是否准直。当车身尺寸符合出厂要求时，在将中心量规安装无误后，所有量规的横梁都是相互平行的，调节挂钩长度，可使所有中心销孔都在同一直线（中心线）上 做翘曲检查时，在两个无明显损伤的地方悬挂两个中心量规，通过检查这两个中心量规是否平行和中心销间的错位情况，即可判断被检部位是否翘曲。利用中心量规可以检测车身支柱的损伤情况
电子测量系统		电子测量系统能够对汽车车身进行精确的三维数据测量，并能够通过所测量的数据绘出车身的矢量分析图，从而对车身的变形情况进行诊断

第二章

车身修复基本工艺

第一节 钣金矫正工艺

名称	图示	说明
凸鼓面的矫正	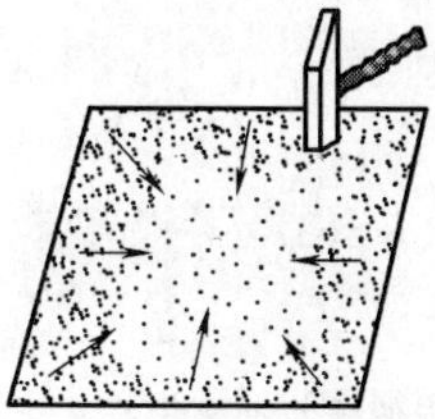	(1)将板件凸面向上放在平台上,用一只手按住板件,用另一只手持锤敲击 (2)敲击应由板件的边缘开始,逐渐向凸鼓面中心靠拢 (3)敲击时,边缘处的敲击力要逐渐小,击点也要逐渐变稀 (4)在将板件基本矫正后,用木锤进行调整性敲击,以使整个组织舒展均匀
边缘翘曲的矫正	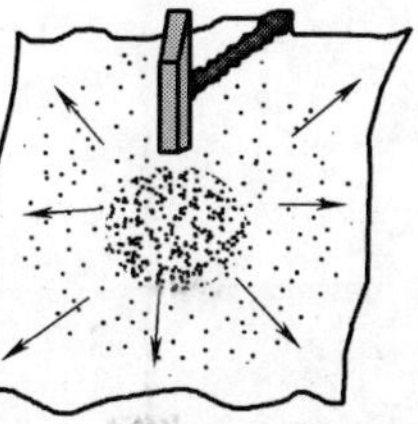	(1)将板件置于平台上,用一只手按住板件,用另一只手持锤敲击 (2)敲击应由板件中间开始,击点逐渐向四周边缘扩散,并由密变疏 (3)敲击时,中间击力要重,逐渐向周边减弱 (4)在将板件基本矫正后,用木锤进行调整性敲击,以使整个组织舒展均匀
对角翘曲的矫正	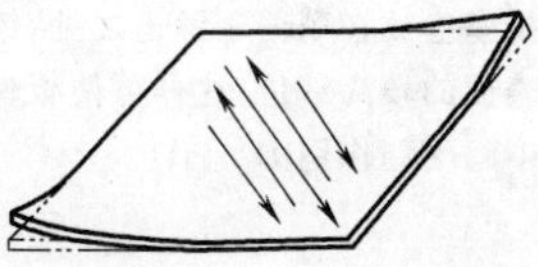	先沿着没有翘曲的对角线敲击,依次向两侧伸展,使其延伸而矫正

（续）

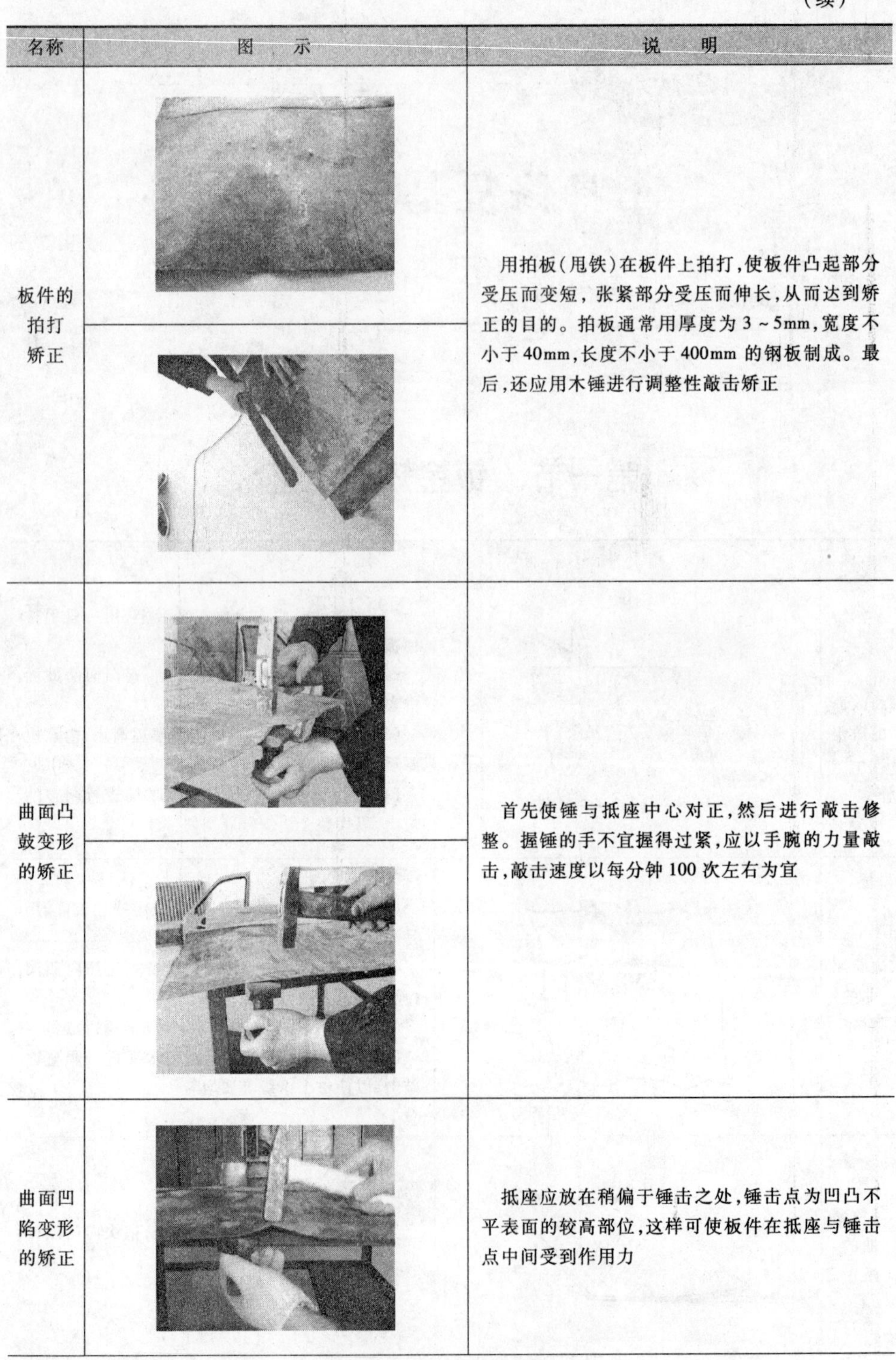

名称	图示	说明
板件的拍打矫正		用拍板（甩铁）在板件上拍打，使板件凸起部分受压而变短，张紧部分受压而伸长，从而达到矫正的目的。拍板通常用厚度为 3～5mm，宽度不小于 40mm，长度不小于 400mm 的钢板制成。最后，还应用木锤进行调整性敲击矫正
曲面凸鼓变形的矫正		首先使锤与抵座中心对正，然后进行敲击修整。握锤的手不宜握得过紧，应以手腕的力量敲击，敲击速度以每分钟 100 次左右为宜
曲面凹陷变形的矫正		抵座应放在稍偏于锤击之处，锤击点为凹凸不平表面的较高部位，这样可使板件在抵座与锤击点中间受到作用力

（续）

名称	图　示	说　明
大凹面的矫正	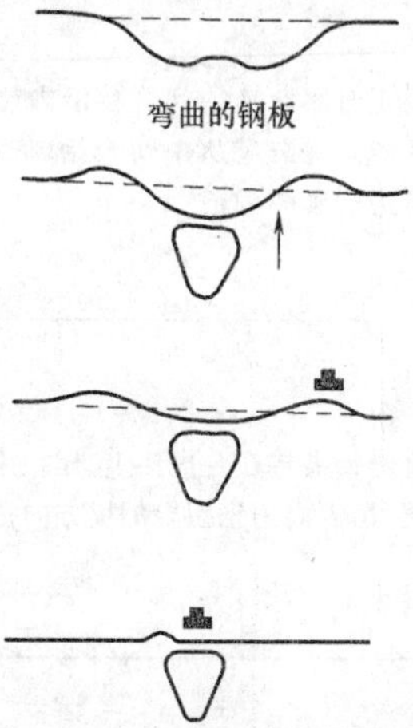 弯曲的钢板	首先用喷灯将凹面中间部位加热至粉红色的炽热状态，然后在中间部位下侧用抵座将其顶起，从而使原来的凹陷得到初步复位，再用锤和抵座相互配合将四周变高的部分逐渐敲平，使其恢复原来的几何形状
大曲率损伤表面的矫正	 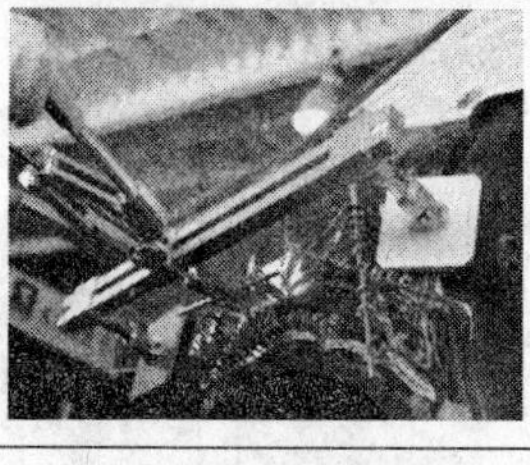	在修整车身后翼子板、表面曲率较大的损伤部位时，可先用钣金修复机在凹陷较严重的部位焊接几排介子垫片，然后采用凹陷拉出器进行逐步的拉伸，最后采用局部拉伸的方法使其恢复原来的形状
小凹痕的矫正	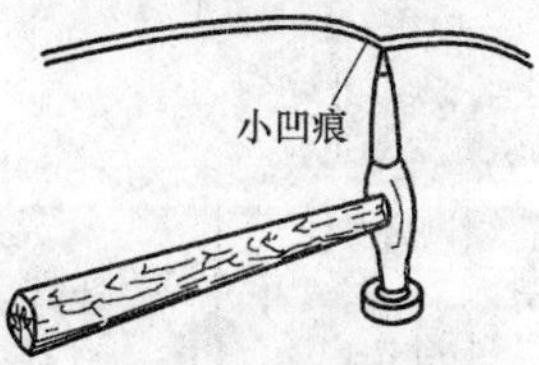 小凹痕	用鹤嘴锤的尖头把凹陷处从外往里或从里往外敲平
	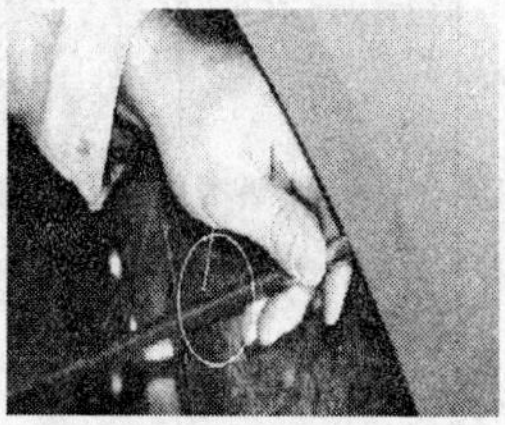	将撬棍伸进狭窄的空间，把凹陷撬平。此方法一般用来撬平车门，以及前、后翼子板和其他封闭式车身板件的凹陷

（续）

名称	图　示	说　明
扁钢宽度方向弯曲或扭曲的矫正		矫正时用锤从中间开始沿内层三角形区域进行锤击。锤击应从中间开始，依次向两端进行，即可进行延伸矫正
角钢扭转的矫正		将角钢夹持在台虎钳上，用扳手夹住扁钢的另一端，用力向角钢扭转的反方向扭转

第二节　焊接工艺

一、焊条电弧焊工艺

1. 接头形式

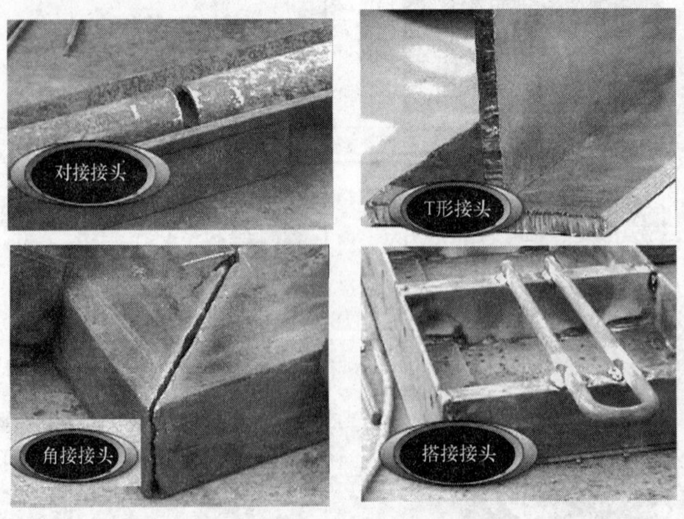

▲焊接接头形式

2. 焊接参数的选择

焊接电流	焊接电流是影响焊接质量和焊接效率的主要因素之一。当焊接电流过大时,焊条将严重发热,药皮将脱落,还会出现咬边、烧穿和焊瘤等缺陷,同时使金属飞溅加剧,金属内部组织发生变化;当焊接电流过小时,容易造成夹渣、未焊透等缺陷 决定焊接电流大小的因素主要有焊条直径、焊缝位置和焊条类型等
电弧电压	电弧电压主要取决于电弧长度。电弧越长,则电弧电压越高;电弧越短,则电弧电压越低。在焊接过程中,电弧不宜过长,应力求使用短弧。碱性焊条的电弧应较酸性焊条的短一些,立焊或仰焊时的电弧应比平焊时的短一些
焊接速度	在焊接过程中,焊接速度既要适当,又要均匀;既要保证焊件不被烧穿,又要保证焊缝质量。因此,在保证焊缝质量的前提下,应尽量采用大直径焊条和大焊接电流,并适当增大焊接速度,以提高生产率
焊接层数	厚度大的工件,往往需要经过多层施焊才能填满焊缝。每层焊缝的厚度不能过大,否则将影响工件塑性。因此,每层焊缝的厚度应控制在5mm以下

3. 焊条的选择

工件厚度/mm	≤1.5	2	3	4~5	6~12	≥13
焊条直径/mm	1.5	2	3.2	3.2~4	4~5	5~6

4. 引弧方法

名称	图示	说明
直击法	引弧前 引弧后	直击法是使焊条垂直于工件进行碰触,然后迅速将焊条提起并与工件保持3~4mm的距离,即可产生电弧。这种引弧方法大多用于焊接空间狭窄或焊件表面不允许有擦伤的情况下。但这种引弧方法需要熟练的操作技术,否则容易将焊条粘在工件上
划擦法	引弧前 引弧后	划擦法好似划擦火柴,将焊条在工件上轻轻划擦一下(划擦长度约为20mm),然后与工件保持3~4mm的距离,即可产生电弧。这种引弧方法较易掌握,但易擦伤工件表面

5. 运条方法

名称	图示	说明
直线形运条法		电弧较稳定，能获得较深的熔池，但熔池宽度较小，一般不超过焊条直径的1.5倍。该方法适用于板厚为3~5mm，不开坡口的对接平焊、多层焊的第一层焊和多层多道焊
直线往复形运条法	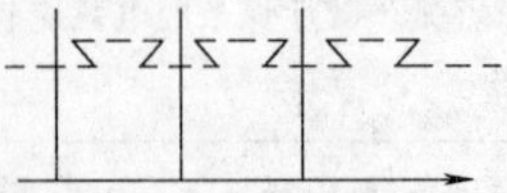	焊条末端沿焊缝纵向来回直线摆动，焊接速度快、焊缝窄、散热快，适用于薄板和接头间隙较大的焊缝
锯齿形运条法	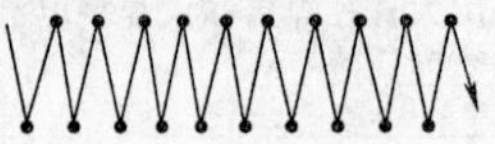	焊条末端沿焊缝以锯齿形连续摆动地前移，并在"锯齿"两端的转折点处稍停片刻。该方法适用于较厚钢板的全位置焊接
月牙形运条法	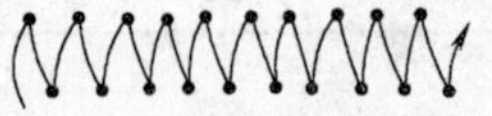	能保证焊缝两边获得足够的熔深，防止发生咬边现象。由于金属熔化良好，有较长的保温时间，因此，有利于气体的析出和熔渣的上浮。该方法适用于较厚钢板的全位置焊接
三角形运条法	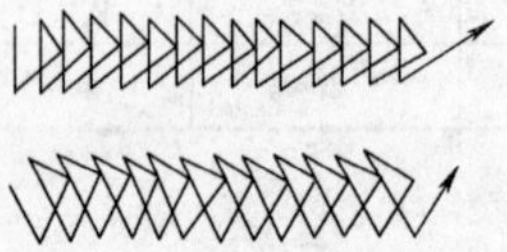	焊条末端沿焊缝以连续的三角形轨迹前移。按三角形形状的不同，三角形运条法又分为正三角形运条法和斜三角形运条法两种
环形运条法	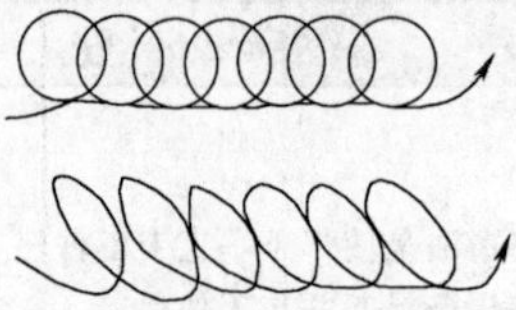	焊条末端沿焊缝以连续的圆圈形轨迹前移。按圆圈形状的不同，环形运条法又分为正环形运条法和斜环形运条法两种

6. 焊接方法

名称		图示	说明
平焊	不开坡口的对接平焊	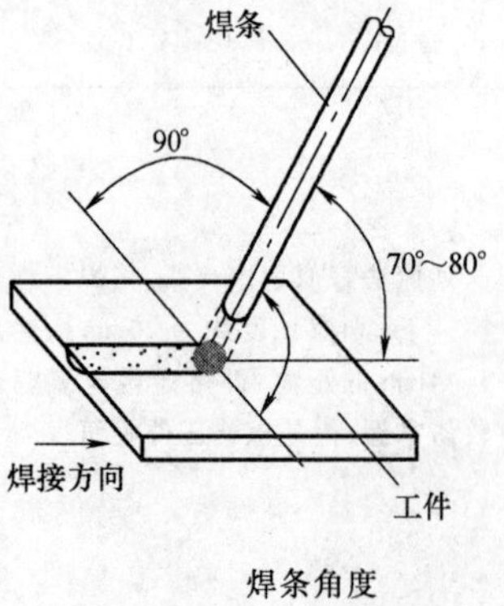 焊条 90° 70°~80° 焊接方向 工件 焊条角度	焊接正面焊缝时，宜用直径为3~4mm的焊条进行短弧焊接，并使熔池深度达到板厚的2/3，焊缝宽度达到5~8mm。焊接反面焊缝时，应将焊缝下面的熔渣清除干净，然后用直径为3mm的焊条施焊，焊接电流可较正面焊时稍大一些。施焊运条方法均为直线形运条法，焊条的前倾角为90°，后倾角为70°~80°。焊接正面焊缝时，焊接速度应小一些；焊接反面焊缝时，焊接速度应大一些

（续）

名称		图　示	说　明
平焊	开坡口的对接平焊	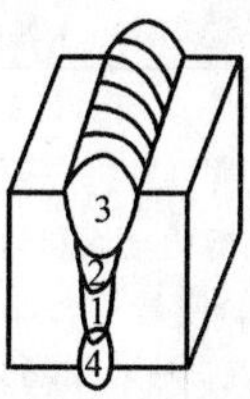 对接多层焊 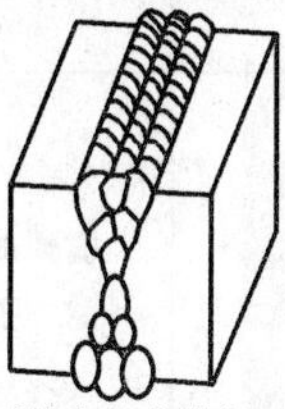　对接多层多道焊	多层焊的第一层焊道为打底焊道，宜选用较小直径的焊条。运条方法视焊缝大小而定，焊缝小时可用直线形运条法，焊缝大时宜用直线往复形运条法，以免烧穿工件。焊第二层时，应先将第一层熔渣清除干净，选用较大直径的焊条和较大的焊接电流，用直线形、月牙形或锯齿形运条法进行短弧焊接。以后各层的焊接均采用月牙形或锯齿形运条法，摆幅应随着焊缝加宽而逐渐加大
	角接平焊	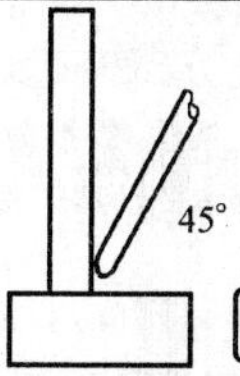 等厚板横向角度 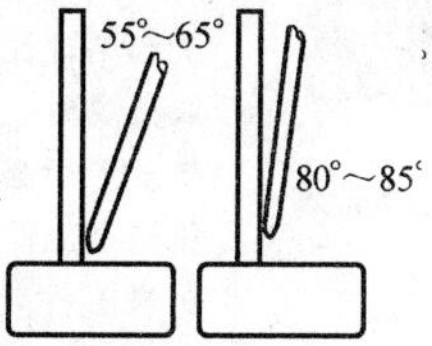　不等厚板横向角度 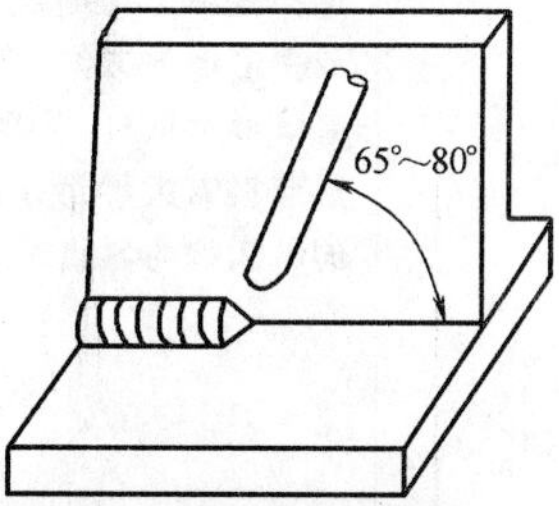 角接平焊时的焊接方向与角度	角接平焊时通常选用 3 ~ 5mm 的焊条。当两板厚度相等时，焊条与水平板成 45°角；当两板厚度不等时，焊条应靠向薄板，使电弧偏吹厚板，焊条同时偏向焊接前方，倾斜 65° ~ 80°角
立焊		 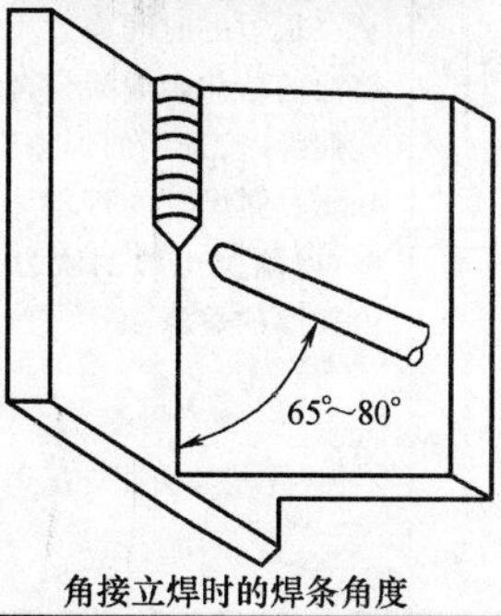 角接立焊时的焊条角度	立焊有两种方法：一种是由下而上施焊，另一种是由上而下施焊。目前一般采用前一种方法 立焊时，宜选用较小直径的焊条和较大的电流进行短弧焊接，这样可减小熔池面积，减轻重力的影响，有利于熔滴过渡。立焊时，一般采用直线往复形和三角形运条法，以减小电弧在某一点上滞留的时间，给熔池金属凝固创造一个台阶，使熔敷金属一个台阶一个台阶地往上堆积。当焊接薄板时，除了采用上述措施外，还经常采用跳弧法和灭弧法 跳弧法是指在焊条熔滴过渡到熔池后，立即将电弧移向焊接方向，使熔化金属有迅速冷却凝固的机会，随后将电弧移回熔池，如此往复运条 灭弧法是指在焊条熔滴过渡到熔池后，立即灭弧，使熔化金属有迅速冷却凝固的机会，随后重新引弧，如此交错施焊

（续）

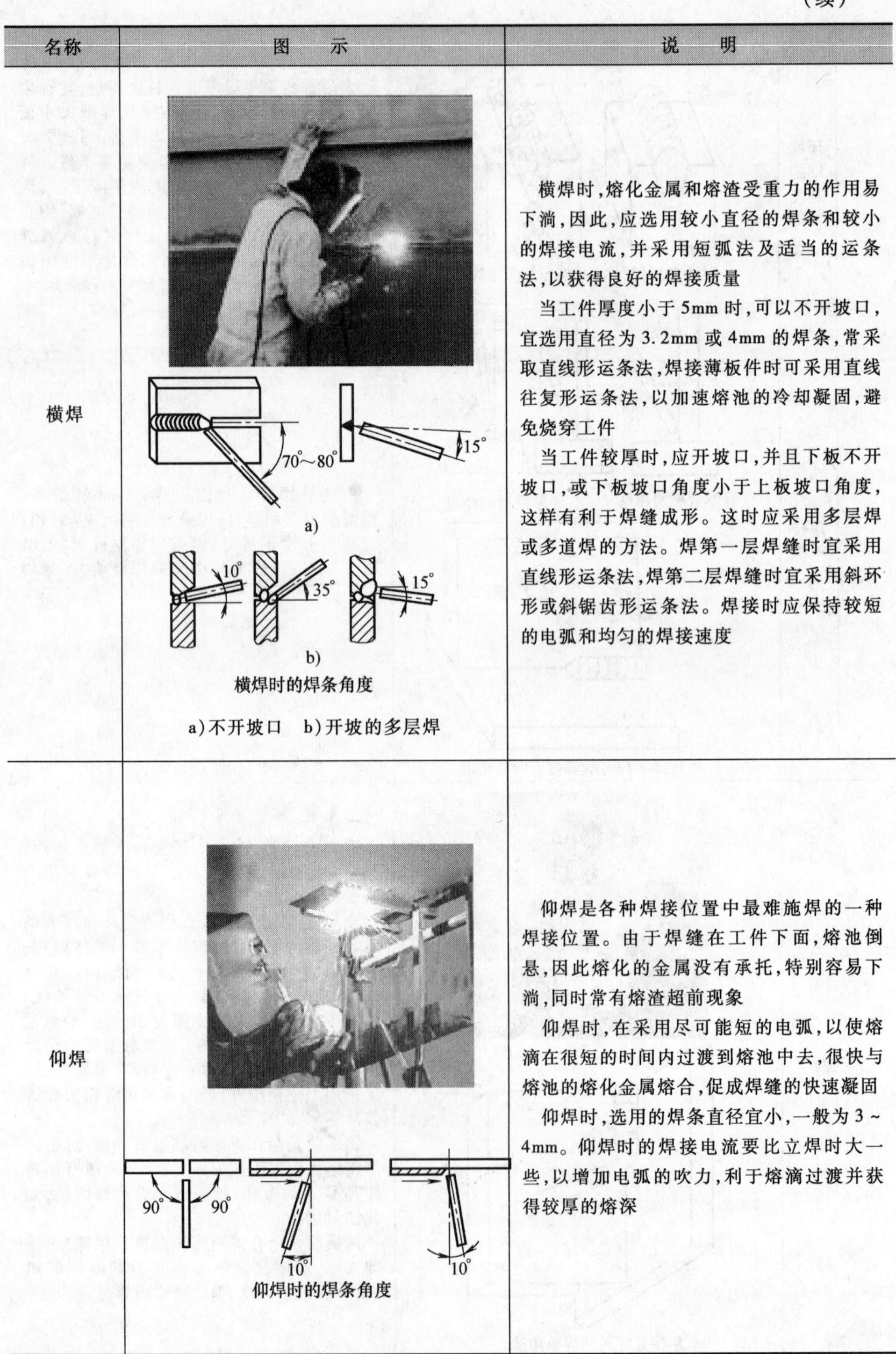

名称	图示	说明
横焊	a) b) 横焊时的焊条角度 a)不开坡口　b)开坡的多层焊	横焊时，熔化金属和熔渣受重力的作用易下淌，因此，应选用较小直径的焊条和较小的焊接电流，并采用短弧法及适当的运条法，以获得良好的焊接质量 当工件厚度小于5mm时，可以不开坡口，宜选用直径为3.2mm或4mm的焊条，常采取直线形运条法，焊接薄板件时可采用直线往复形运条法，以加速熔池的冷却凝固，避免烧穿工件 当工件较厚时，应开坡口，并且下板不开坡口，或下板坡口角度小于上板坡口角度，这样有利于焊缝成形。这时应采用多层焊或多道焊的方法。焊第一层焊缝时宜采用直线形运条法，焊第二层焊缝时宜采用斜环形或斜锯齿形运条法。焊接时应保持较短的电弧和均匀的焊接速度
仰焊	仰焊时的焊条角度	仰焊是各种焊接位置中最难施焊的一种焊接位置。由于焊缝在工件下面，熔池倒悬，因此熔化的金属没有承托，特别容易下淌，同时常有熔渣超前现象 仰焊时，在采用尽可能短的电弧，以使熔滴在很短的时间内过渡到熔池中去，很快与熔池的熔化金属熔合，促成焊缝的快速凝固 仰焊时，选用的焊条直径宜小，一般为3～4mm。仰焊时的焊接电流要比立焊时大一些，以增加电弧的吹力，利于熔滴过渡并获得较厚的熔深

7. 焊接缺陷

名称	图示	原因	措施
咬边	 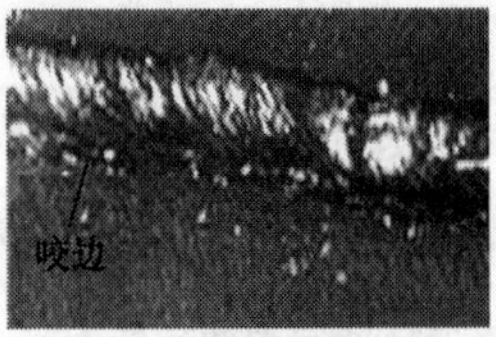 咬边	(1)焊接电流过大,电弧过长 (2)运条速度不当或焊条与焊件倾角不当	(1)选择适当的焊接电流 (2)保持适当、均匀的运条速度,焊条倾角要适宜
弧坑	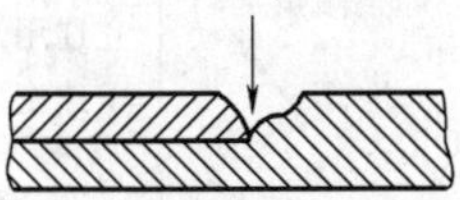 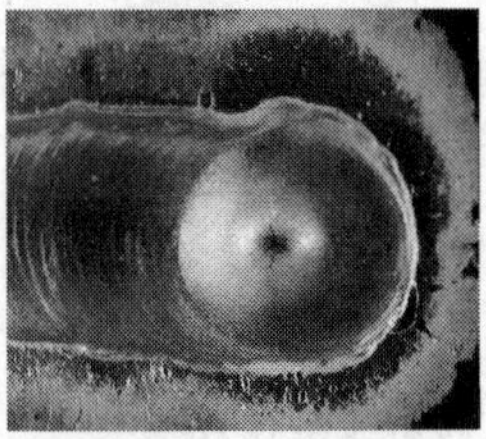	(1)电弧焊时熄弧过早 (2)焊接电流过大,未适当摆动焊条 (3)施焊时,中心偏移	(1)收尾时不要过早熄弧,应进行短时间的滞留或进行几次环形运条,以填满弧坑 (2)正确选择焊接参数
塌陷与烧穿	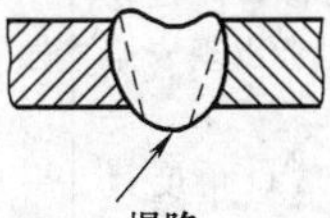 塌陷  烧穿 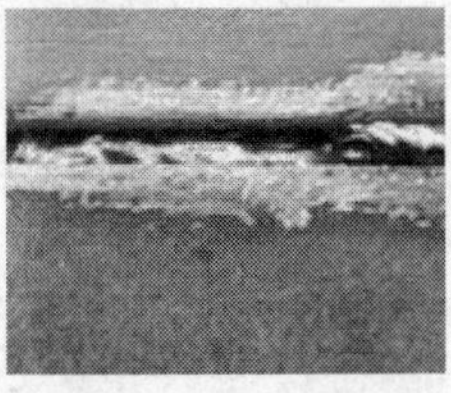	(1)焊接电流过大 (2)焊接速度过慢 (3)工件间隙过大	(1)正确选择焊接电流和焊接速度 (2)严格控制工件的装配间隙,并使之保持均匀

（续）

名称	图示	原因	措施
焊瘤	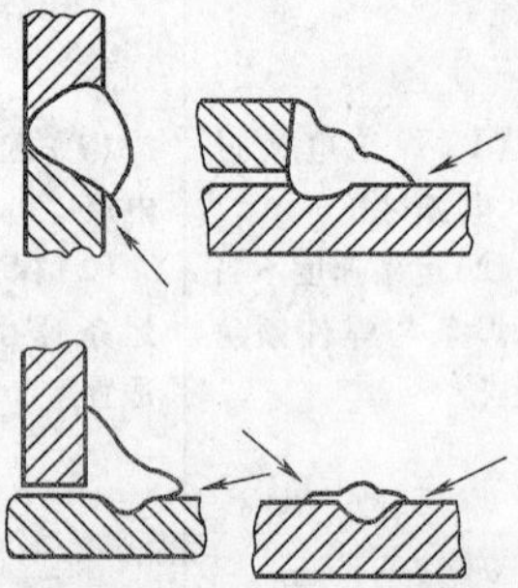 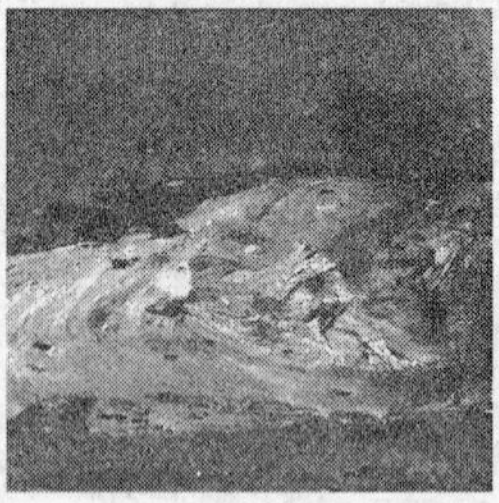	(1)焊接电流过大 (2)焊接速度过小 (3)工件装配间隙过大 (4)焊条倾角不当	(1)提高结构件的装配质量 (2)提高操作的熟练程度 (3)正确选用焊接参数 (4)使用碱性焊条时，宜选用短弧焊接，并且运条速度要均匀
未焊透与未熔合	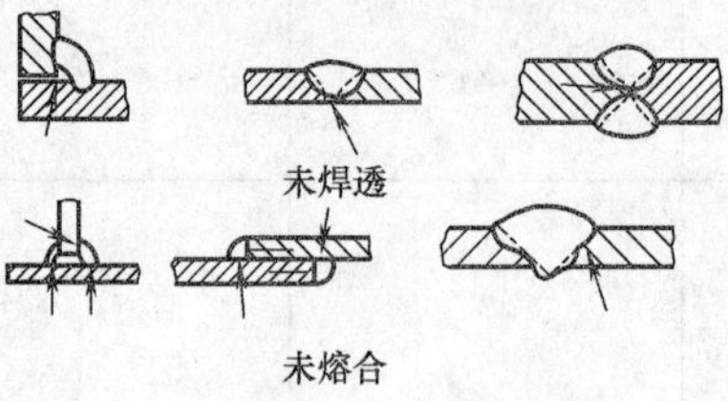  未焊透 未熔合	(1)焊接电流过小。有时焊接电流过大，导致焊条过早熔化，也会出现未熔合现象 (2)坡口角度过小，间隙太窄或钝边过厚 (3)焊接速度过快 (4)焊条倾角不当以及电弧偏吹，使一边的热量散失过快 (5)工件表面有氧化皮或前一道焊层表面残存的熔渣未清除，造成“假焊”现象	(1)正确选择坡口形式和装配间隙，注意坡口两侧及焊层之间熔渣的清理 (2)正确选择焊接电流 (3)操作时注意运条角度和运条速度

（续）

名称	图　示	原　因	措　施
气孔	表面气孔　内气孔 圆形气孔　椭圆形气孔 链状气孔　蜂窝状气孔 蜂窝状气孔 气孔 表面气孔	（1）工件表面及坡口有水、油、锈、漆等污物，在高温下分解出一氧化碳、水和氢气，形成气泡残存在焊缝中，出现气孔缺陷 （2）焊条脱气能力差或焊条受潮 （3）焊接电流偏小或焊接速度过大，使熔池排气时间不充裕 （4）电弧长度过长，使熔池失去有效保护，空气侵入熔池 （5）焊接电流过大，造成药皮烧红脱落，失去保护作用 （6）电弧偏吹，运条不稳	（1）清洁工件、焊条，焊条受潮时应予以烘干 （2）选择合适的焊接参数 （3）当采用碱性焊条时，宜采用短弧焊接，并选用含碳量较低及脱氧能力强的焊条。焊条药皮不得开裂、剥落、变质，焊芯不能偏心、锈蚀 （4）减小焊条摆动幅度，放慢焊接速度

二、气焊工艺

1. 气焊火焰

名称	图　示	说　明
中性焰	外焰　内焰（轻微闪动）　焰心	氧气和乙炔的混合比值为1～1.2时的火焰为中性焰。它燃烧后的气体既无过剩的氧气又无过剩的乙炔。中性焰由焰心、内焰和外焰3部分组成 中性焰的焰心和外焰温度较低，而内焰（焰心前2～4mm处）的温度最高，一般为2800～3200℃
碳化焰	外焰　内焰　焰心	氧气与乙炔的混合比值小于1时的火焰为碳化焰。其中残留着部分没燃烧的乙炔。碳化焰明显地分为焰心、内焰和外焰3部分 碳化焰的最高温度为3000℃。碳化焰不能用来焊接低碳钢及合金钢，而只适用于焊接高碳钢、铸铁及硬质合金等材料

（续）

名称	图示	说明
氧化焰		氧气与乙炔的混合比值大于 1.2 时的火焰为氧化焰。由于此时氧气的含量较大，氧化反应非常剧烈，使得焰心、内焰和外焰缩短，而且内、外焰难以分清，因此可认为氧化焰只由焰心和外焰两部分组成 氧化焰的最高温度为 3300℃，适用于薄板金属的切割

2. 工件接头形式和坡口形式

名称	图示	说明
接头形式	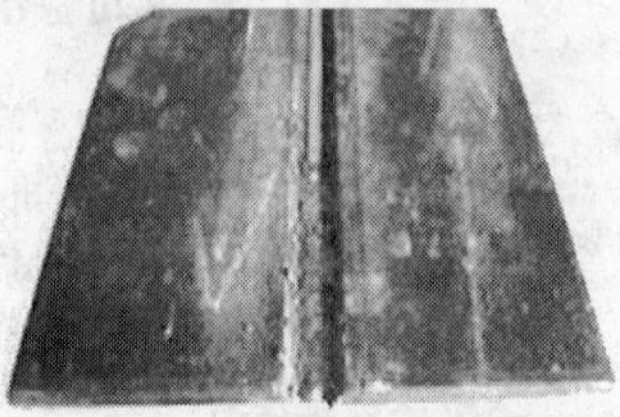 对接接头  搭接接头  角接接头  T形接头	(1)两焊件相对平行的接头称为对接接头，是各种焊接结构中采用最多的一种 (2)两焊件部分重叠构成的接头称为搭接接头。根据其结构形式和对强度的要求不同，可分为坡口焊、塞焊、槽焊等 (3)两焊件端面间构成大于 30°，小于 135° 的夹角的接头称为对接接头。其称载能力较差，一般不用于重要结构的焊接 (4)一焊件的端面与另一焊件表面形成直角或近似直角的接头称为 T 形接头。其使用范围反次于对接接头

（续）

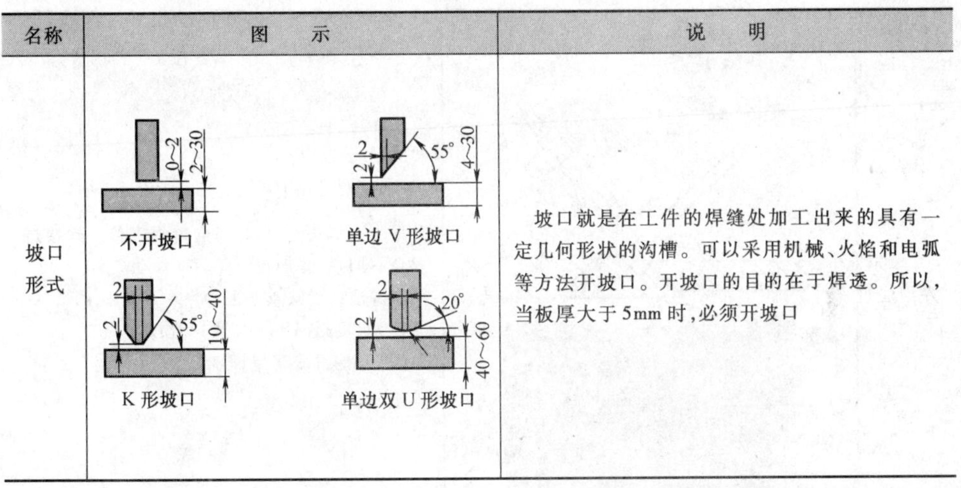

名称	图　示	说　明
坡口形式	不开坡口　单边 V 形坡口　K 形坡口　单边双 U 形坡口	坡口就是在工件的焊缝处加工出来的具有一定几何形状的沟槽。可以采用机械、火焰和电弧等方法开坡口。开坡口的目的在于焊透。所以，当板厚大于5mm 时，必须开坡口

3. 焊丝直径

工件厚度/mm	1 ~ 2	> 2 ~ 3	> 3 ~ 5	> 5 ~ 10	> 10 ~ 15	> 15
焊丝直径/mm	1 ~ 2	2	2 ~ 3	3 ~ 5	5 ~ 6	6 ~ 8

4. 焊接方向

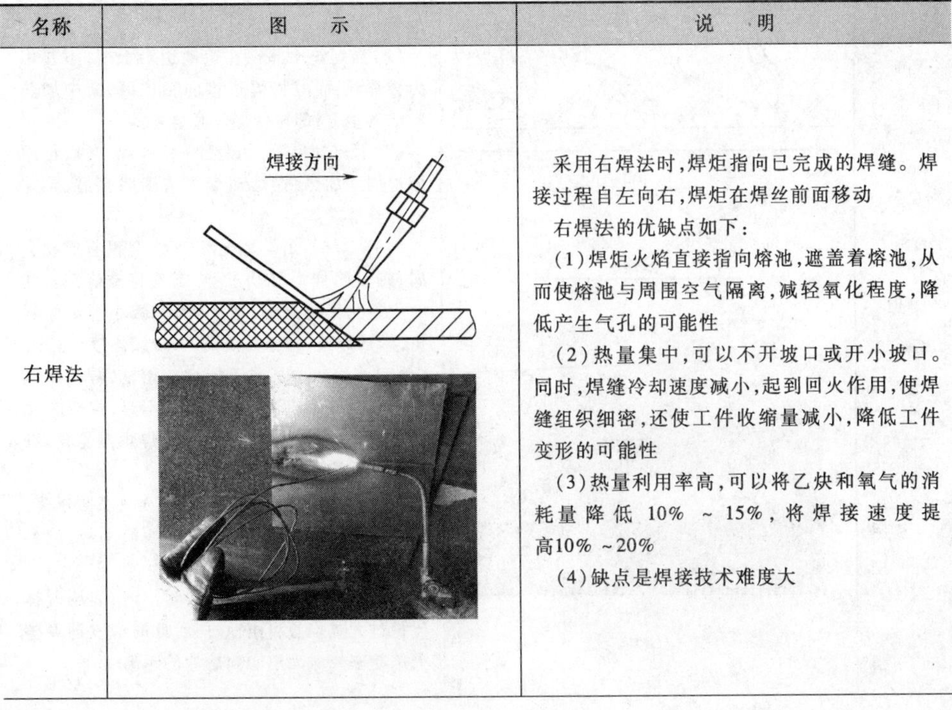

名称	图　示	说　明
右焊法		采用右焊法时，焊炬指向已完成的焊缝。焊接过程自左向右，焊炬在焊丝前面移动 右焊法的优缺点如下： （1）焊炬火焰直接指向熔池，遮盖着熔池，从而使熔池与周围空气隔离，减轻氧化程度，降低产生气孔的可能性 （2）热量集中，可以不开坡口或开小坡口。同时，焊缝冷却速度减小，起到回火作用，使焊缝组织细密，还使工件收缩量减小，降低工件变形的可能性 （3）热量利用率高，可以将乙炔和氧气的消耗量降低 10% ~ 15%，将焊接速度提高10% ~20% （4）缺点是焊接技术难度大

（续）

名称	图　示	说　明
左焊法	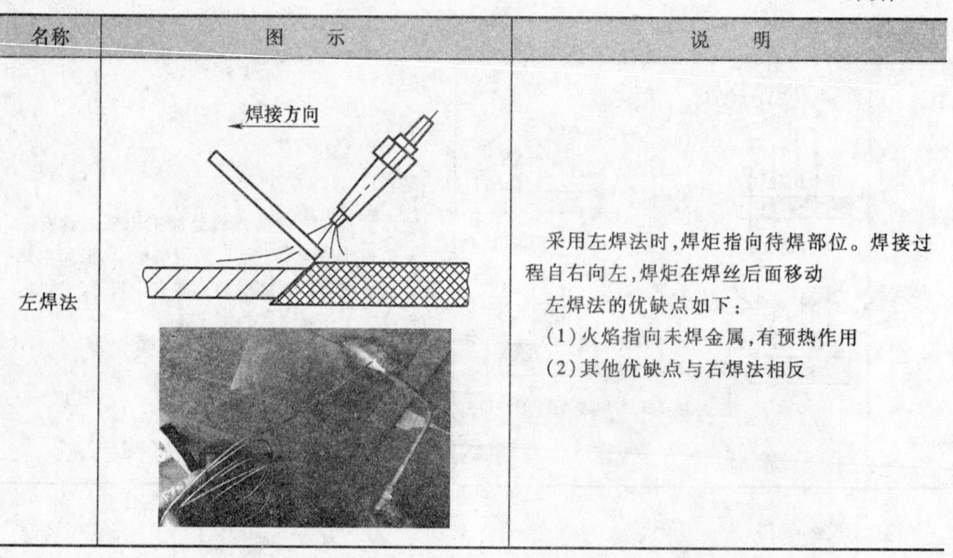	采用左焊法时，焊炬指向待焊部位。焊接过程自右向左，焊炬在焊丝后面移动 左焊法的优缺点如下： (1)火焰指向未焊金属，有预热作用 (2)其他优缺点与右焊法相反

5. 焊接方法

名称	图　示	说　明
平焊	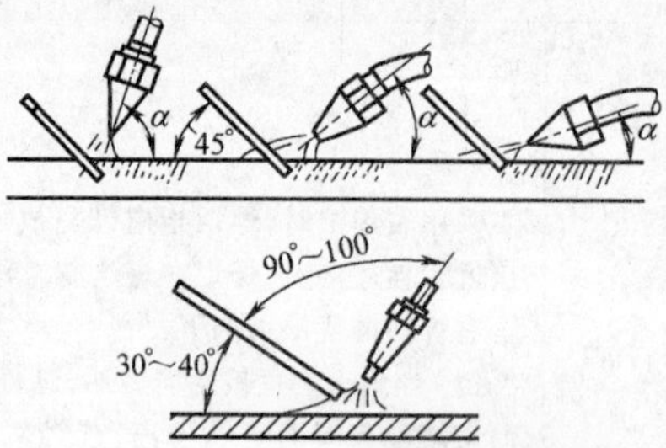 	平焊的操作要领如下： (1)当焊接处熔化并形成熔池时才可加入焊丝 (2)当焊丝端部粘在熔池边沿上时，不要用力拔焊丝，而应将焊炬移向粘住区，集中加热粘住的地方，即可使焊丝脱离 (3)若熔池凝固后还需继续施焊，则应将原熔池周围加热，在熔池变得清晰明亮后，再加入焊丝继续焊接 (4)施焊时，若熔池突然变大，且没有流动金属，则表明焊炬移动过慢，工件将被烧穿。此时应迅速提起火焰，增大焊速，减小焊炬倾斜角，多加焊丝，将穿孔填满，再继续焊接 (5)当熔池过小或不能形成熔池，焊丝熔滴不能与工件熔合时，表明热量不足，焊炬移动得过快，应降低焊接速度，增加焊炬倾斜角，在形成正常熔池后再向前焊接 (6)当熔池不清晰且有气泡，火花飞溅增多，熔池内金属沸腾时，表明火焰性质不对，应及时调节火焰性质，然后继续施焊 (7)当熔池内液体金属被吹出时，表明气体流量过大或焰心离熔池过近，此时应立即调整火焰能率或增大焰心到熔池的距离

（续）

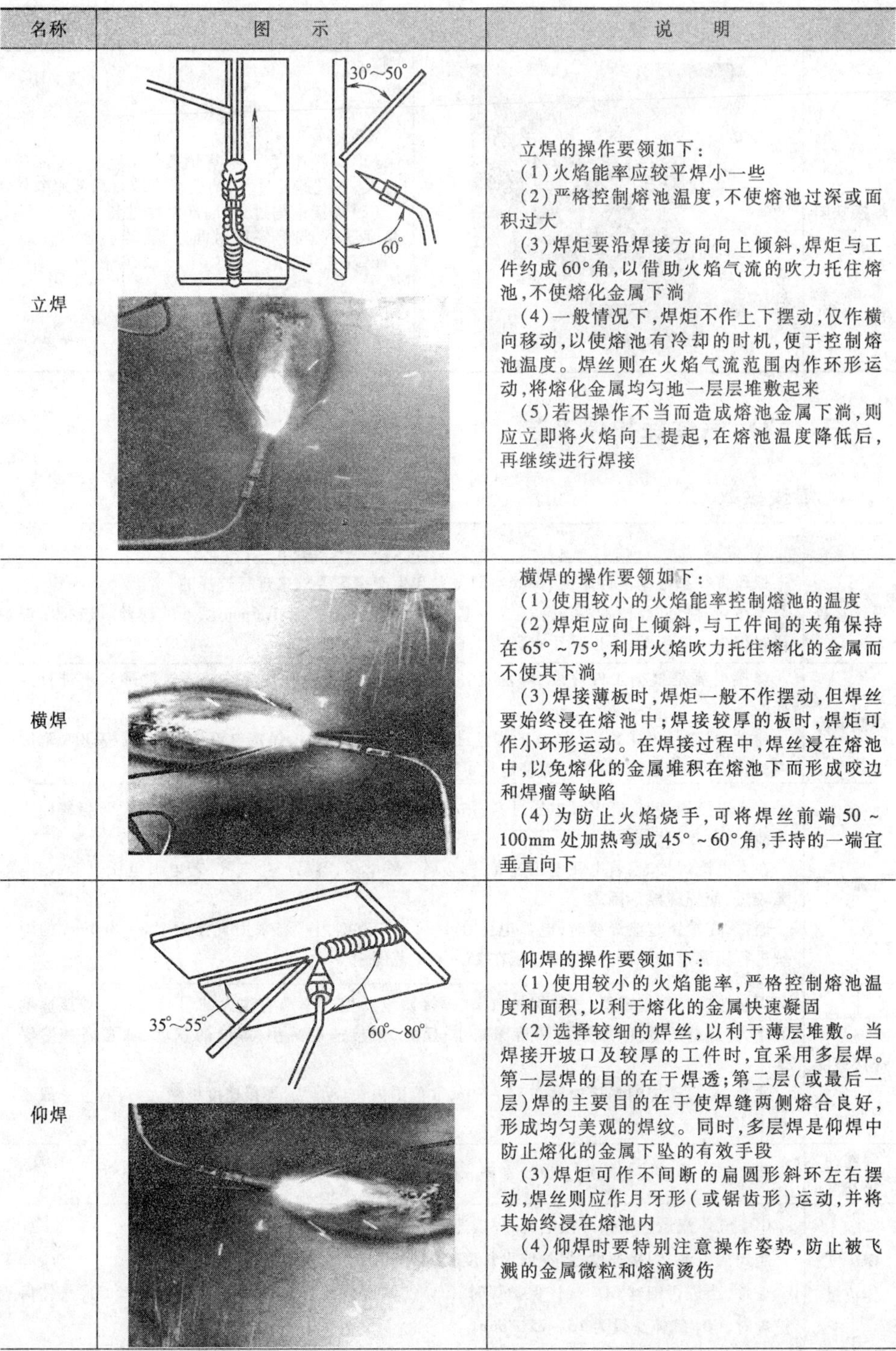

名称	图 示	说 明
立焊	30°~50° 60°	立焊的操作要领如下： (1)火焰能率应较平焊小一些 (2)严格控制熔池温度，不使熔池过深或面积过大 (3)焊炬要沿焊接方向向上倾斜，焊炬与工件约成60°角，以借助火焰气流的吹力托住熔池，不使熔化金属下淌 (4)一般情况下，焊炬不作上下摆动，仅作横向移动，以使熔池有冷却的时机，便于控制熔池温度。焊丝则在火焰气流范围内作环形运动，将熔化金属均匀地一层层堆敷起来 (5)若因操作不当而造成熔池金属下淌，则应立即将火焰向上提起，在熔池温度降低后，再继续进行焊接
横焊		横焊的操作要领如下： (1)使用较小的火焰能率控制熔池的温度 (2)焊炬应向上倾斜，与工件间的夹角保持在65°~75°，利用火焰吹力托住熔化的金属而不使其下淌 (3)焊接薄板时，焊炬一般不作摆动，但焊丝要始终浸在熔池中；焊接较厚的板时，焊炬可作小环形运动。在焊接过程中，焊丝浸在熔池中，以免熔化的金属堆积在熔池下而形成咬边和焊瘤等缺陷 (4)为防止火焰烧手，可将焊丝前端50~100mm处加热弯成45°~60°角，手持的一端宜垂直向下
仰焊	35°~55° 60°~80°	仰焊的操作要领如下： (1)使用较小的火焰能率，严格控制熔池温度和面积，以利于熔化的金属快速凝固 (2)选择较细的焊丝，以利于薄层堆敷。当焊接开坡口及较厚的工件时，宜采用多层焊。第一层焊的目的在于焊透；第二层（或最后一层）焊的主要目的在于使焊缝两侧熔合良好，形成均匀美观的焊纹。同时，多层焊是仰焊中防止熔化的金属下坠的有效手段 (3)焊炬可作不间断的扁圆形斜环左右摆动，焊丝则应作月牙形（或锯齿形）运动，并将其始终浸在熔池内 (4)仰焊时要特别注意操作姿势，防止被飞溅的金属微粒和熔滴烫伤

（续）

名称	图示	说明
焊接缺陷		（1）焊接速度过小、焊炬倾斜角度不够、火焰过大、送丝速度过小，均会造成坡口局部塌陷 （2）焊接火焰过大、局部温度过高、焊炬倾斜角度过小、局部停留时间过长，均会使工件局部出现烧穿现象

三、CO_2 气体保护焊工艺

1. 焊接参数

名称	说明
焊丝直径	焊丝直径是根据工件厚度、焊缝空间位置和生产率等要求来进行选择的 当在立、横、仰焊位置焊接薄板或中厚板时，多采用直径为1.6mm以下的焊丝。当在平焊位置焊接中厚板时，可以采用直径为1.6mm的焊丝
焊接电流	焊接电流是根据工件厚度、焊丝直径、焊缝空间位置和所要求的熔滴过渡形式来进行选择的 通常，用直径为0.8～1.8mm的焊丝进行短路过渡焊接时，焊接电流选择在50～230A范围内；当进行粗滴过渡焊接时，焊接电流可选择在250～500A范围内
电弧电压	在小电流焊接时，若电弧电压过高，则金属飞溅将增多；若电弧电压过低，则焊丝容易伸入熔池，使电弧不稳定 在大电流焊接时，若电弧电压过高，则金属飞溅增多，容易产生气孔；若电弧电压过低，则电弧较短，使焊缝成形困难 通常，在短路过渡焊接时，电弧电压在16～25V范围内。当采用直径为1.2～3.0mm的焊丝进行粗滴过渡焊接时，电弧电压在25～44V范围内
焊接速度	焊接速度对焊缝成形、气体保护效果、焊接质量及生产率都有很大的影响。随着焊接速度的增大，焊缝的宽度、加强高和熔深减小；反之，焊接速度减小，焊缝的宽度、加强高和熔深增大 通常，半自动焊的焊接速度在15～30m/h范围内；自动焊的焊接速度可稍大一些，但一般不超过40m/h
焊丝伸出长度	通常焊丝伸出长度取决于焊丝直径。焊丝伸出长度约等于焊丝直径的10倍为宜
CO_2 气体流量	CO_2 气体流量应根据焊接电流、焊接速度、焊丝伸出长度及喷嘴直径来选择 当焊接电流、焊接速度、焊丝伸出长度较大时，CO_2 气体流量应大一些 通常，当进行细丝 CO_2 气体保护焊时，CO_2 气体流量为5～15L/min；当进行粗丝 CO_2 气体保护焊时，CO_2 气体流量为15～25L/min

2. 焊接方法

<table>
<tr><th>名称</th><th>说　明</th></tr>
<tr><td>引弧</td><td>由于平特性弧焊电源的空载电压低，并且是光焊丝，在引弧时，电弧稳定燃烧点不易建立，使引弧变得比较困难，往往造成焊丝成段爆断，因此引弧前要把焊丝伸出长度调好（若焊丝端部有粗大的球形头，则应用钳子将其剪掉），然后选好适当的引弧位置，起弧后要灵活掌握焊接速度，以免焊缝始焊段出现熔化不良和焊缝堆得过高的现象</td></tr>
<tr><td>熄弧</td><td>收弧时应在弧坑处稍作滞留，然后慢慢地抬起焊枪，直至填满弧坑为止，同时可使熔池金属在未凝固前仍受到气体的保护。当收弧过快时，容易在弧坑处产生裂纹和气孔</td></tr>
<tr><td>左焊法</td><td>采用左焊法时，能清楚地看到接缝，不易焊偏，且能获得较大的熔深，焊缝成形比较平整、美观，因此通常采用左焊法</td></tr>
<tr><td>右焊法</td><td>采用右焊法时，溶池可见度及气体保护效果较好，但焊接时不便观察接缝的间隙，容易焊偏</td></tr>
<tr><td>平焊</td><td>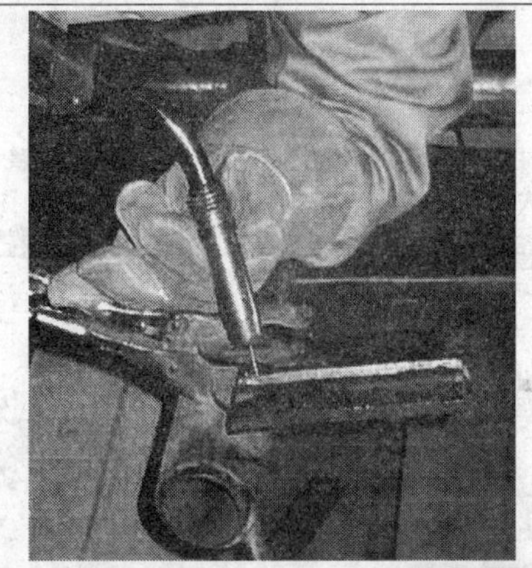
对接焊大多采用左焊法。薄板对接平焊时，焊枪作直线运动，若有间隙，则焊枪可适当横向摆动，但摆动幅度不宜过大，以免影响气体对熔池的保护作用。对于中、厚板V形坡口对接平焊，当焊底部焊缝时，焊枪应作直线运动，焊上层时焊枪可作适当的横向摆动
平角接平焊和搭接平焊时，采用左焊法或者右焊法均可，不过右向焊法所得焊缝的外形较为饱满</td></tr>
<tr><td>立焊与横焊</td><td>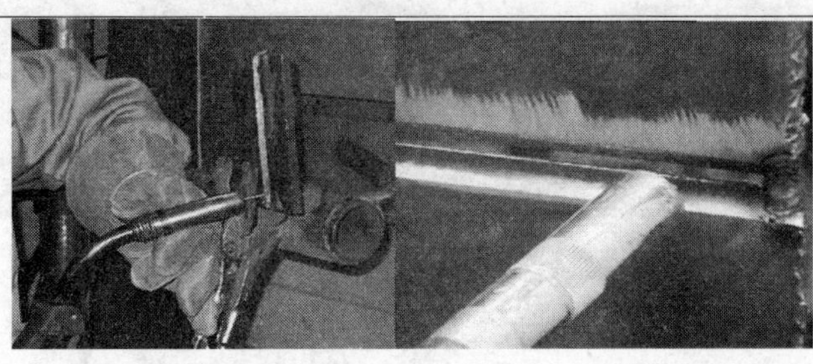
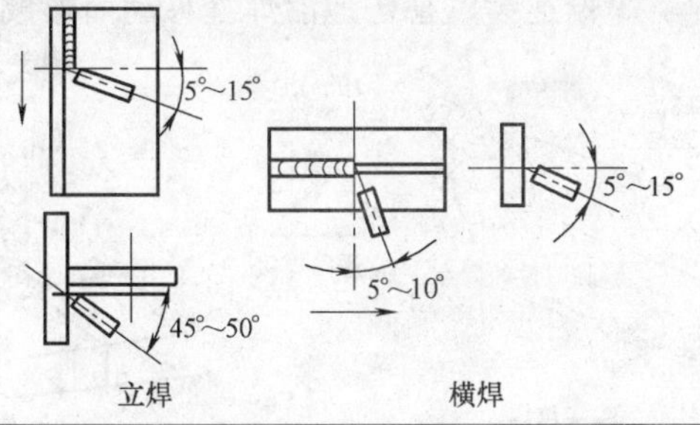
</td></tr>
</table>

（续）

名称	说　明
立焊与横焊	立焊时可由下向上焊接，也可由上向下焊接 当由下向上焊接时，熔深较深，焊枪适当作三角形摆动，可以控制熔宽，并可改善焊缝的成形质量。这种焊法多适用于中、厚板的细丝焊接 当由上向下焊接时，焊接速度大，操作方便，焊缝平整美观，但熔深浅，接头强度较差，一般多用于薄板焊接 横焊时多采用左焊法，焊枪作直线运动，也可作小幅度的往复摆动
仰焊	5°~10°　40°~50° 仰焊时宜采用细丝、小电流和短弧，这样能提高焊接稳定性。仰焊时 CO_2 气体流量应比平焊、立焊时稍大一些。薄板件仰焊时焊枪宜作小幅度的往复摆动；中、厚板仰焊时焊枪宜作适当的横向摆动，并在接缝或坡口两侧稍停片刻，以防焊波中间凸起及液态金属下淌

3. 焊接形式

CO_2 气体保护焊的焊接形式有六种。

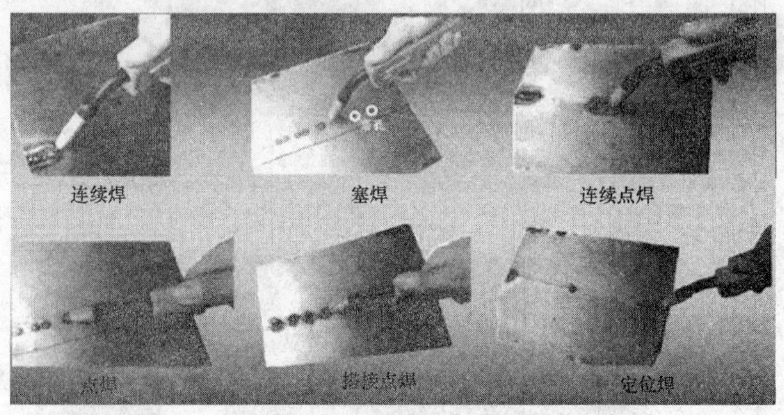

▲CO_2 气体保护焊的焊接形式

（1）定位焊　用于保持两工件相对位置固定不变的一种措施。

（2）连续焊　焊枪连续、稳定地沿焊缝移动而形成连续焊缝的焊接形式。

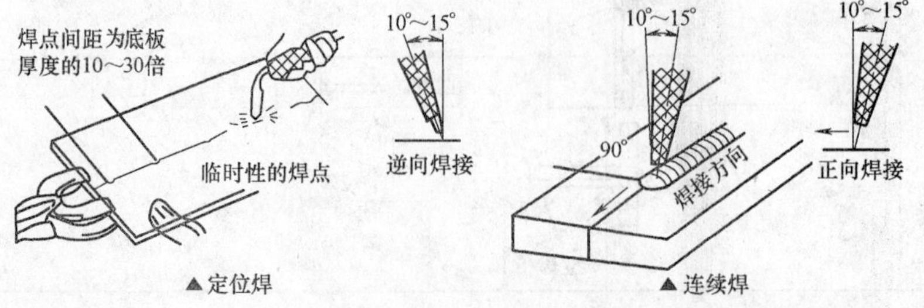

▲定位焊　▲连续焊

（3）塞焊 两块金属板叠在一起，在其中一块板上有通孔，使电弧穿过此孔将金属熔化，熔化的金属将孔填满而形成焊点。

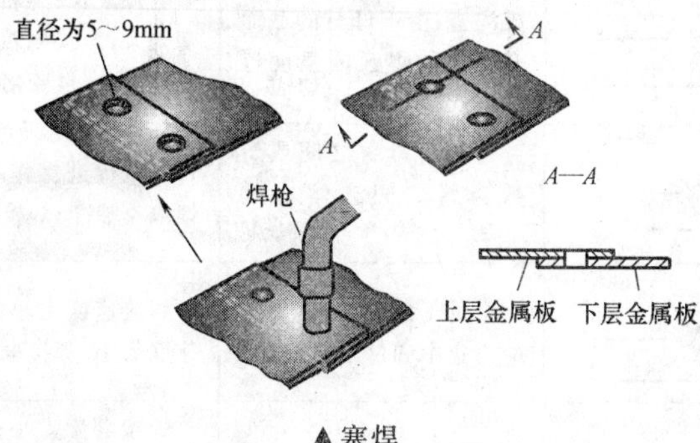

▲塞焊

（4）点焊 点焊法是当送丝定时脉冲被触发时，将电弧引入被焊的两块金属板，使其局部熔化的焊接形式。点焊有连续点焊和搭接点焊两种。

4. CO_2 气体保护焊在车身制造中的应用

1）用工具撬动底板，使接缝对平齐。

2）用夹子夹持工件，并在关键点上进行定位焊。

3）用工具调整接缝高度差，并进行定位焊。

4）准备就绪，进行对接焊。

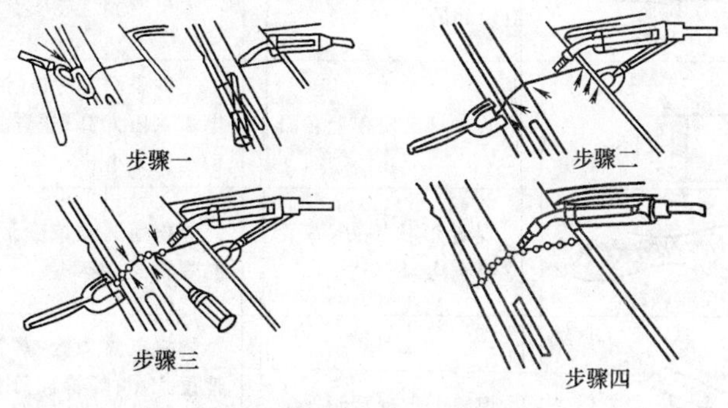

▲汽车门槛对接焊操作顺序

5. 焊接缺陷及其产生原因

焊接缺陷	图形	说明	产生原因
气孔	气孔 气孔	焊道内形成孔眼	母材上有锈迹或污物；焊丝上有锈迹或水分；气体保护不良（喷嘴堵塞或保护气流量不足）；焊缝冷却太快；电弧太长；所用焊丝不合适；保护气密封不良；焊口表面不洁净；电极被污染

（续）

焊接缺陷	图形	说明	产生原因
咬边		母材因过度熔化而形成沟槽，由于母材的截面变小而使焊区的强度严重降低	电弧太长；焊枪倾角不合适；焊接速度太大；焊接电流太大；焊枪移动得太快；焊枪倾角变化
熔合不充分		钎料与母材之间或熔敷金属之间未熔合到一起	焊枪行进操作不当；电弧电压太低；焊口不洁净；焊枪倾角不合适
飞边		常见于角焊缝，将导致应力集中和过早锈蚀	焊接速度太小；电弧太短；焊枪移动速度太小；焊接电流大小
熔透不充分		板面下熔敷量不够	焊接电流太小；电弧太长；焊丝未与焊口对齐；坡口太小；焊枪移动得太快；焊丝伸出长度不当
飞溅斑点过多		焊缝两侧有许多斑点和凸起	电弧太长，母材上有锈斑；焊枪倾角太大；导电嘴或送丝辊磨损；焊丝盘太紧；电弧电压太高；送丝速度太小
凹坑		容易在角焊缝中出现	焊接电流太大；所用焊丝不当
焊缝不直		往往是由焊枪操持不当引起的	手抖动或焊丝伸出部分太长
裂纹	裂纹	通常只出现在上表面	工件表面有污物（油漆、油、锈斑等）；电弧电压太高；送丝速度太大；焊枪移动速度太小
焊缝不均匀		焊缝形状不好，高低、宽窄不均匀	导电嘴磨损或变形；焊丝摆动；焊接时焊枪操持不稳
烧穿		焊缝上出现孔洞	焊接电流太大；焊口太宽；焊枪移动速度太小；焊枪离母材太近；将反接电极误用为正接电极（即焊枪为负极，工件为正极）

第三章 车身的检验、测量与矫正

第一节 车身的检验

<table>
<tr><th>名称</th><th>图示</th><th>步骤</th></tr>
<tr><td rowspan="2">发动机罩的检查</td><td></td><td>合上发动机罩的检查
(1)检查发动机罩是否完全锁牢
(2)检查发动机罩与挡泥板的间隙，确定高度上是否有较大误差</td></tr>
<tr><td></td><td>打开发动机罩的检查
(1)检查发动机罩锁口是否平稳解脱
(2)检查发动机罩锁扣钢绳工作是否正常
(3)检查发动机罩铰链是否留有自由行程
(4)检查发动机罩支撑柱是否将发动机罩可靠地撑起</td></tr>
<tr><td>车门的检查</td><td></td><td>(1)检查门打开和闭合时对其他部位有无刮碰现象。门从打开直至停下应运转自如，门铰链工作状况应良好，门闭合时应能可靠地锁紧，门闭合后立缝间隙应符合要求
(2)升起、降下门窗玻璃时应无异响，不发卡，无过重现象
(3)门铰链润滑状况应良好</td></tr>
</table>

（续）

名　称	图　示	步　骤
车门的检查		(1)检查门打开和闭合时对其他部位有无刮碰现象。门从打开直至停下应运转自如,门铰链工作状况应良好,门闭合时应能可靠地锁紧,门闭合后立缝间隙应符合要求 (2)升起、降下门窗玻璃时应无异响,不发卡,无过重现象 (3)门铰链润滑状况应良好
后行李箱盖的检查		(1)检查其开闭动作是否灵活 (2)检查锁紧机构是否正常 (3)检查铰链是否松旷 (4)闭合时,后行李箱盖与后挡泥板的间隙及高度差应符合要求

第二节　车身的测量

一、测量基准

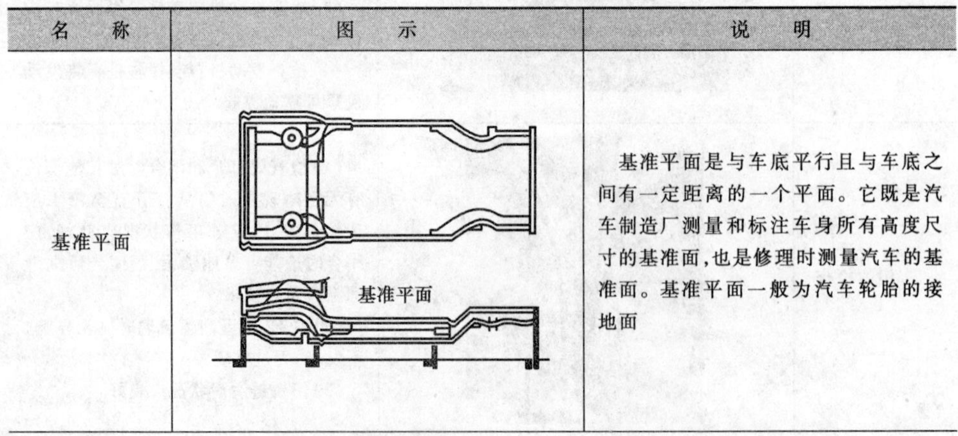

名　称	图　示	说　明
基准平面		基准平面是与车底平行且与车底之间有一定距离的一个平面。它既是汽车制造厂测量和标注车身所有高度尺寸的基准面,也是修理时测量汽车的基准面。基准平面一般为汽车轮胎的接地面

（续）

名　称	图　示	说　明
基准中心	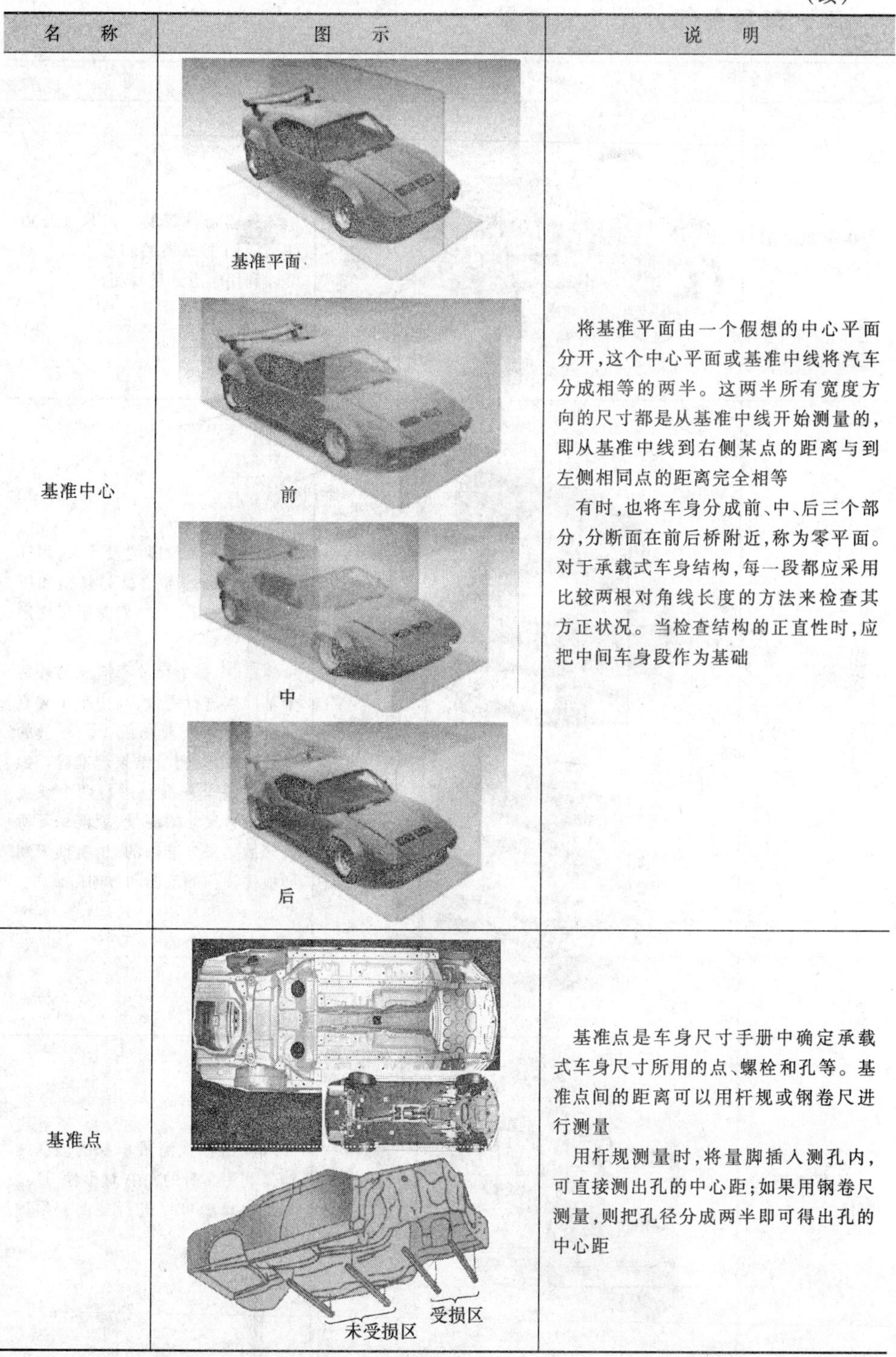 基准平面 前 中 后	将基准平面由一个假想的中心平面分开，这个中心平面或基准中线将汽车分成相等的两半。这两半所有宽度方向的尺寸都是从基准中线开始测量的，即从基准中线到右侧某点的距离与到左侧相同点的距离完全相等 有时，也将车身分成前、中、后三个部分，分断面在前后桥附近，称为零平面。对于承载式车身结构，每一段都应采用比较两根对角线长度的方法来检查其方正状况。当检查结构的正直性时，应把中间车身段作为基础
基准点	受损区 未受损区	基准点是车身尺寸手册中确定承载式车身尺寸所用的点、螺栓和孔等。基准点间的距离可以用杆规或钢卷尺进行测量 用杆规测量时，将量脚插入测孔内，可直接测出孔的中心距；如果用钢卷尺测量，则把孔径分成两半即可得出孔的中心距

二、车身各部分尺寸的测量

名　称	图　示	说　明
车身覆盖件的测量	 车身覆盖件 车身结构件	车身覆盖件控制点的尺寸是由使用说明书提供的。这些尺寸都可以利用轨道式量规测量
车身前段的测量	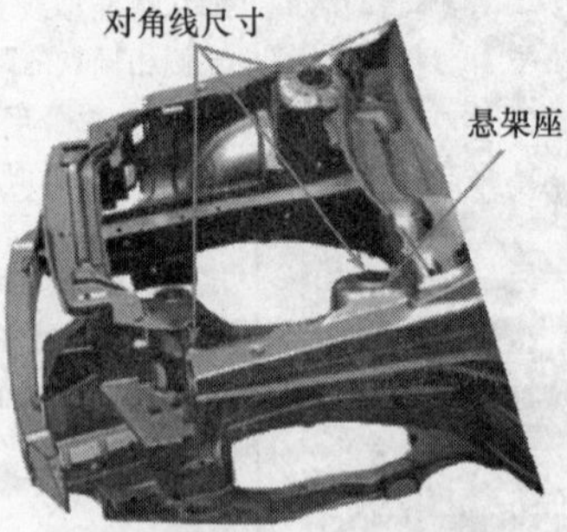  对角线尺寸 悬架座	在测量车身前段的尺寸时，用杆规测量的最好部位就是悬架和机械部件的固定点，它们对于正确定位非常重要 测量时，每个尺寸都应从另外两个基准点进行测量，其中至少应有一个基准点在对角线上。测量的尺寸越长，则测量结果越准确。如果利用每个基准点进行两个或更多个位置尺寸的测量，就能保证所得到的结果是准确的，也有助于判断板件损伤的范围和方向
车身侧围的测量		可以用杆规测量车身的侧围结构。利用车身的左右对称性，通过测量对角线可以进行挠曲变形的诊断

（续）

名　称	图　示	说　明
车身后段的测量	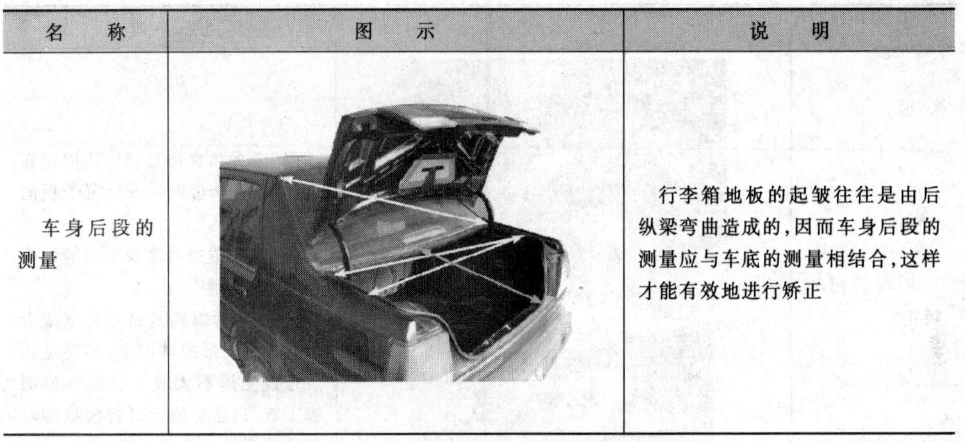	行李箱地板的起皱往往是由后纵梁弯曲造成的,因而车身后段的测量应与车底的测量相结合,这样才能有效地进行矫正

第三节　车身的矫正

名　称	图　示	说　明
前纵梁和前翼子板内加强件的矫正	拉拔矫正左侧前纵梁	(1)首先按与撞击相反的方向拉拔修理侧的纵梁 拉拔方法:在一般情况下,修理侧的整个翼子板内加肋板和纵梁往往只向左或向右偏斜。在修理过程中,应不断地测量对角线长度,并矫正其距离。为了提高作业效率,可同时拉拔纵梁与翼子板内加肋板上部的加强件。如果修理侧的纵梁朝外侧偏斜,则应朝前转一角度后再拉拔,同时要注意监测对角线的变化;如果修理侧的纵梁朝内侧偏斜,则应直接向前拉拔;如果修理侧的纵梁损伤严重,则应在对角线长度正确的点处把横梁和散热器上的固定板拆开,分别进行修理 (2)修复修理侧的翼子板内加肋板和纵梁 (3)修复翼子板内加肋板和纵梁的安装部位

（续）

名　称	图　示	说　明
车身后部的矫正	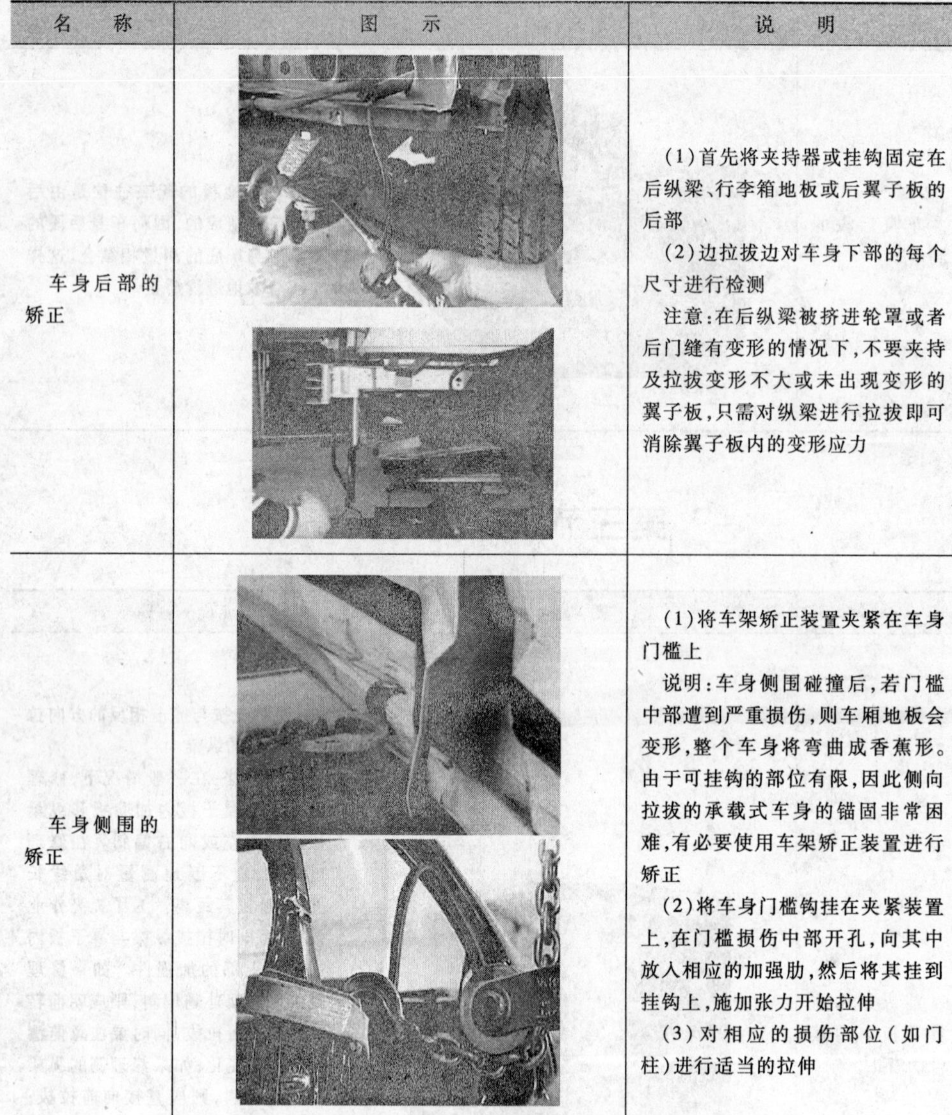	(1)首先将夹持器或挂钩固定在后纵梁、行李箱地板或后翼子板的后部 (2)边拉拔边对车身下部的每个尺寸进行检测 注意：在后纵梁被挤进轮罩或者后门缝有变形的情况下，不要夹持及拉拔变形不大或未出现变形的翼子板，只需对纵梁进行拉拔即可消除翼子板内的变形应力
车身侧围的矫正		(1)将车架矫正装置夹紧在车身门槛上 说明：车身侧围碰撞后，若门槛中部遭到严重损伤，则车厢地板会变形，整个车身将弯曲成香蕉形。由于可挂钩的部位有限，因此侧向拉拔的承载式车身的锚固非常困难，有必要使用车架矫正装置进行矫正 (2)将车身门槛钩挂在夹紧装置上，在门槛损伤中部开孔，向其中放入相应的加强肋，然后将其挂到挂钩上，施加张力开始拉伸 (3)对相应的损伤部位（如门柱）进行适当的拉伸

第四章

车身的修复

第一节 车身的一般性修复

一、钣金件局部凹陷的修复

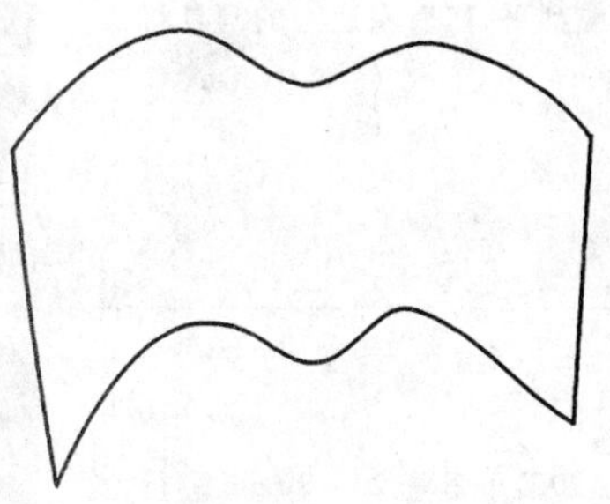

▲汽车钣金件局部凹陷

(1)清除钣金件上的涂膜。必须将填补部位的旧漆层打磨干净,然后形成坡口。由于打磨产生的热量会使涂膜软化并粘在砂纸上,因此除丙烯酸树脂漆外,一般都用60号砂纸打磨。对于丙烯酸树脂漆,应先用24号砂纸把漆皮去掉,再用60号砂纸磨去上一道砂纸痕

(2)清洗板面。先用抹布和压缩空气吹掉施工部位的尘污和油水,再用除油剂去除蜡和油迹。在雨天或湿度较高的场合,可用红外线灯烘烤板面进行去湿处理。当环境温度低时,为改善填料的附着性和加速干燥,也要将板面加热到20℃左右	
(3)调配腻子。按厂家的说明将一定量的填料、硬化剂放在腻子板上,用灰刀调匀	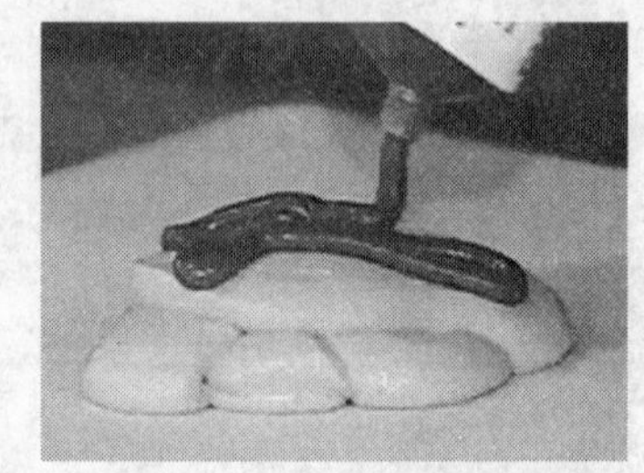
(4)涂刮。先将腻子逐一填满或刮平,然后用适当的刮具将其收刮平整	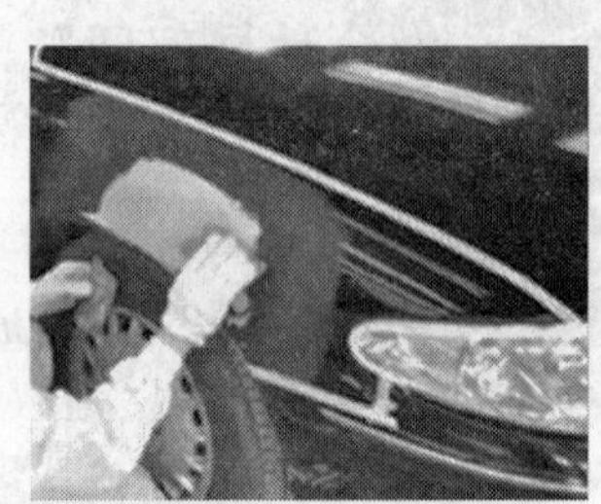
(5)干燥。将腻子抹好后,可在20℃下静置20～30min进行干燥。如果气温低或湿度大,则干燥时间需相应延长。如果用烘干设备强制烘干,则不应升温太快或太高,以免腻子卷皮或开裂。腻子表面温度以50～60℃为宜	
(6)修刮打磨。使打磨块做前后往复的摩擦运动进行打磨。打磨轨迹为直线,不可做圆周运动,以免留下明显可见的磨痕	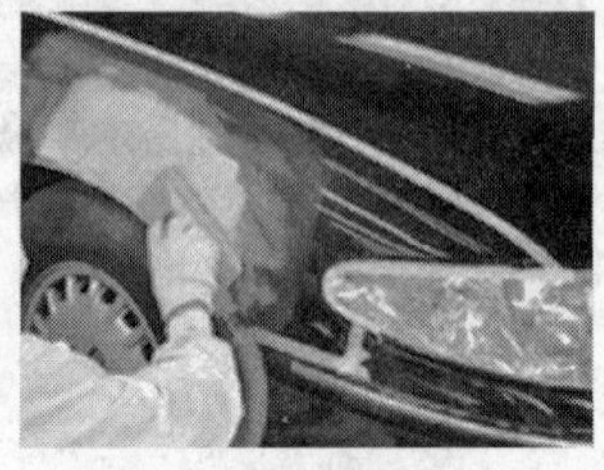

(7)清洁。清洁时一手拿沾有清洁剂的湿抹布,另一只手拿干的抹布作直线往复运动进行擦拭,直至擦净擦干	
(8)遮盖。对前翼子板进行遮盖:从前门侧板、发动机罩边缘、前照灯、前脸到轮胎、轮罩依次进行。其他部位应用塑料膜或罩遮盖,以防止飞漆黏附	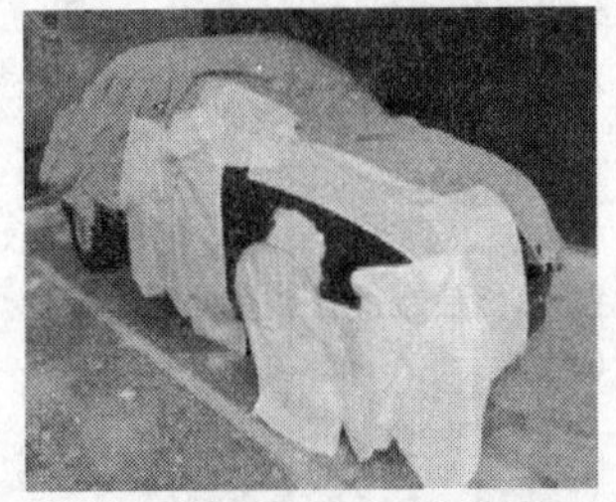
(9)调配底漆。根据面漆的颜色选配底漆,喷涂前把底漆稀释到所需粘度,加入到喷枪罐中时必须过滤	
(10)涂底漆。喷涂底漆时不得一次喷涂得过厚,以防喷底,应分三次或四次均匀喷涂	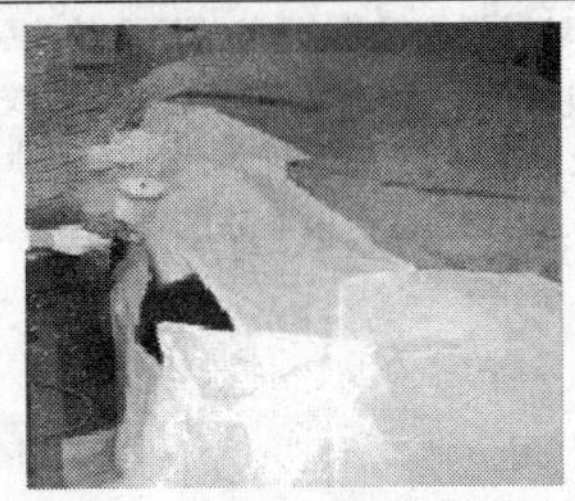

二、裂纹的修复

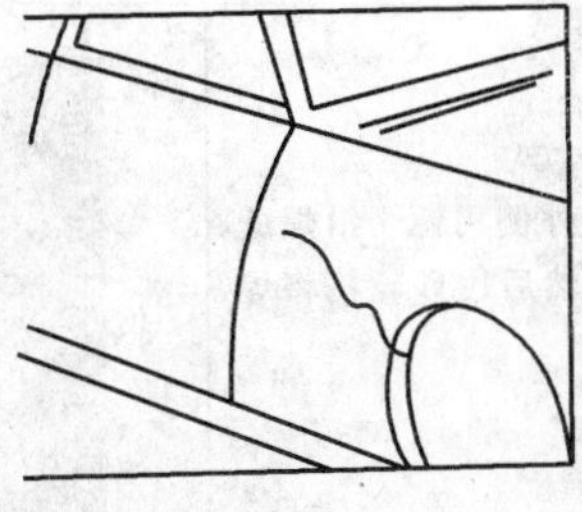

▲汽车钣金件产生裂纹

(1)根据钣金件的厚度,选择适当的焊炬、焊嘴及焊丝,连接好 CO_2 气瓶

(2)焊接时,要将有裂纹的两块板对齐放正并用大力钳夹紧,然后在外边裂纹处进行定位焊或加附临时固定板(焊接后将其打磨去掉)

(3)若裂纹轻微,则可从钣金件的裂纹末端开始,沿裂纹的走向进行焊接,焊嘴应指向裂纹中心,以减少钣金件受热变形;若裂纹较大,则应间隔焊上几点,定位焊后再平整一次,然后采取分段焊

(4)在焊缝内侧垫上垫铁,在焊缝外侧用锤子沿焊缝轻轻敲击,以消除焊接残余内应力,然后用砂轮机将焊缝表面磨平

(5)在将焊缝敲平后,用砂轮机进行打磨,打磨时以磨平焊缝为主	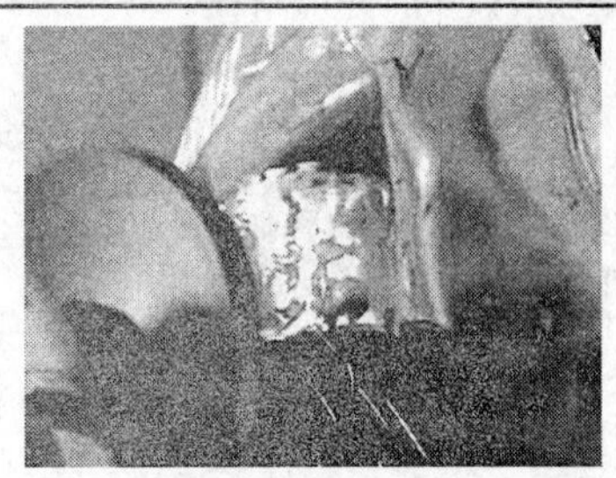

三、底部门槛锈蚀的修复

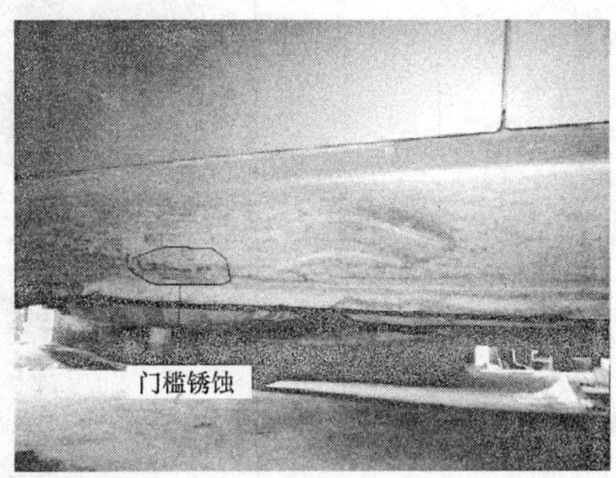

▲底部门槛锈蚀

(1)用盘式砂磨机将锈蚀部位及其边缘的漆皮磨去	
(2)打磨后采用 CO_2 气体保护焊将锈蚀部位修补完整	

(3)修补后用打磨机将修补部位的焊疤、焊渣及氧化皮打磨掉	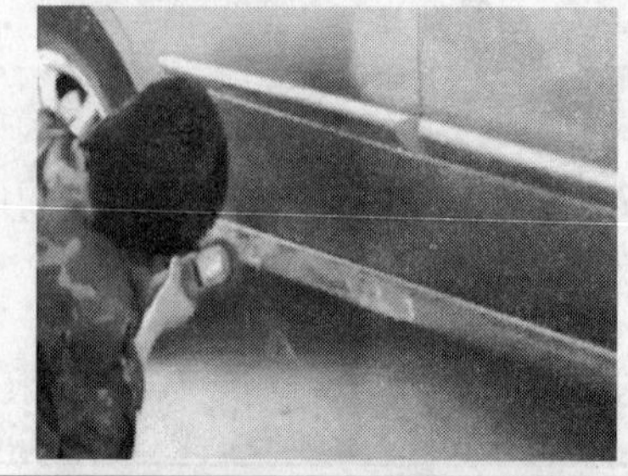
(4)打磨平整的损伤部位	
(5)修复完工后应及时刮腻子	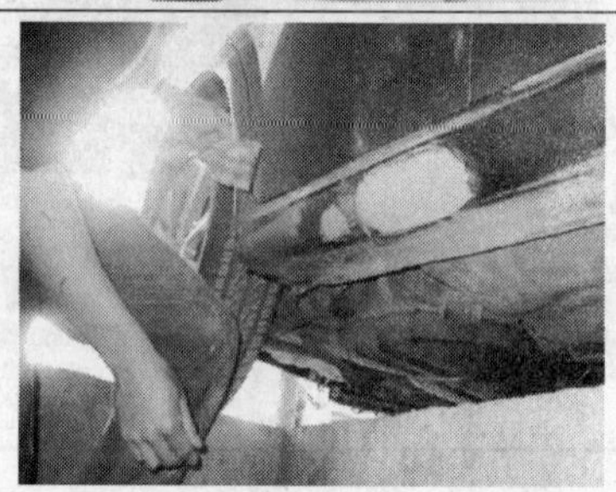

第二节　车身部位的修复

一、车门的修复

1. 车门大面积凹陷的修复

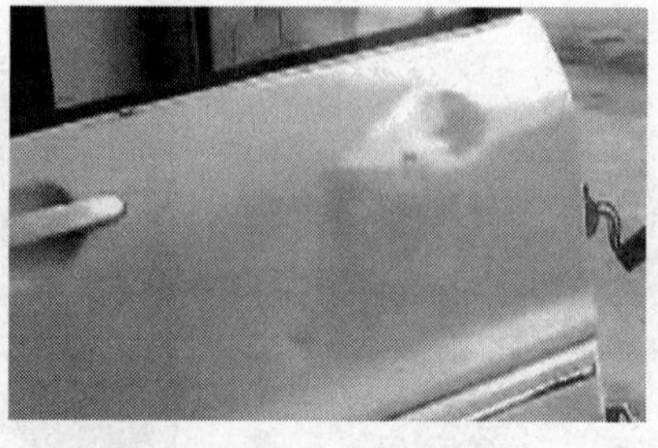

▲车门大面积凹陷

(1)对局部凹陷进行打磨。打磨工具一般选用角向磨光机,打磨的目的主要是除旧漆,使损伤部位裸露出金属底层	
(2)在损伤部位定位焊介子拉环,应先从凹陷最严重处开始	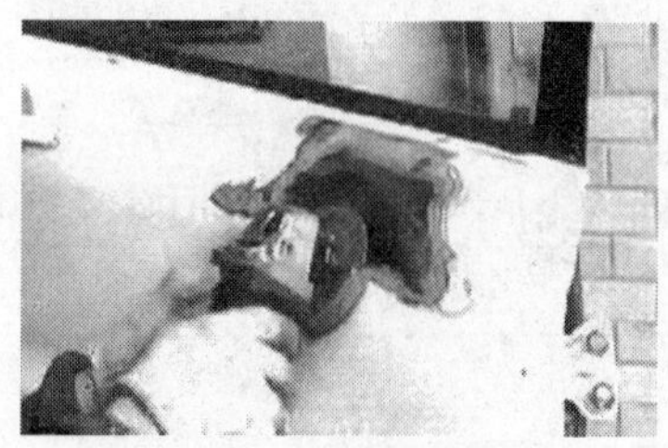
(3)在凹陷严重部位有顺序地定位焊介子拉环(可根据损伤程度自行选择单串、双串或多串串形拉环)	
(4)往介子拉环上穿刚性较强的钢棍,应先从凹陷较大处入手	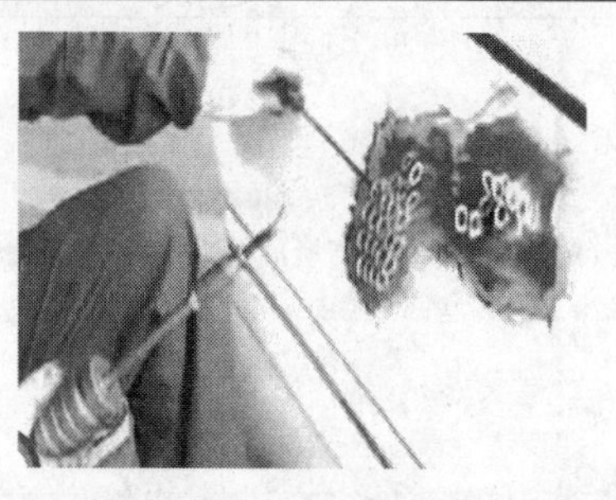
(5)将拉拔工具的挂钩挂在钢棍的介子拉环中部,拉动滑动锤使凹陷回位	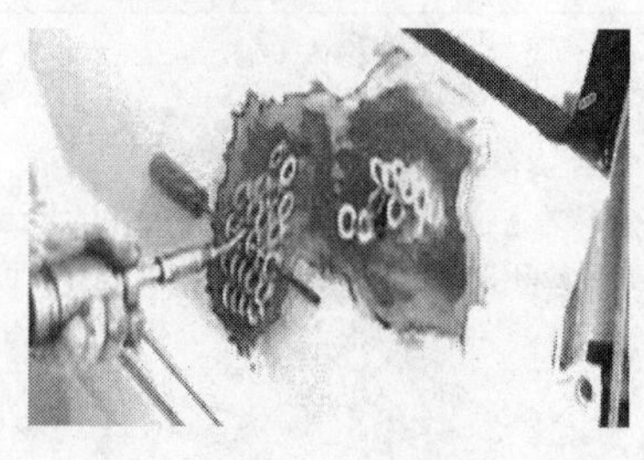

(6)根据损伤情况进行单一拉伸	
(7)取下介子拉环。只需用滑动拉杆钩挂，此时握滑动拉杆手柄的手稍加扭动，即可取下介子拉环	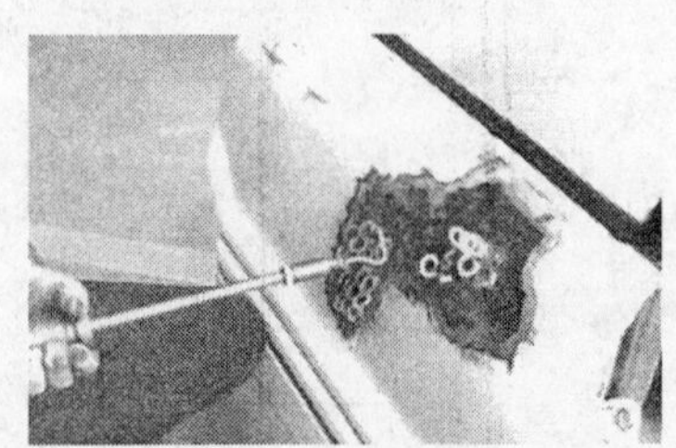
(8)在将介子拉环全部取下后，用角向磨光机将介子拉环焊疤打磨平整 注意：操作时，一定要轻轻打磨，以防将钣金件磨穿	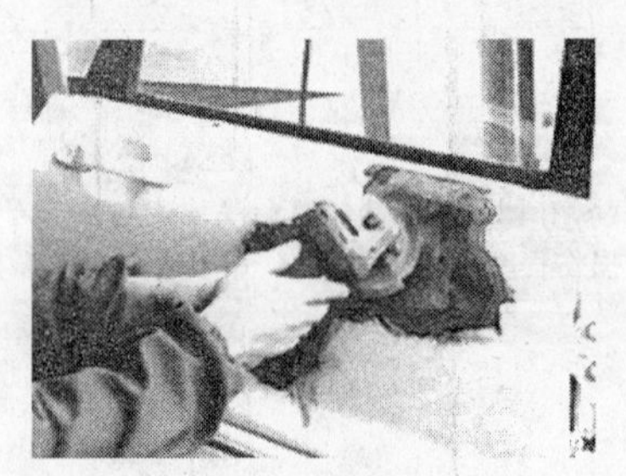
(9)在打磨完后，用触摸法进行损伤拉伸检验，目的是找出还有哪些凹陷存在	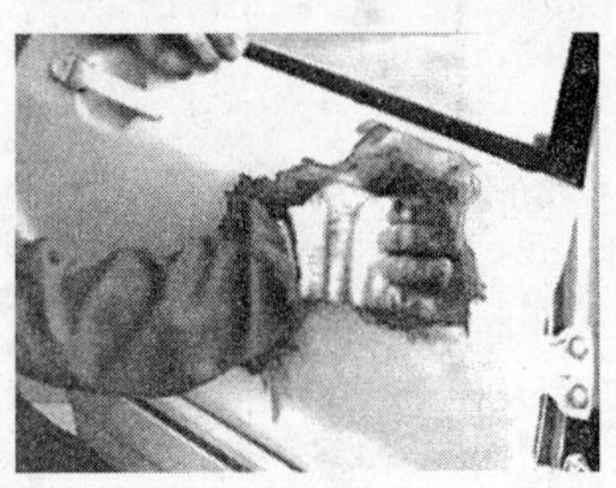
(10)若通过触摸检验确定仍有凹陷存在，则再次定位焊介子拉环，此次只需在局部凹陷处进行即可	

(11)将介子拉环焊好后,用滑动锤拉伸,同时用钣金锤在拉环四周进行敲击找平	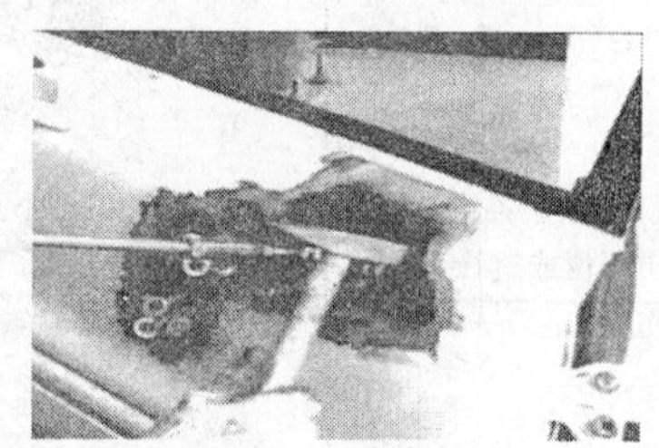
(12)二次拉伸结束,用钣金锤击打介子拉环拉出点,使拉出点收回	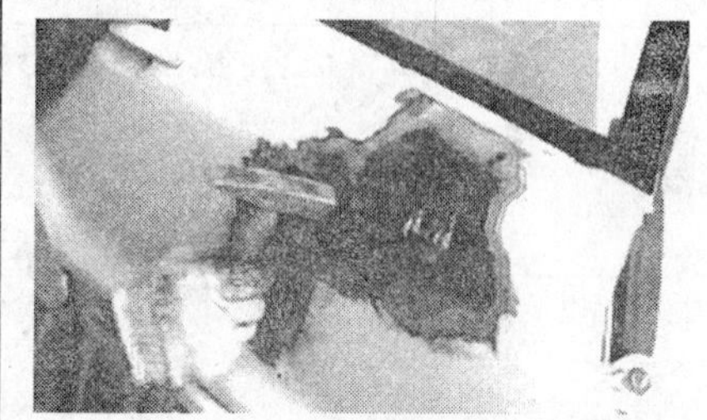
(13)给角向磨光机换上砂纸磨片,再次对损伤部位进行打磨	
(14)用触摸法进行拉伸恢复检验,做最后一次表面质量验收	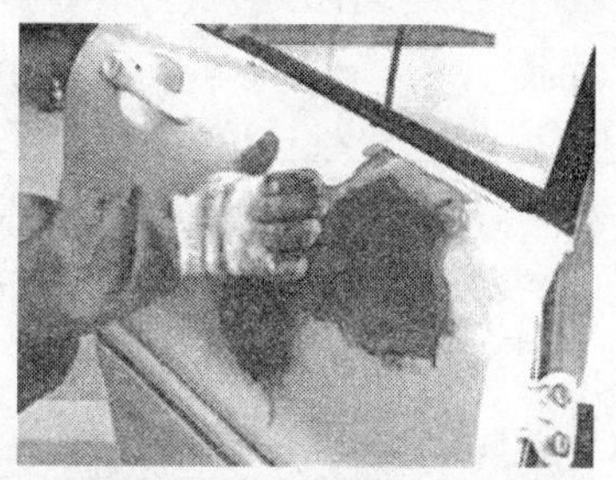
(15)当感觉钣金件局部还有微小凸起点时,给焊枪枪头换上“热铲头”,用其对局部凸起点进行加热。当加热到一定温度时,立即用湿布进行冷却,凸起点即可收回	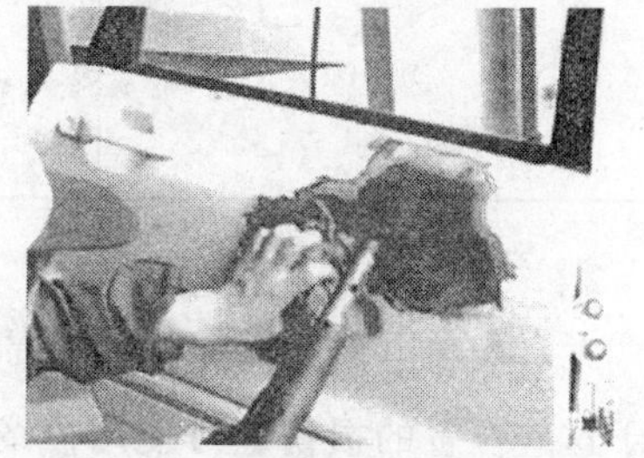

(16)最后再进行一次触摸验收。触摸时主要以凹陷损伤部位或边缘为主。要求损伤部位应低于周围未受损伤处1~3mm,以便腻子的刮涂或打磨	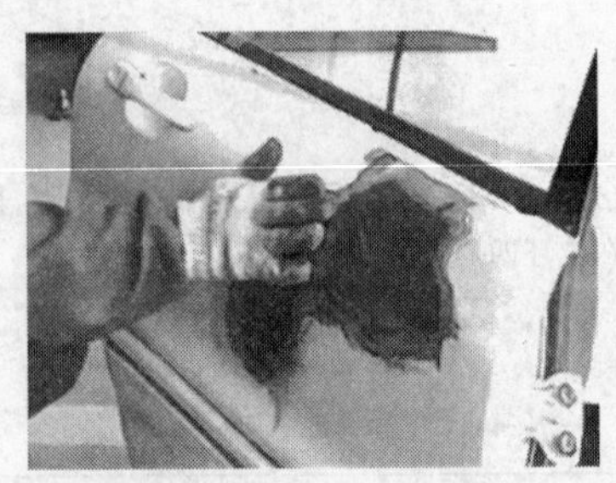
(17)用干净的抹布将损伤部位擦拭干净	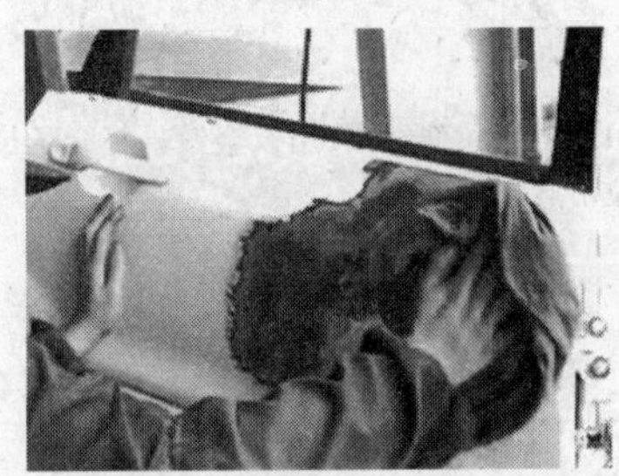
(18)确定没有其他损伤	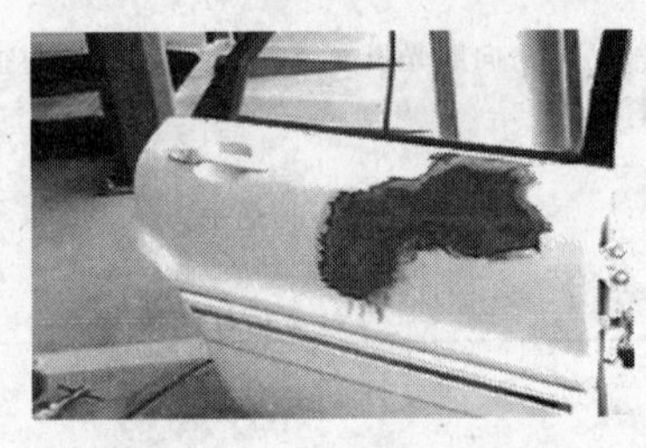
(19)对损伤部位刮涂第一遍腻子	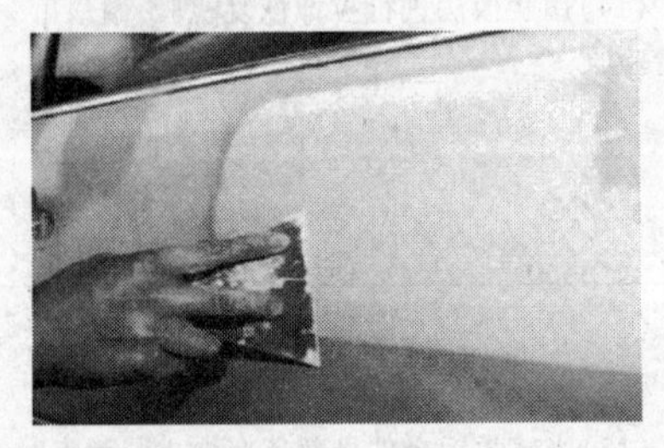

2. 车身侧板棱线损伤的修复

车身侧板一般都有一两条从前到后贯穿的棱线，损伤经常在这些位置发生。对于这些位置的损伤，可使用棱线拉拔工具进行修复。

(1)先选择长度合适的拉拔组合工具，并选择合适的支腿安装在拉拔组合工具上，然后使用打磨机打磨棱线损伤处的涂层	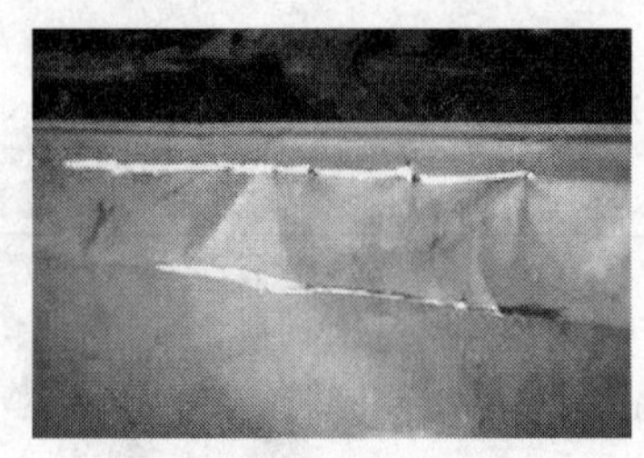
(2)在棱线损伤的位置依次焊接一排垫片，把拉杆插入垫片的拉孔中，并把拉拔组合工具的拉钩安装在拉杆上，然后把支腿调整到合适的支撑位置。注意：支腿不能支撑在大的平面或弧面上，要安放在门框或靠边缘的强度较高的部位	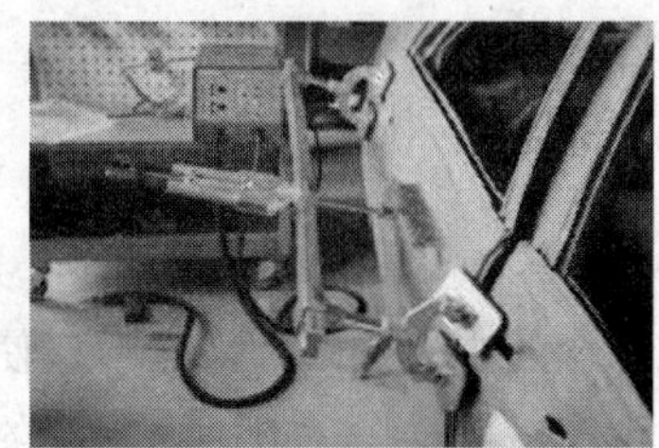
(3)拉动拉拔组合工具的把手，逐步将凹陷拉出。对于凹陷较深的部位，可分几次拉拔，每次拉拔的量不能超过5mm，并且要及时释放板件的应力。当凹陷将要修复好时，把拉拔指针在相邻部位未受损棱线处定位，然后把指针平移到受损部位，松开拉拔组合工具，观察受损部位的恢复情况。当凹陷深度低于未受损棱线1mm左右时，就可以停止拉拔了	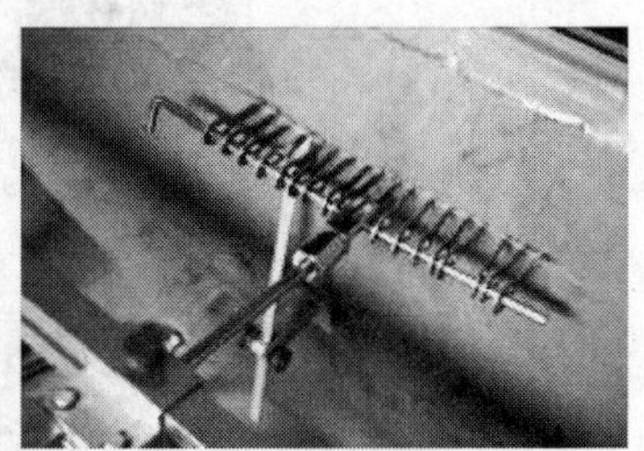

二、翼子板的修复

汽车车身总成中共有四个翼子板，即左前翼子板、左后翼子板、右前翼子板和右后翼子板，分别位于车身的四角处。左、右两个前翼子板分别与前围及发动机罩相接，并将左、右两个前轮的上半部罩住，里端衬有轮罩，用于挡住前轮行驶过程中带起的泥水；左、右两个后翼子板分别与后围及后车门相连，并将左、右两个后车轮罩住，里端同样衬有轮罩，用于挡住后轮行驶时带起的泥水。

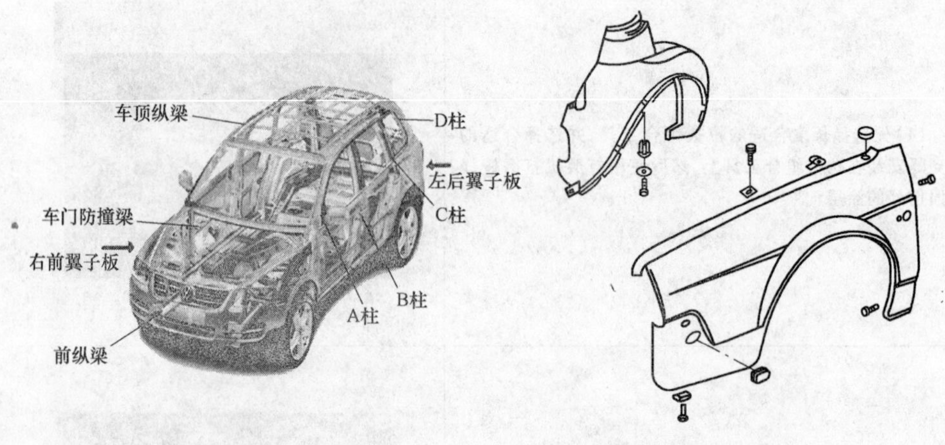

▲汽车车身总成　　▲翼子板

汽车前翼子板一般是用螺栓（钉）固定在前车身上的，与车轮拱形罩同属于前车身的主要覆盖件。它不仅使车身线条流畅，而且使前车身的整体性更强。

汽车后翼子板一般是用焊接的方式固定在车身上的。

1. 前翼子板正面严重碰撞后塌陷与皱褶同时出现时的修复

▲前翼子板正面严重碰撞后塌陷与皱褶同时出现

(1)首先利用矫正仪对车身前端进行测量并矫正	

(2)在对车身前端进行测量并矫正后,将发动机罩、前保险杠和其他部件安装调整好,然后将新的左前翼子板,按原来的位置安装并按原焊点进行焊接	
(3)新的左前翼子板	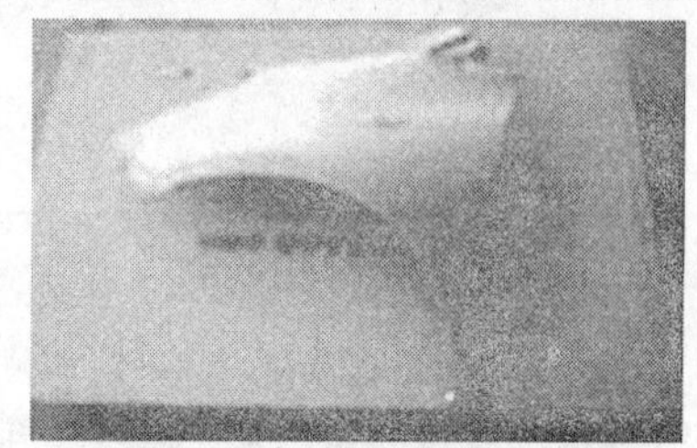
(4)修复并喷涂车身	
(5)修复后装配完整的车身	

2. 后翼子板侧面损伤的修复

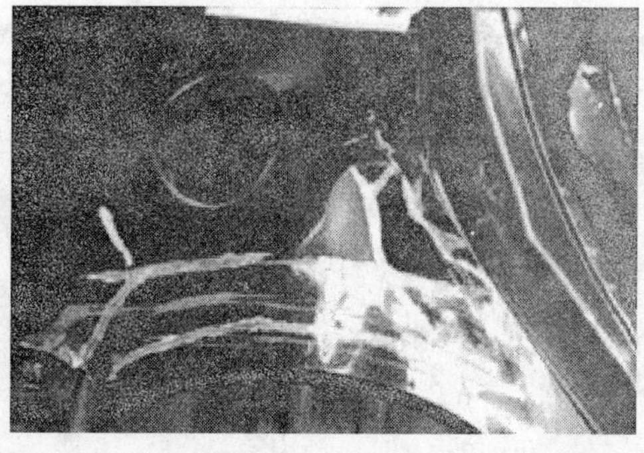

▲后翼子板侧面损伤

修复方法一：在车上直接修复

(1)首先找出几个凹陷较深的折线，用打磨机把凹陷位置最深处的涂层打磨干净	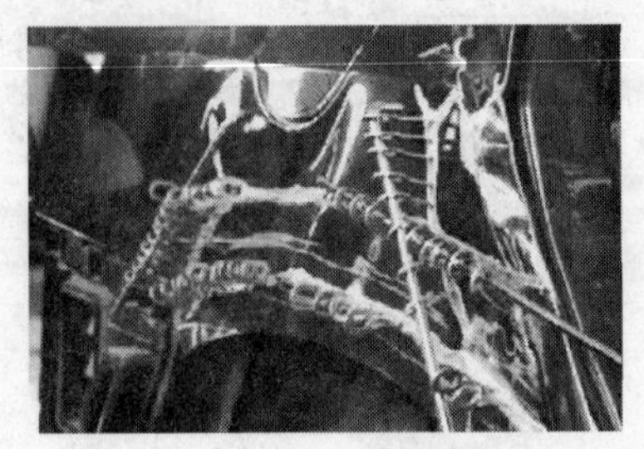
(2)调整焊机的焊接参数，在后侧围板打磨的位置焊接垫片。如果有足够的垫片，则可同时把需要修复的部位都焊接上垫片，以方便同时修复，确保变形板件的整体复位	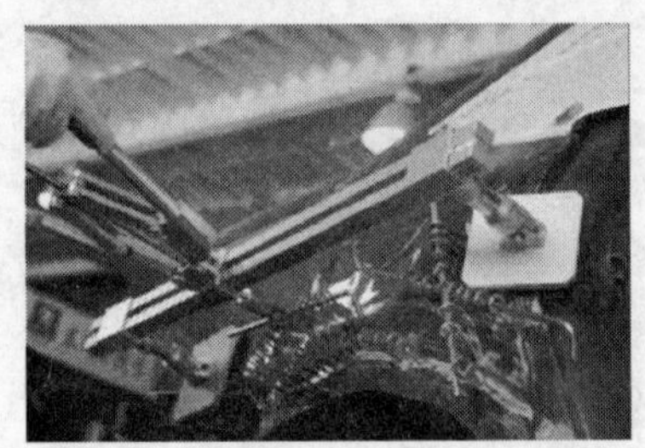
(3)从工具车上选取适合的拉拔组合工具，安装适合的支腿，并调整支腿的宽度。先把拉杆插入垫片的拉孔中，再把拉拔组合工具螺杆端部的拉钩安装在拉杆上，向内慢慢拉动把手，可反复拉拔几次，直到把手合拢处于锁紧位置，然后用钣金锤敲打拉拔部位周围的板件，使其释放应力。松开把手后调整螺杆的长度，重新进行拉拔	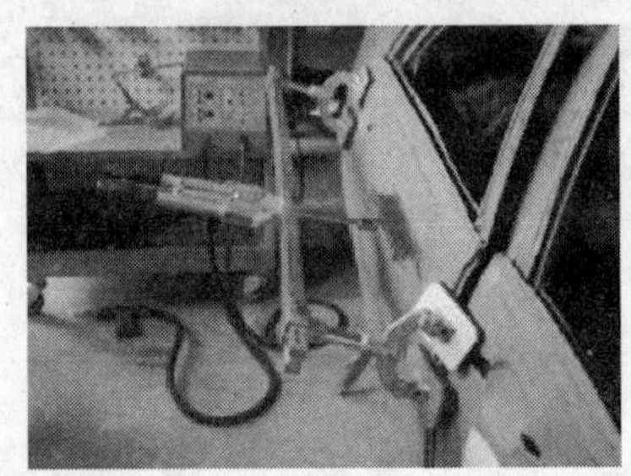
(4)在该部位凹陷的变形恢复一定程度后，再对其他部位的凹陷进行修复。把拉杆插入垫片拉孔中，调整拉拔组合工具支腿的宽度和螺杆的长度，把螺杆端部的拉钩安装在拉杆上，向内慢慢拉动把手，可反复拉拔几次，直到把手合拢处于锁紧位置，然后用钣金锤敲打拉拔部位周围的板件，使其释放应力。松开把手后调整螺杆的长度，重新进行拉拔 重复刚才的动作，直到把所有损伤部位的凹陷都修复好	

修复方法二：拆下翼子板修复

(1)右后翼子板严重损伤	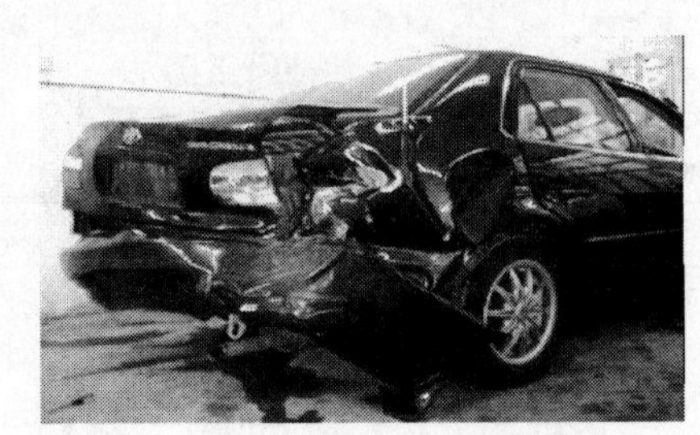
(2)右手持锤,左手持刀,将刀刃对准焊缝中心,用锤子的粗头加力锤击刀背处。随着锤子对刀背的锤击,左手还要向前移动。击开一个焊点后,向前移动一下。边锤击,边移动,直至将整个焊缝全部剥开,最终将整个翼子板拆下	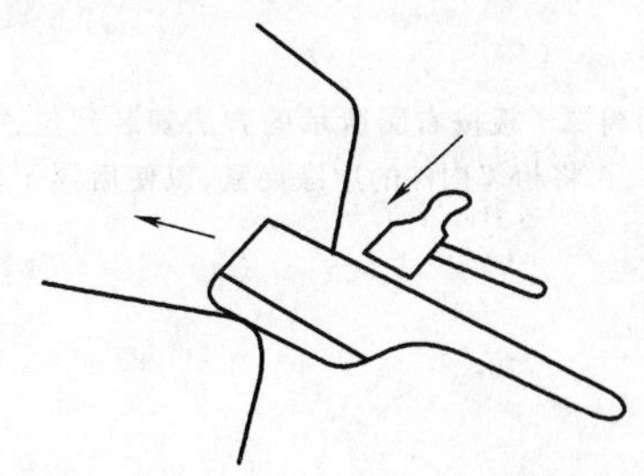
(3)对后围板和后翼子板进行切割、分解	
(4)在切割、分解后,将内部板件的损伤及边缘修复完好,等待安装新板件	

(5)待安装的新板件	
(6)将翼子板按右图所示的方法安装到位,并用万能夹钳将相邻构件的边缘夹紧,以使后翼子板得到固定	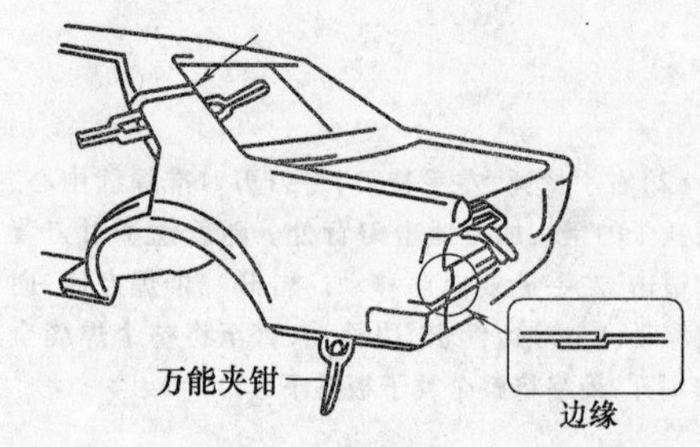
(7)新翼子板安装后的右后侧车身	
(8)用目测的方法检查翼子板与车门的间隙是否符合要求	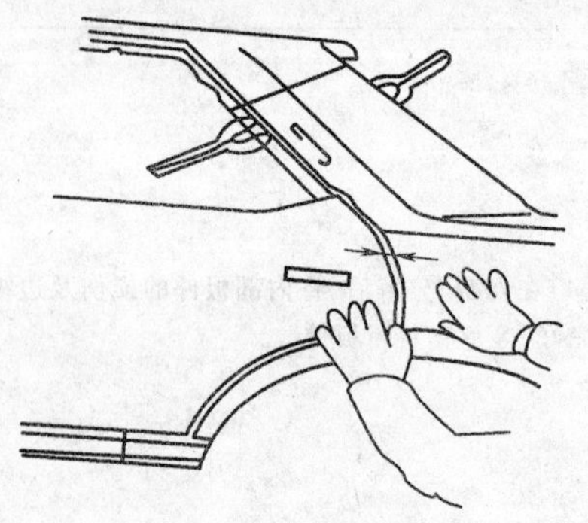

(9)安装完整的后围板及整体的车身后部	
(10)在行李箱盖处于关闭的状态下,检查后翼子板与行李箱盖的间隙和高度是否合适,并用对比法测量和验证窗口的对角线,确认无误后用自攻螺钉临时固定 注意:由于用夹具固定有时不够可靠,适配度的调整也不够方便,因此每进行一项适配作业,均应在构件边缘的适当部位钻孔,然后用自攻螺钉将其临时固定	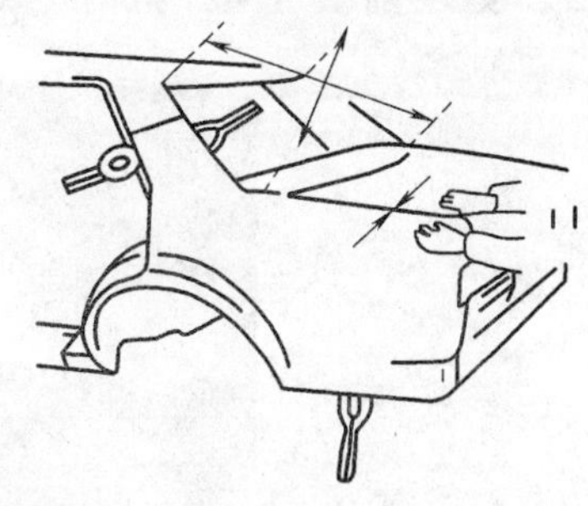
(11)安装车身后部的灯具,以验证其适配情况及高度是否与另一侧对称	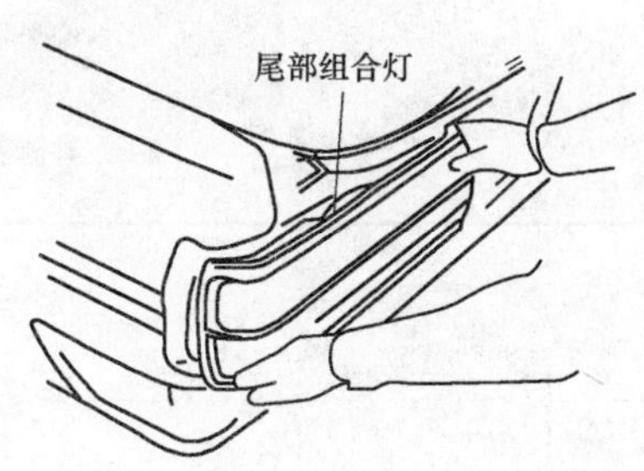
(12)全部装配完毕后,再进行一次整体适配状况的检视,查看各部位的间隙、形线以及对称度等	

(13)在车身损伤修复后进行整车喷涂	

三、更换前翼子板内加肋板总成、前横梁和散热器支座

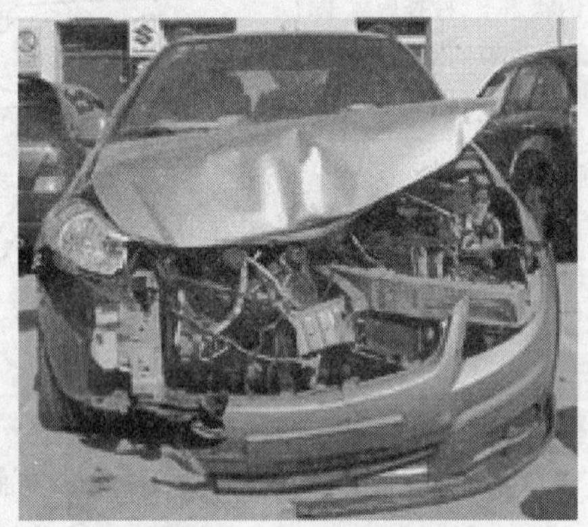

▲汽车碰撞后前部严重损坏

(1)首先按与撞击相反的方向拉拔换件侧的纵梁	

(2)拆除损坏的组件

(3)修复换件侧翼子板内的加肋板总成和纵梁的安装部位,对接口进行整理

(4)在定位焊区域磨去所有焊缝的痕迹

(5)用锤子和垫铁将配合表面凸缘上的凹坑和凸起整平

(6)在已清除污物的金属表面上,涂上可焊透的底漆,这样可以起到防锈作用

(7)用圆盘打磨机清除新组件定位焊区域两边的涂膜

(8)在已清除底漆的焊接表面上涂可焊透的底漆,可起到防锈作用

(9)检查前翼子板内加肋板与纵梁安装面的装配标号是否一致,确认一致并匹配好之后用夹钳将它们夹紧。对于没有装配标号的零件,应将其放在旧零件的位置上

(10)利用杆规检测基准点间的距离,以确定零件的位置,对其进行定位。在一个位置用定位焊临时固定前横梁,然后垫上木块,用锤子击打木块,使板件向必要的方向移动,从而调整板件长度方向上的位置

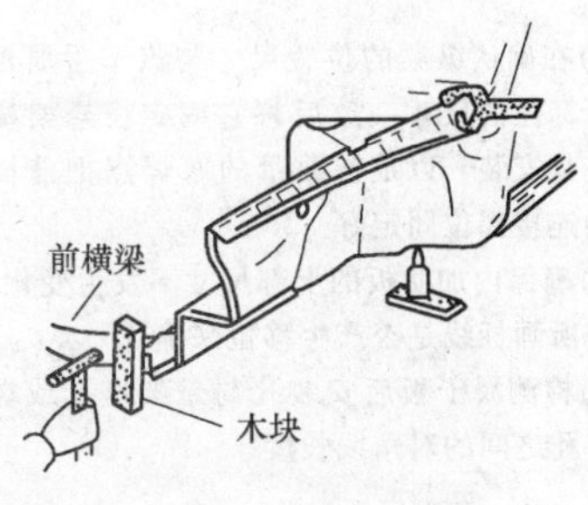

(11)在未焊接的板件端部画上一条定位线，然后在板件上钻孔，并用钢板螺钉将零件固定在一起，在内加肋板部位画一条线，但不要把它们焊接起来

(12)用自定心规检测车辆两侧的新旧内加肋板的相对高度，使之一致，然后用千斤顶支撑住新内加肋板，以确保其高度位置不发生变化

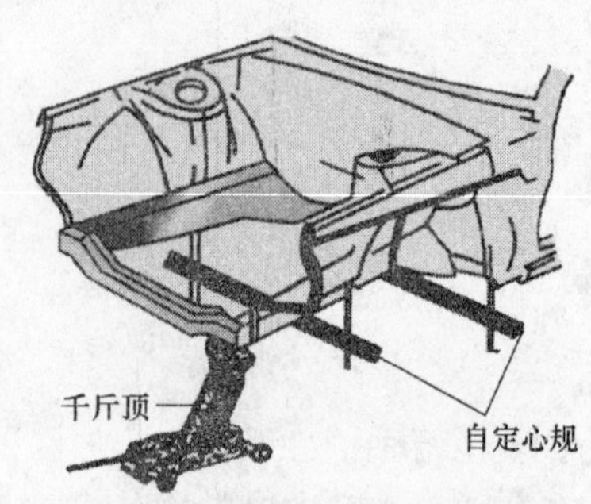

(13)测量宽度和下对角线长度，根据需要调整纵梁位置，然后重新检查、确认其高度

(14)仔细确定前横梁的位置，使其左右两端均匀一致

(15)在确认纵梁的位置尺寸与汽车手册尺寸图表中所标注的尺寸一致后将它固定。悬架横梁也可用夹具安装。以足够数量的塞焊点把前横梁与纵梁的连接部位固定好

(16)确保内加肋板的上部尺寸不发生变化，可通过检查所画标线是否产生移位来确认

(17)检测翼子板后安装孔与悬架座孔或翼子板前安装孔之间的对角线长度

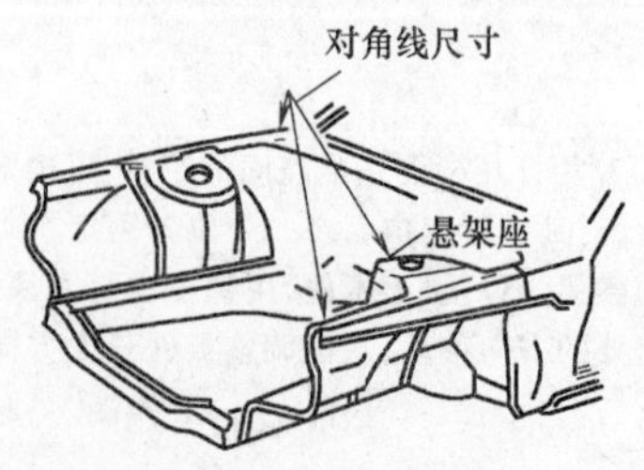

(18)测量悬架座和前翼子板螺栓孔之间在宽度方向上的尺寸,然后把它们固定在一起。如果其宽度方向上的尺寸与车身尺寸手册中所标注的尺寸不一致,则需进行微量调整,同时要注意对角线的变化。临时性安装并固定散热器的上下支座 (19)测量纵梁在宽度方向上的尺寸,将杆规调至适当尺寸,并根据需要调整内加肋板	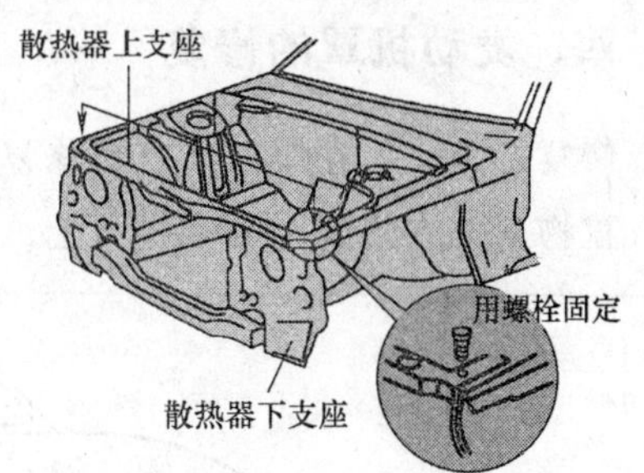
(20)测量散热器支座两条对角线的长度,并确保这两个尺寸一致	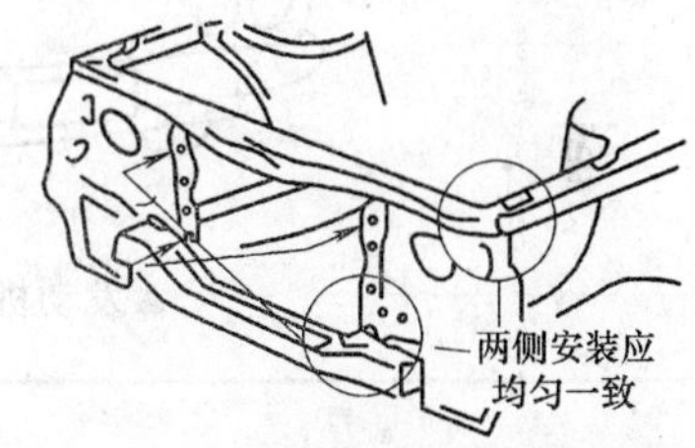
(21)临时性安装前翼子板,然后检查它与车门间的位置关系。如果前翼子板与车门间缝隙不合适,则原因可能是内加肋板或纵梁高度位置不准确,应将其取下重新调整后再进行焊接	
(22)焊接之前按上述方法再检查一遍,并再次验证所有的尺寸 提示:车身前部测量尺寸如右图所示 说明:每个尺寸均应从另外两个基准点进行检查,其中至少应有一个基准点在对角线上。检查的尺寸越长,测量就越准确。如果利用每个基准点进行两个或更多个位置尺寸的测量,就能保证所得到的结果更为准确	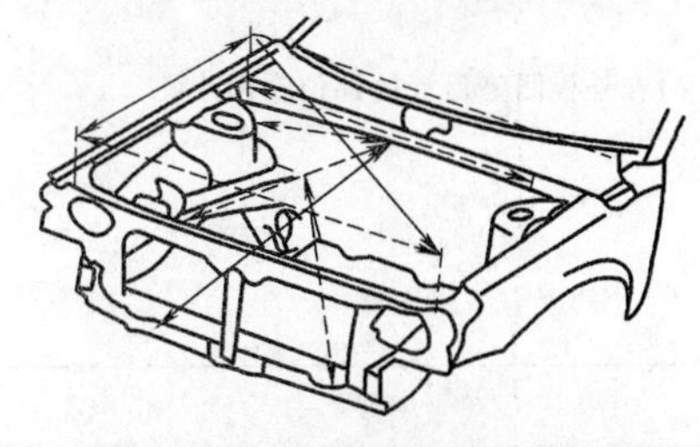
(23)用 CO_2 气体保护焊进行组合焊接	

四、发动机罩的修复

修复方法一：在车体上直接修复，不必拆卸发动机罩。

重物从上方落到上发动机罩上，使其产生凹坑或塌陷。

▲发动机罩上的凹坑或塌陷

(1)将发动机罩扳起，在车体前方垫上木方	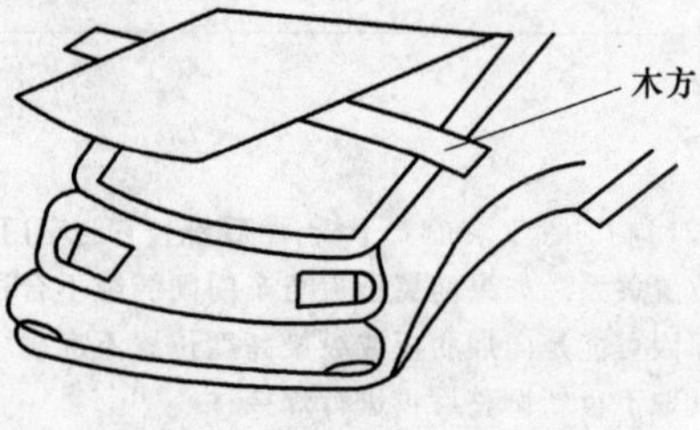
(2)在外板凹陷最深的部位钻出小孔	
(3)将一根端部带有大于90°角的钢丝从小孔中伸进	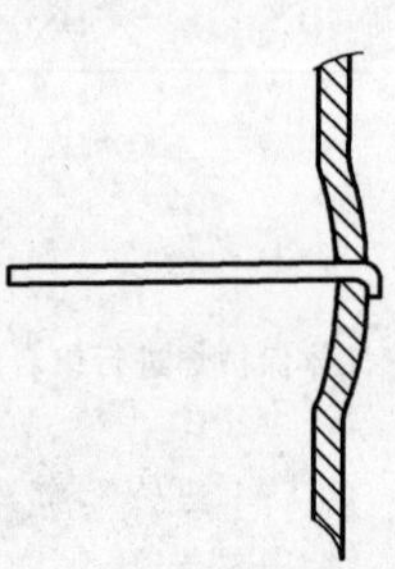

(4)向上拉拽铁丝,将凹陷处拉平	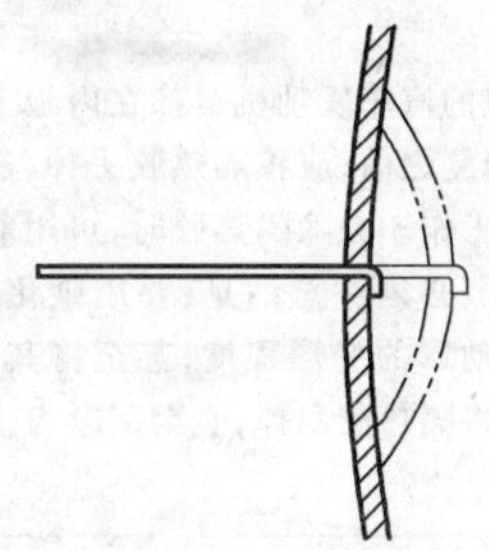
(5)在凹陷全部复位后,用小锤轻轻敲击进行整形。用锡钎焊把小孔补好,然后将焊好的小孔修锉平整	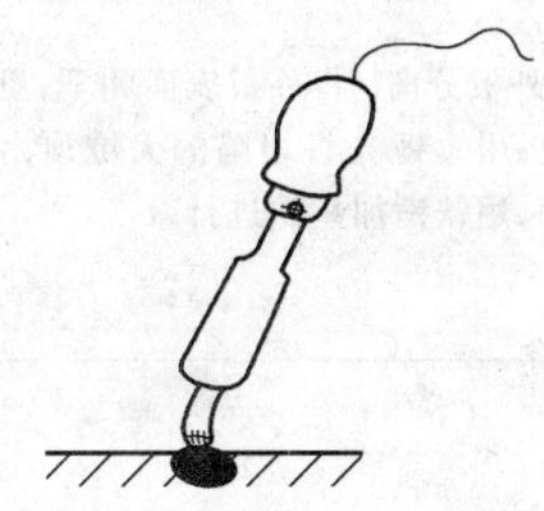

修复方法二：拆下发动机罩的修复。

汽车正面发生严重碰撞，使发动机罩出现拱曲、塌陷与皱褶等损伤变形。

(1)将风窗玻璃冲洗器喷嘴及软管拆离发动机罩	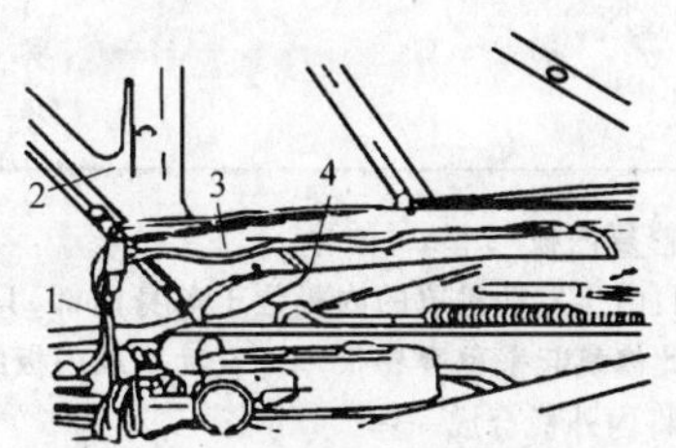 ▲拆除风窗玻璃冲洗器喷嘴及软管 1—发动机罩铰链　2—发动机罩 3—软管　4—喷嘴
(2)用螺钉旋具松开两个铰链上的紧固螺钉,卸下发动机罩总成	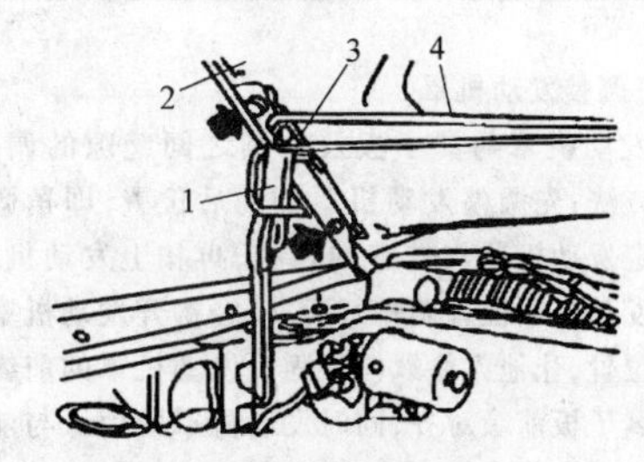 ▲拆除发动机罩螺钉 1—铰链　2—发动机罩　3—铰链垫片　4—扭力杆

说明：一般的汽车发动机罩都在内板上涂了一层隔热胶，在修复之前，应将隔热胶去掉，避免影响下一步的维修工作。去除隔热胶时，可用氧乙炔焰对其加热烘烤。必须注意的是：要用碳化焰烘烤，否则会增加发动罩的变形程度，甚至将其烧穿；边烘烤边用铲刀将隔热胶刮掉，直至刮净为止

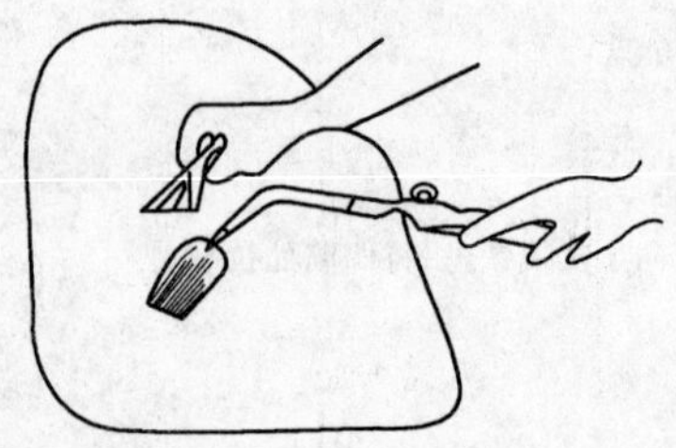

(3)将内外板分离。将外板表面朝下，里面朝上，放在平台上，用木锤先将塌陷的大坑顶出，然后将外板翻过来，用铁锤加垫铁进行敲击

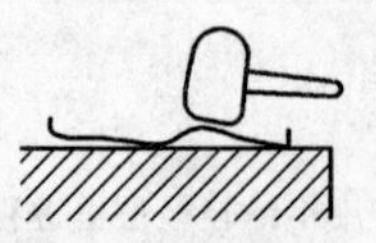

用木锤敲击外板里面

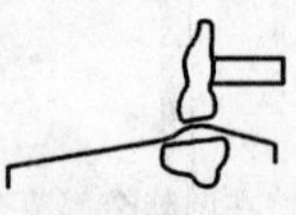

用锤子敲击外板表面

(4)对外板表面进行光洁处理

提示：在整个外板的平整和矫形工作完成之后，对铁锤与垫铁、撬棍等工具作业留下的凹凸不平的小痕迹，应用车身锉刀进行最后的修复

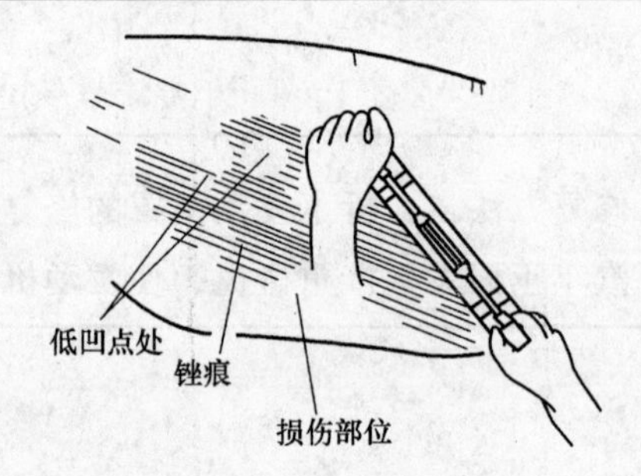

(5)修复内板

说明：由于发动机罩的内板位于车身内部，只起到加强外板刚度的作用，所以对其表面的质量要求较低，因此修复起来也容易很多。发动机罩内板的修复方法与外板的修复方法相似

(6)将内外板合成一体

提示：在内板上涂一层隔热胶，将内板与外板按原来的连接方式合成一体，即将外板的包边重新包住内板的边缘，四角处可用 CO_2 气体保护焊段焊几点，以增加牢固度。最终，应使发动机罩达到原始状态

(7)安装发动机罩总成上的各零部件，然后将发动机罩后侧的两个铰链固定，再将发动机罩总成放在车身原安装位置，拧好铰链紧固螺钉，将其与车身连接起来

(8)调整发动机罩

1)发动机罩与翼子板及前围之间缝隙的调整。调整方法：先调整发动机罩的前后位置，即稍微松开固定发动机罩与铰链的螺栓，再扣上发动机罩。在将发动机罩位置调整好后，轻轻揭开发动机罩到合适位置，让他人将螺栓紧固。发动机罩的前缘必须与翼子板前缘对齐，同时发动机罩的后缘与前围之间应保留足够的缝隙，以避免发动机罩开启时相互干扰

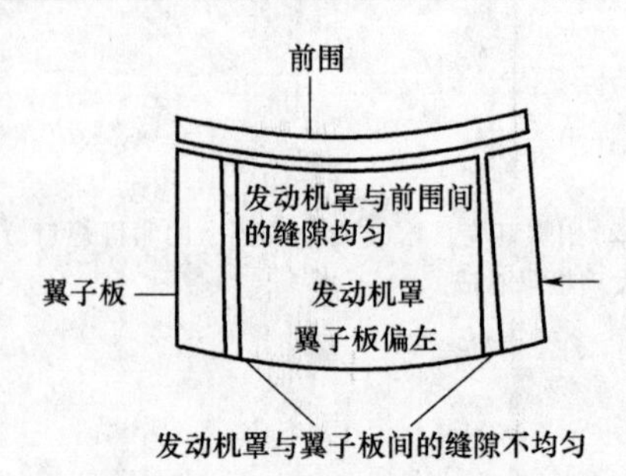

▲发动机罩与翼子板及前围之间缝隙的调整

2）发动机罩高度的调整

①首先稍微松开铰链与翼子板及前围连接处的螺栓，然后轻轻盖上发动机罩，根据情况将发动机罩的后缘抬起或压下。当发动机罩的后部与相邻的翼子板前围高度一致时，再轻轻揭开发动机罩，将螺栓紧固

②对于新换装的发动机罩，容易因边缘弯曲而造成高度差，对此，仅仅通过对铰链等的简单调整不能将发动机罩的变形消除，而需要调整发动机罩的边缘曲线。可用手搬动发动机罩的拱曲部位使其复位，也可在前端垫上布团，然后用手掌轻轻压下拱曲部位，使其高度与翼子板边缘高度一致

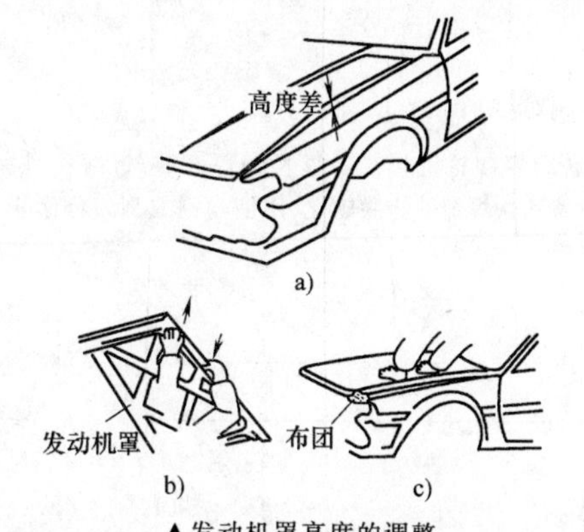

▲发动机罩高度的调整

a）边弯曲造成的高度差　b）用手将弯曲处调平　c）垫上布团往下压

（9）在将发动机罩调整好后，检查发动机罩是否完全锁牢，检查发动机罩与挡泥板的间隙，在高度上是否有较大误差

五、车顶的拆卸

汽车发生严重撞击或翻车时，造成车顶塌陷、扭曲或拱曲等不同程度的损伤。

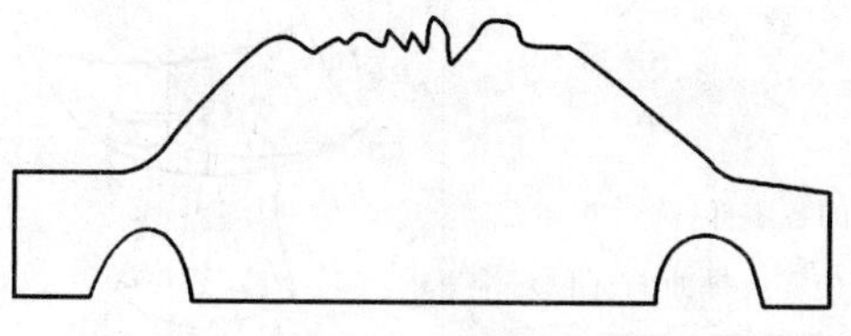

▲车顶塌陷、扭曲或拱曲

（1）拆除车顶板、内饰件以及相关零部件，用风动锯切割车顶

说明：切割车顶最好的位置就是几个侧围支柱靠近上端的部位，并留出一段距离（20～30mm），以便于安装车顶时进行焊接

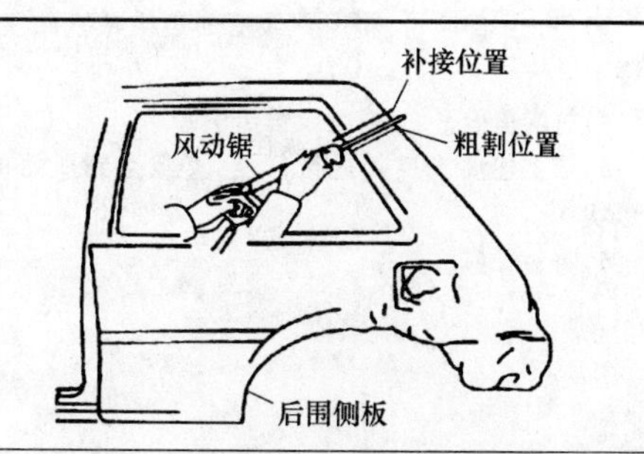

(2)用砂轮机切割焊缝及钎焊区域,拆解构件。用氧乙炔焊炬使涂膜软化,用钢丝刷或刮刀将涂膜除掉

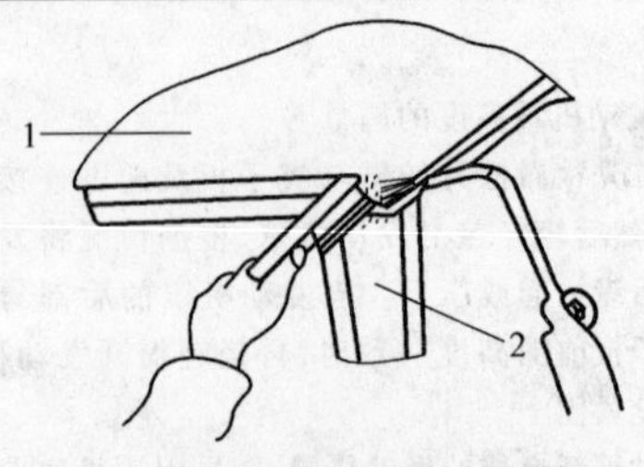

▲从钎焊区域清除涂料与焊料

1—车顶 2—立柱

(3)加热钎焊钎料,直到其开始熔化呈糊状,再快速将其刷掉。注意不要使周围的金属薄板过热。将一把一字槽螺钉旋具在两块板件之间旋入,将板件分离

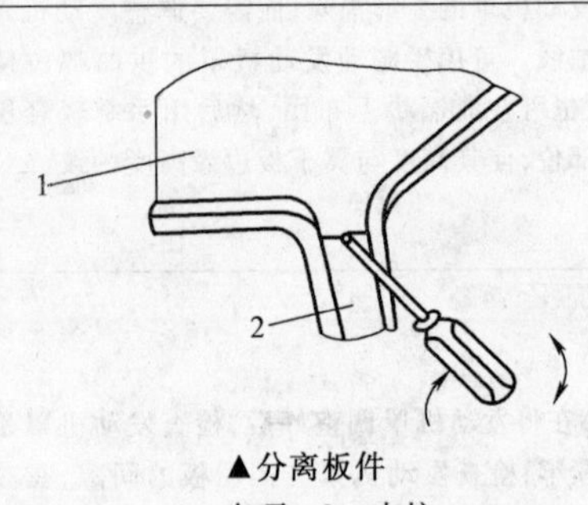

▲分离板件

1—车顶 2—支柱

(4)除去涂膜后,若确定为钎焊连接,则采用高速砂轮机切除钎焊区,然后将车顶与车围连接处切除,以便更换板件

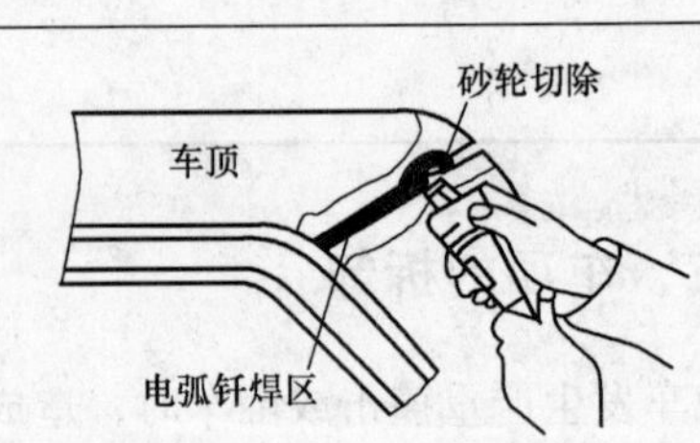

(5)配做拱形车顶蒙皮

1)将毛坯料置于砧座上,使需要拱曲的部位对准砧座的凹坑

2)一手扶持板件,一手用锤敲击需拱曲的部位

3)停止中部敲击,将工件皱褶的边缘贴紧砧座,敲平皱褶

4)将皱褶敲平之后,继续锤击中部

5)依上述要求反复进行修复,直至达到所需的形状

6)将边缘剪修整齐

在木墩上拱曲　在胎膜上拱曲

将毛坯料置于砧座上

敲击需拱曲的部位

停止中部敲击

继续锤击中部

剪修边缘

(6)配做车顶加强梁

(7)将更换的车顶置于车上并对正位置后，用夹钳固定，然后临时将其定位焊在该位置

(8)检查车身所有框架部位的尺寸和形状

(9)准确无误后，将车顶牢固地焊接在该位置上

(10)安装车顶加强梁、压条、车顶板和内饰件等

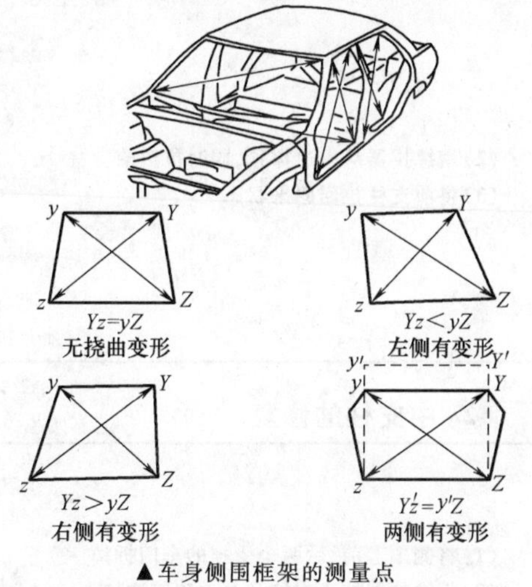

▲车身侧围框架的测量点

六、支柱的修复

汽车侧围发生碰撞，造成前支柱和中支柱弯曲。

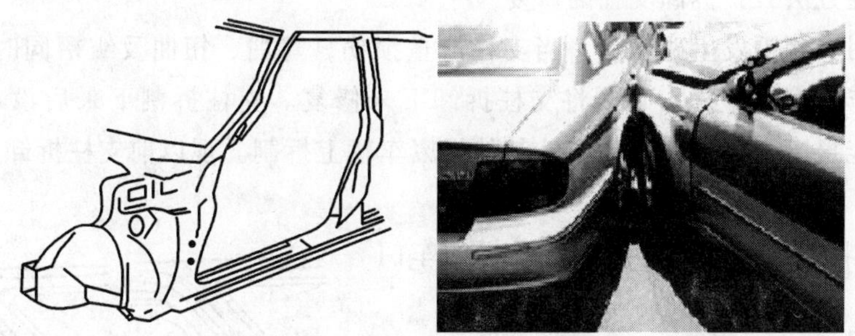

▲前支柱和中支柱弯曲

修复方法一：在车身上修复

1. 前支柱的修复

(1)将侧围上前、后两个受损的车门拆掉。同时，由于前翼子板也被撞击，应将其一起拆下

(2)用撑拉器从里边撑顶,同时拉拔前支柱 (3)将前支柱拉回原来状态	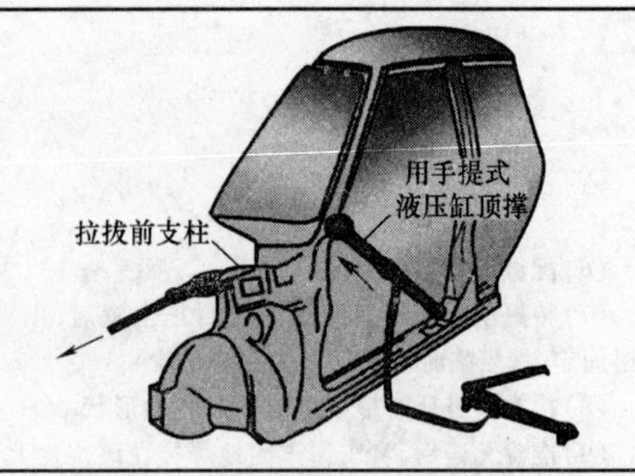

2. 中支柱的修复

(1)将侧围上前、后两个受损的车门拆掉 (2)将撑拉器挂于中柱和其他建筑物体上 (3)将中支柱拉回原来的状态	

修复方法二：拆卸支柱的修复

说明：侧围发生碰撞后，当支柱严重损伤，弯曲、扭曲及皱褶同时出现时，不能在车上直接修复，必须将支柱拆卸下来修复。支柱拆割下来后没有实用价值，只能报废，可重新制作或从其他报废车辆上拆割。现以前支柱拆卸为例加以介绍。

1）将侧围上的前、后两个受损的车门拆掉。

2）用手锯截断前支柱

① 找到支柱上端的基准孔，并由此向下量100mm，在该处内侧作标记，再由此标记向上量60mm，在该处外侧作标记。两标记处即作为截断线。

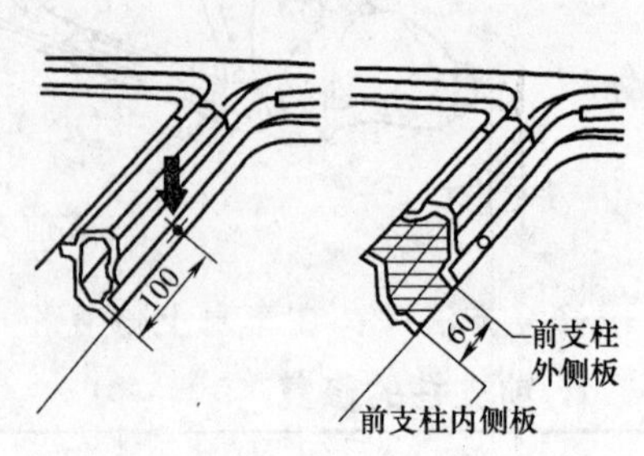

▲确定截断线

② 在两根截断线处仔细截断。

提示：为了使截断准确而又方便，可采用锯切夹具。这种夹具可用边角料自制。

③ 从支柱内侧仔细钻除支柱上两个切口之间和底部的焊点，卸下支柱。

3）选取新的前支柱。

4）安装新的前支柱

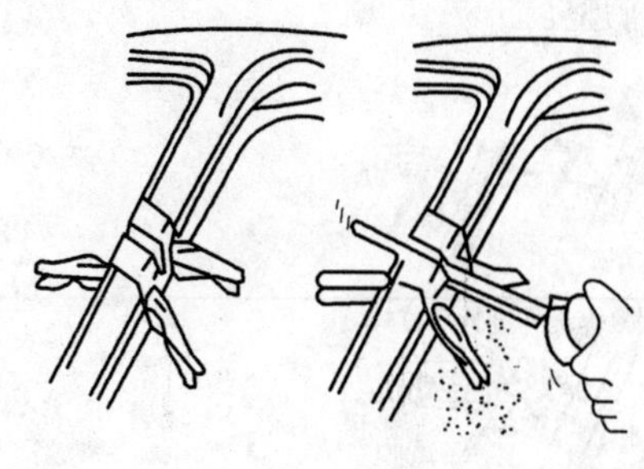

▲用锯切夹具截断

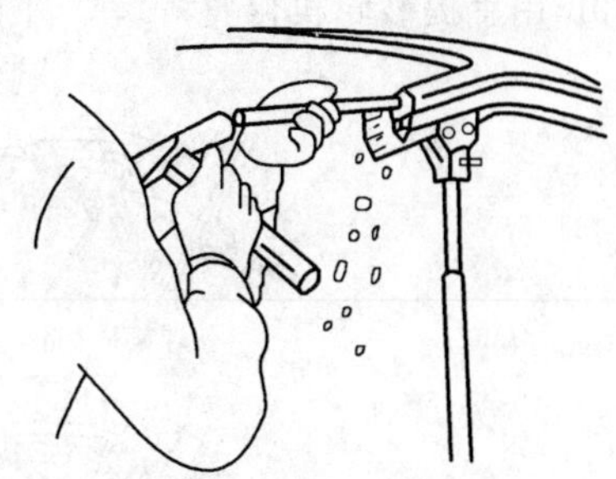

▲清除旧泡沫填充材料

① 安装前，先把约 70mm 长的支柱内的旧泡沫填充材料清除掉，以便为新泡沫材料腾出空间及让排水软管在排水管的连接管插入时能够膨胀。

② 把支柱上端截切至所需尺寸，形成相配的错口对接接口。

③ 在支柱底座上钻出塞焊孔。塞焊将用 CO_2 气体保护焊进行。

④ 把排水管的连接管插入新支柱上的排水软管。

⑤ 在塞焊和焊缝部位涂上焊透缓蚀剂。

⑥ 在排水软管上涂以肥皂水，以使连接管容易插入，然后将新支柱安装就位。

提示：应保证把排水软管正确地插入支柱的排水孔。

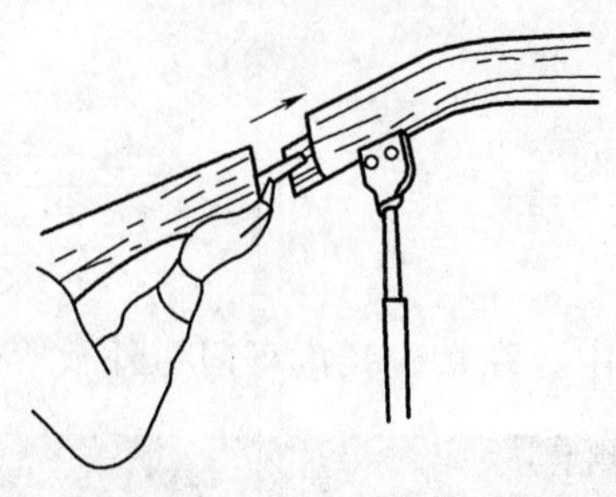

▲将排水软管正确地插入支柱的排水孔

⑦ 将支柱夹紧固定，检测其定位配合情况。

⑧ 取下支柱，仅在塞焊接合面上涂焊透缓蚀剂。

⑨ 在其余配合表面涂焊缝黏结剂。

⑩ 按制造厂家的说明进行焊接：使焊缝对平齐；用夹子夹持工件，并在关键点上进行定位焊；用工具调整焊缝，并进行定位焊；准备就绪，进行对接焊。

⑪ 用手提砂轮机修整焊缝，并将其打磨平整。

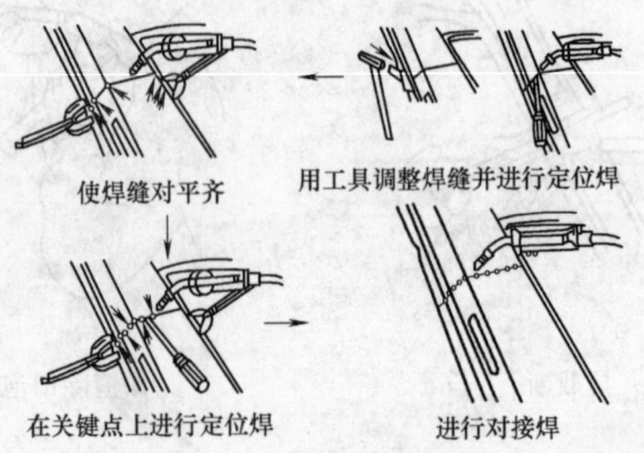

▲按厂家的说明进行焊接

5）安装完毕后，由支柱内侧上部的注入孔注入泡沫材料。

6）清除连接部位多余的泡沫材料。

7）在焊缝部位涂双组分环氧树脂保护漆和颜色涂料。

8）在未填充泡沫材料的内表面涂缓蚀剂。

9）装上车门和前翼子板，检查定位质量。

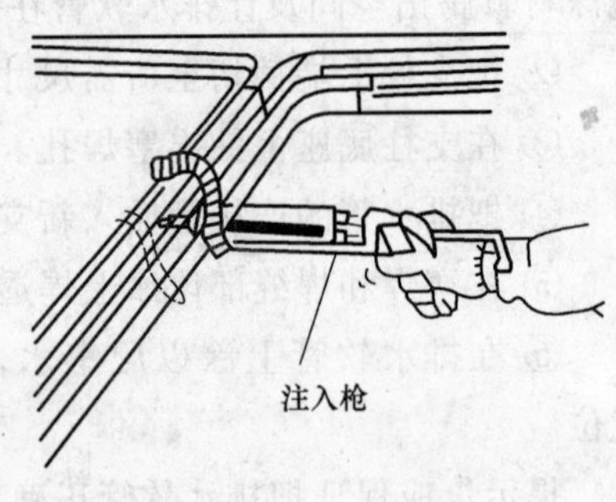

▲注入泡沫材料

七、门槛的维修

1. 车身上的修复

在实际钣金维修工作中，经常碰到汽车门槛外板等强度较高的钣金件，其损

▲汽车门槛外板损坏

坏变形区域的强度较高，使用传统的介子机拉锤修复很困难，经常先使用气体保护焊焊接铁片等，再借助大梁矫正仪等工具进行拉拔，但其对车身会造成很严重的损坏，可采用强力拉拔组合工具进行修复。

(1)首先对损坏的门槛外板进行分析,找出损伤区域凹陷最深的位置,使用打磨机局部打磨掉该处的涂层	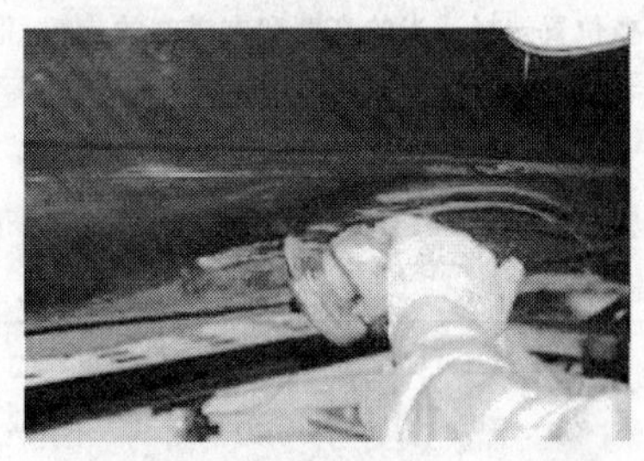
(2)调整焊接电流,若焊接电流太大,则容易烧穿板件而形成孔洞;若焊接电流太小,则垫片焊接不牢固,拉拔时垫片容易脱落	
(3)先把搭铁固定在板件上,再把垫片放入焊接电极中,将其轻轻按压在焊接部位,然后按动焊枪开关,把垫片焊接在板件上。依次在需要的位置焊接垫片,垫片间隔距离在1cm左右。对于成排的垫片,在焊接时要注意使拉孔成一条直线,以方便拉杆的插入	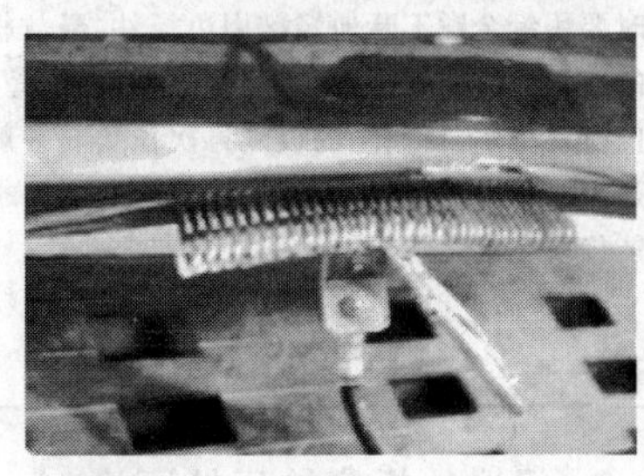
(4)焊接完毕后,选择长度合适的拉杆插入垫片的拉孔中	

(5)从工具车上取下最短的强力拉拔组合工具，根据门槛位置选择适当的高度和支撑座的支腿，把支腿安装上去，调整螺杆的长度到合适的拉拔位置	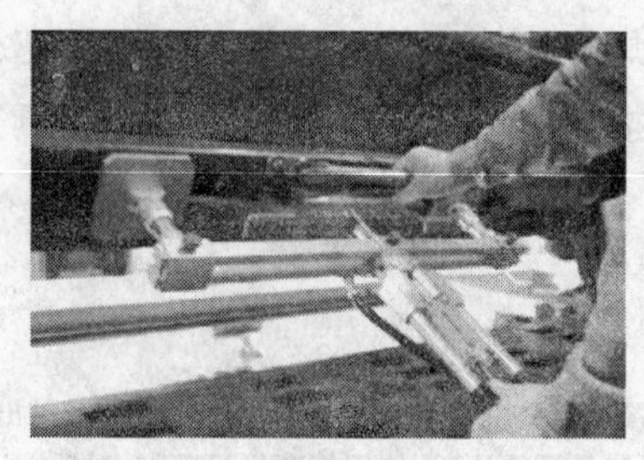
(6)把螺杆前面的拉钩安装在强力拉杆凹陷最深的位置，调整好支腿后，向内慢慢拉动把手，可反复拉拔几次，把凹陷的板件逐步拉出。注意，每次拉出的高度不要超过5mm	
(7)当把手合拢时，强力拉拔组合工具处于锁止状态，这时要用钣金锤不断地轻敲周边板件，释放板件变形位置的应力。松开把手，调整螺杆，使螺杆变短，然后再次向内拉动把手，将凹陷的板件再次拉出。一般一个深度超过10mm的板件凹陷变形需要3次以上的重复动作才能修复完毕	

2. 门槛外板腐蚀后的更换

(1)门槛板严重腐蚀	

(2)用砂轮切割机对腐蚀部位进行切割	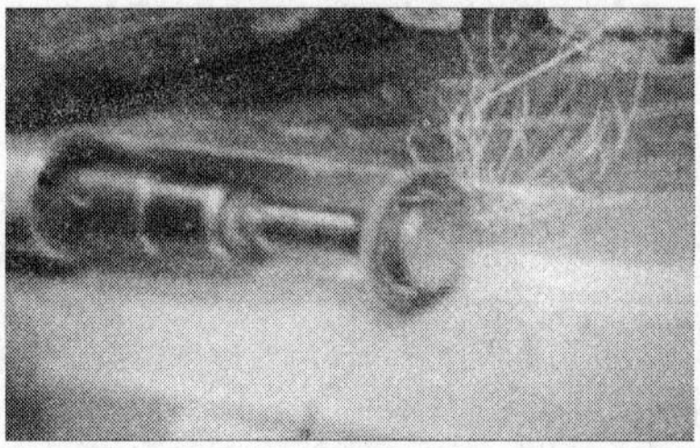
(3)切割后的毛坯门槛	
(4)用手提砂轮机将焊点毛刺和焊疤打磨掉	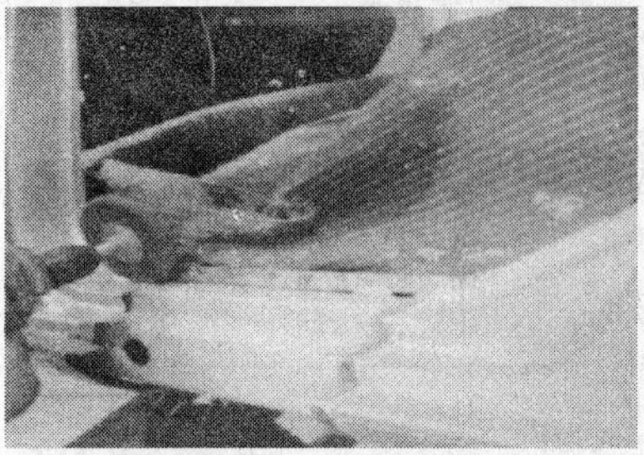
(5)新制作的车身门槛板件	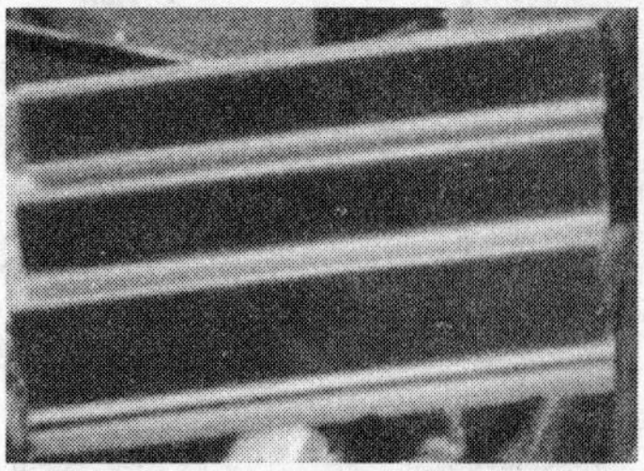
(6)对新制作的车身门槛板件按修补尺寸进行切割	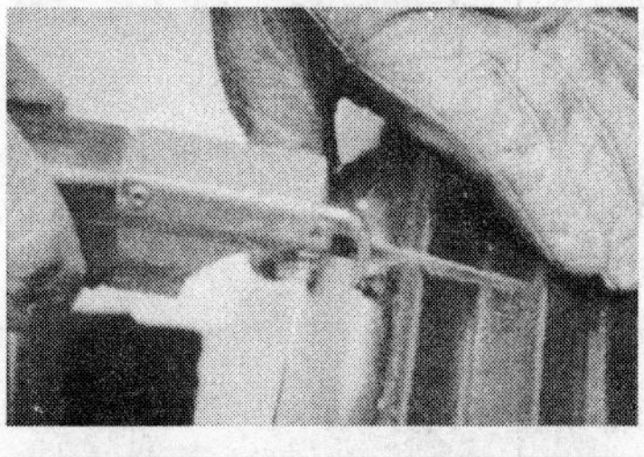

(7)在门槛板件或内部门槛待修接合面上涂敷适当的环氧树脂焊缝黏结剂。

注意:一定不要将黏结剂直接涂到塞焊孔处

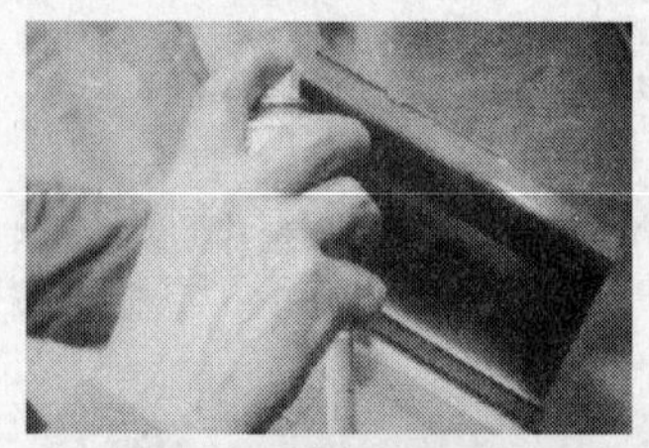

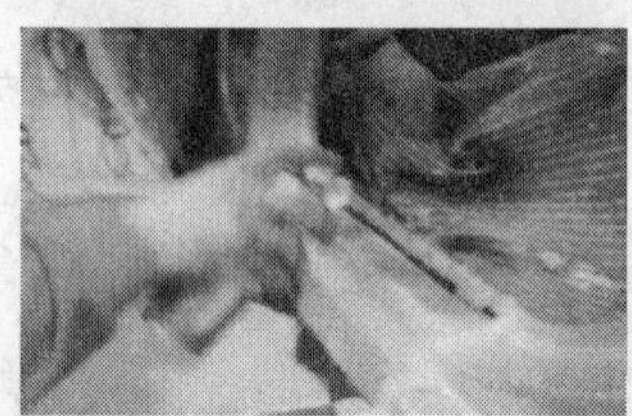

(8)涂敷环氧树脂焊缝黏结剂后,应及时对门槛板件或内部门槛待修部位进行黏结

注意:一定要将门槛板件或内部门槛待修部位上、下、左、右都要对平齐,否则待黏结剂干燥后就无法调整了

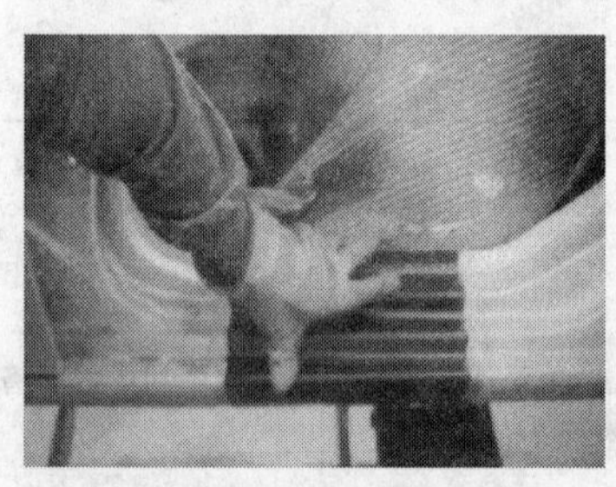

(9)黏结后应及时用专用夹钳将其夹紧固定

(10)待黏结剂干燥后取下夹钳,用专用塞焊打孔钻在门槛上部立缝接口处打孔,给塞焊作准备

(11)用专用塞焊打孔钻在门槛下部立缝接口处打孔。这些孔在安装新件时用作塞焊孔	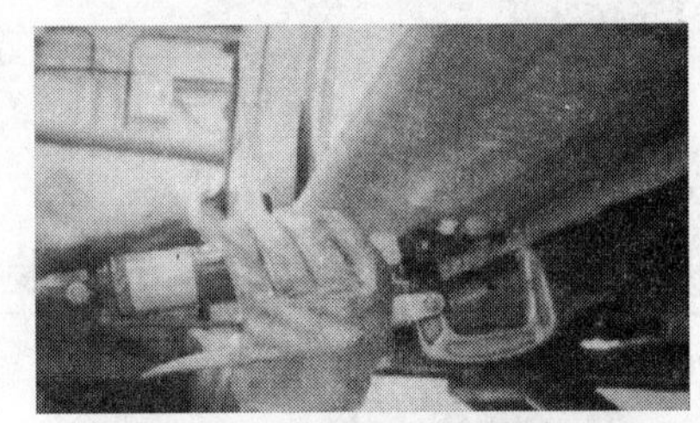
(12)采用 CO_2 气体保护焊对车身门槛接口处进行塞焊。焊接时仍需将门槛上、下立缝接口处用双夹钳进行夹紧固定	
(13)焊接时应随时利用钣金锤对焊缝进行调整	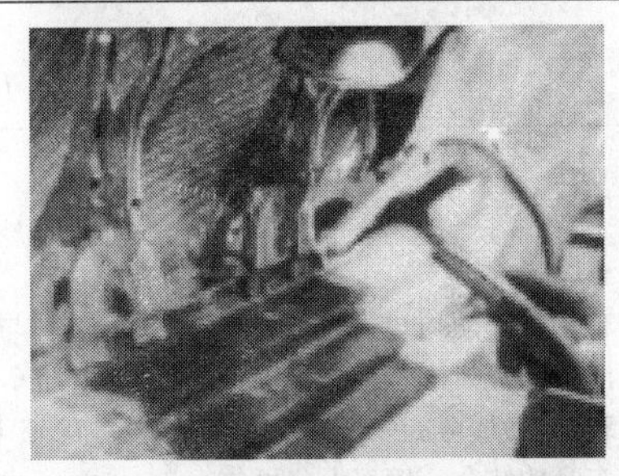
(14)焊接后应及时对焊缝进行打磨，为刷涂防锈底漆做准备	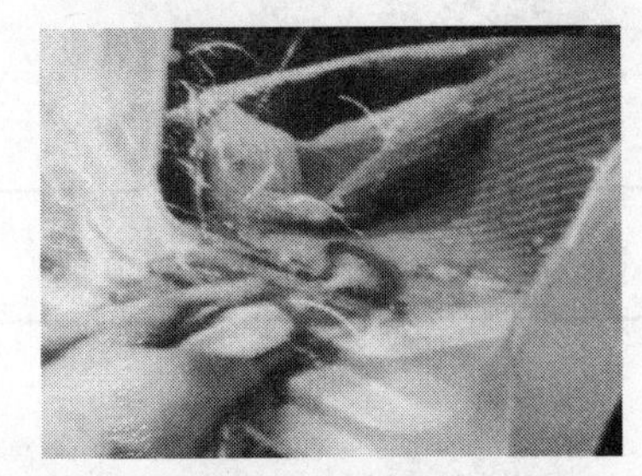
(15)修复完工的车身门槛	

第三节　汽车玻璃的拆装

一、固定式汽车玻璃的拆装

1. 拆装胶粘法镶装的玻璃

（1）拆卸胶粘法镶装的玻璃

1)将玻璃周边的装饰条拆下 2)将一根细高碳钢丝(直径为0.6mm左右)由里面沿玻璃穿出	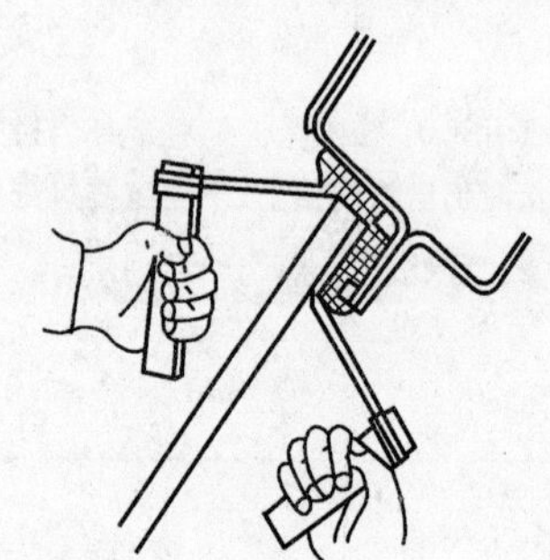
3)沿玻璃的周边横向拉动钢丝,割断玻璃与胶粘材料 注意:切割时一定要均匀用力,防止损坏车身上的其他装饰件;尽可能多地将原来的胶粘层保留下来,因其与车身的结合一般都十分可靠	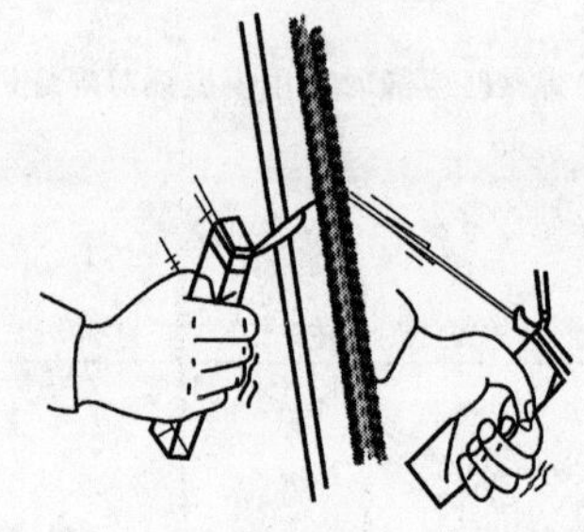

（2）安装胶粘法镶装的玻璃

1)用溶剂将玻璃清洗干净,对于需要再次使用的旧玻璃,应除去其上面的胶粘层	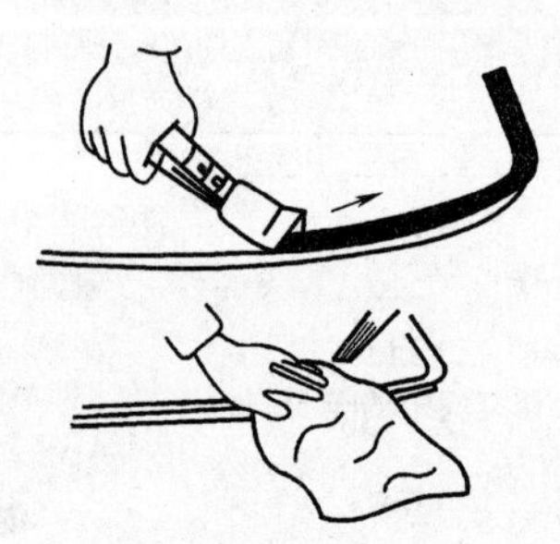

2)拆去车身上影响安装玻璃的任何障碍物	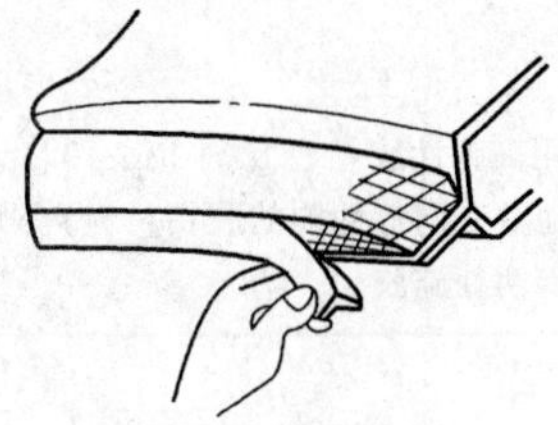
3)当风窗玻璃装有挡水圈时,应先用酒精将玻璃边缘擦拭干净,再用双面胶带将挡水圈粘牢	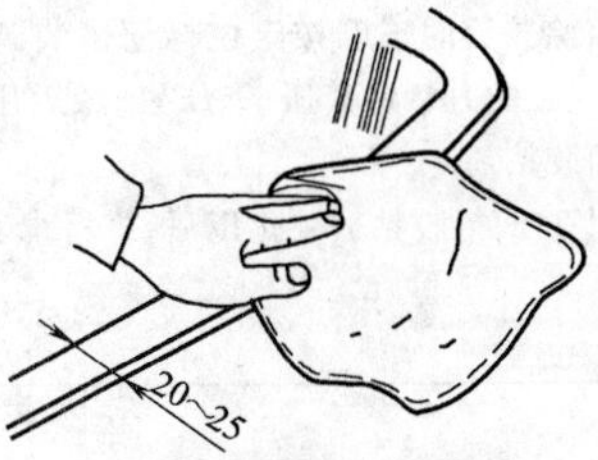 20~25 将安装部位擦洗干净 挡水圈 双面胶带 玻璃 粘牢挡水圈
4)检查固定卡及连接螺栓是否可靠有效	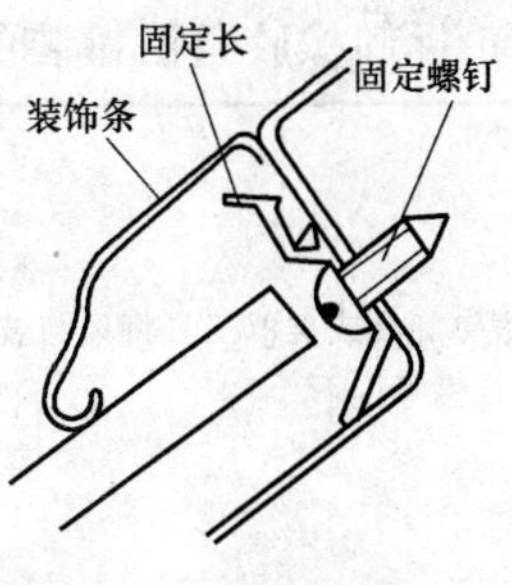 固定长 固定螺钉 装饰条
5)将风窗玻璃放到窗口上定位,并做出准确安装位置的定位标记	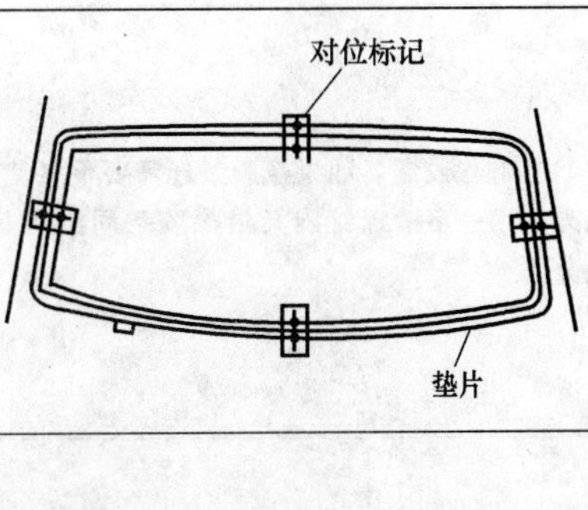 对位标记 垫片

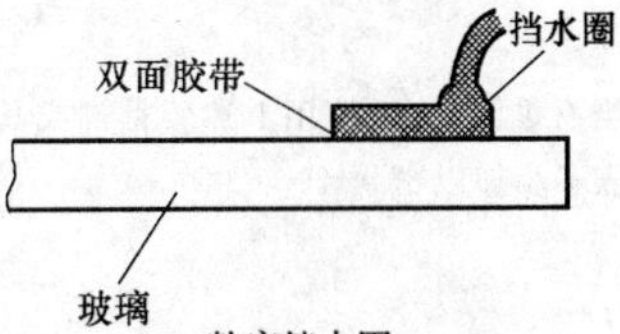

6)使用高弹性胶粘密封剂 JN—10、JLC—2(也可使用其他具有同等性能的胶粘材料)分别在车身窗口和玻璃两处施胶	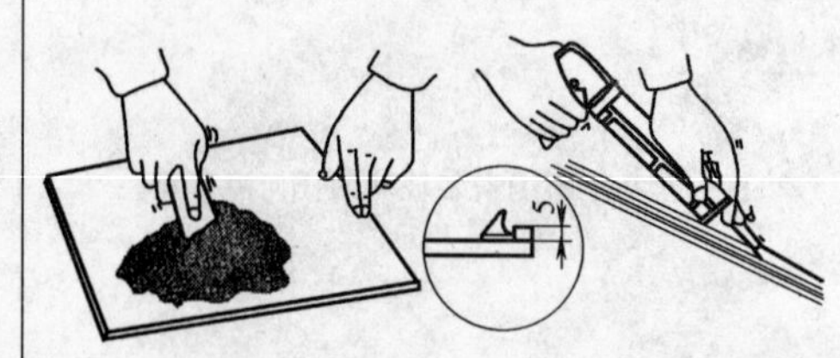
7)将涂胶后的玻璃按定位标记镶装到车身的窗口,用人工的力量将其压平、压紧,最后用抹刀刮去溢出的胶粘剂 8)过 24h,待胶粘剂硬化以后,进行水密封试验	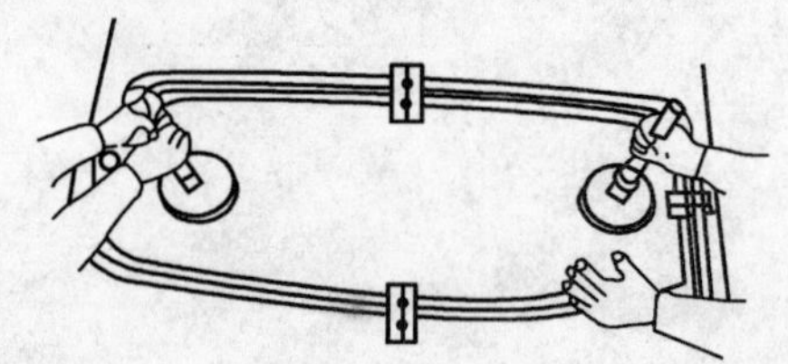
9)当有渗漏时,可使用上述胶粘剂或其他玻璃密封胶进一步加以密封	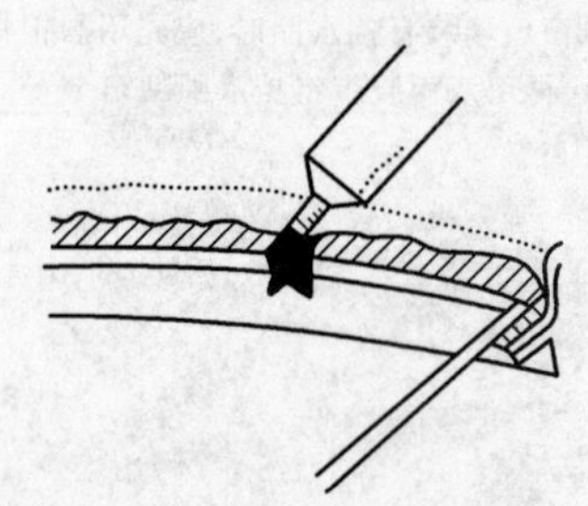

2. 拆装橡胶条法镶装的风窗玻璃

(1) 拆卸橡胶条法镶装的风窗玻璃

1)用螺钉旋具或类似工具将风窗玻璃装饰条、刮水臂、后视镜等拆下	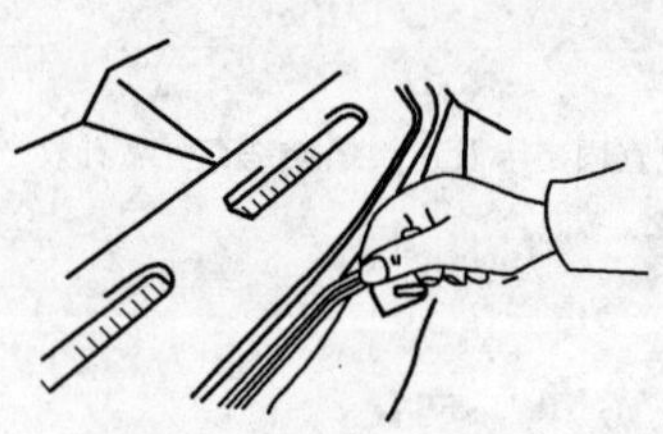
2)拆卸橡胶条。如果橡胶条还需要重复使用,则在外侧用一字槽螺钉旋具沿橡胶条周围将其与凸缘分开	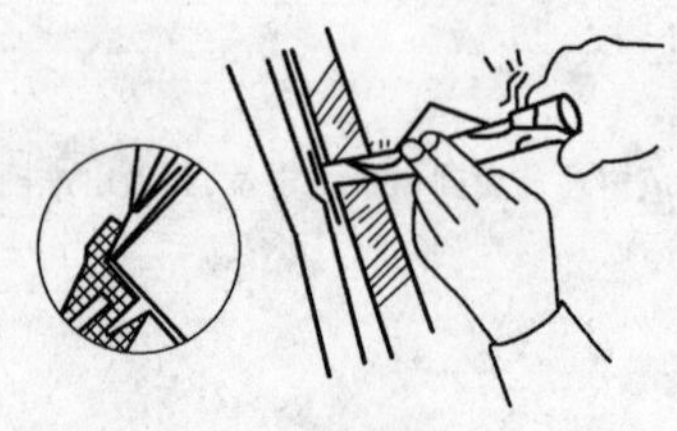

3)在车内用螺钉旋具沿车身窗口凸缘将橡胶条拨开,连同玻璃一起拆下	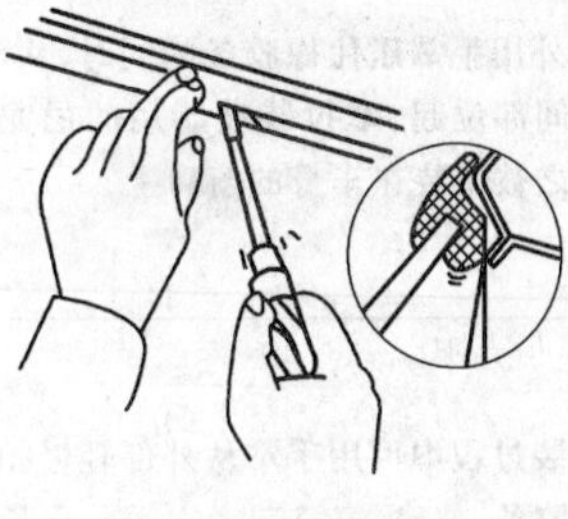
4)如果橡胶条不准备继续使用,则可直接用刀具沿玻璃边缘把橡胶条割断,然后由车内将玻璃轻轻推出、取下,橡胶条也可随即拆下	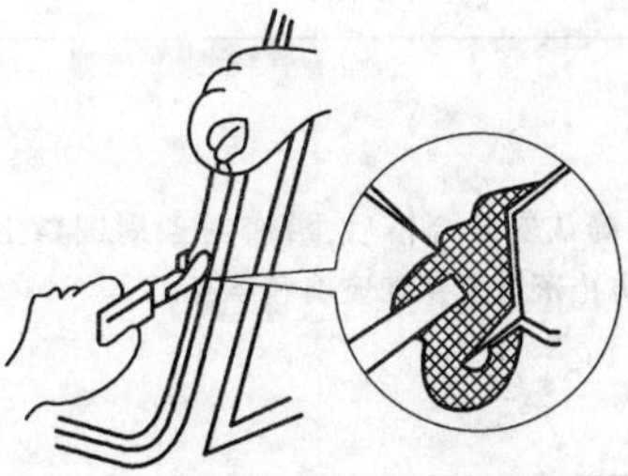

(2) 安装橡胶条法镶装的风窗玻璃

1)先将玻璃的边缘和窗口清理干净	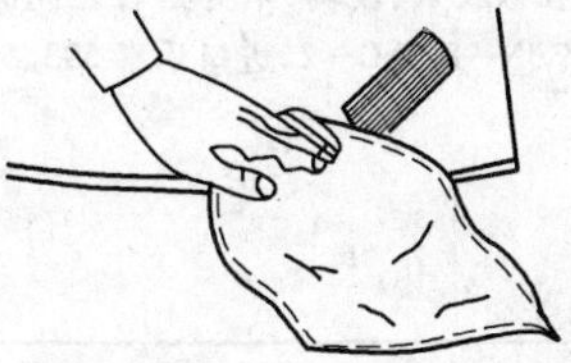
2)把橡胶条安装在玻璃上,并在橡胶条的凸缘槽内埋入预先准备好的尼龙软线	尼龙软线 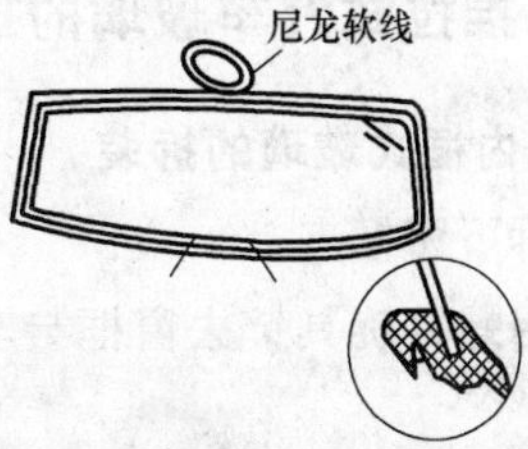
3)为便于安装,在橡胶条凸缘槽和车身窗口的边缘涂抹肥皂水	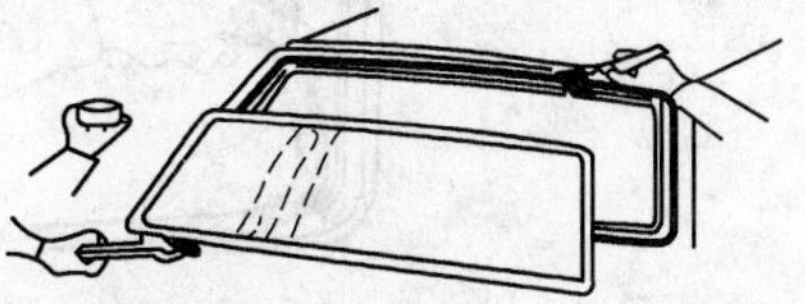

4)在车外用手掌压住橡胶条的同时，从车内玻璃下部的中间部位起，牵拉装玻璃用的尼龙软线，风窗玻璃随之被镶装在车身的窗口上	 牵拉尼龙软线
5)在镶装过程中可用手掌从外部轻轻拍打玻璃，以保证橡胶条、玻璃、窗口三者之间贴合紧密	
6)在确认安装合格后，沿密封条周围贴上胶带纸，以防止密封胶弄脏玻璃和车身	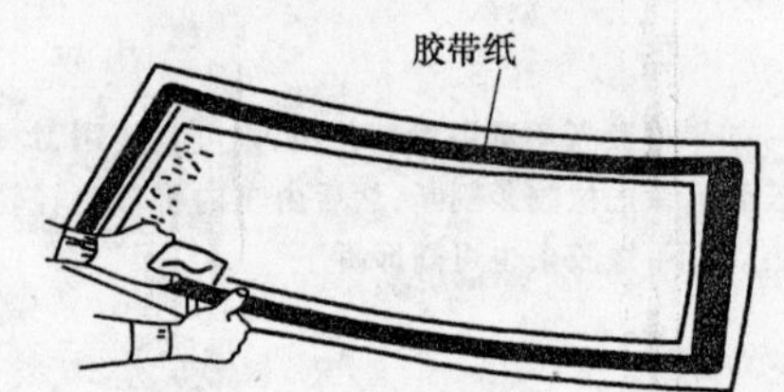
7)最后在橡胶条、玻璃、车身三者之间涂玻璃密封剂(国产 JN—8、JLC—2，进口乐泰 593、595 等)	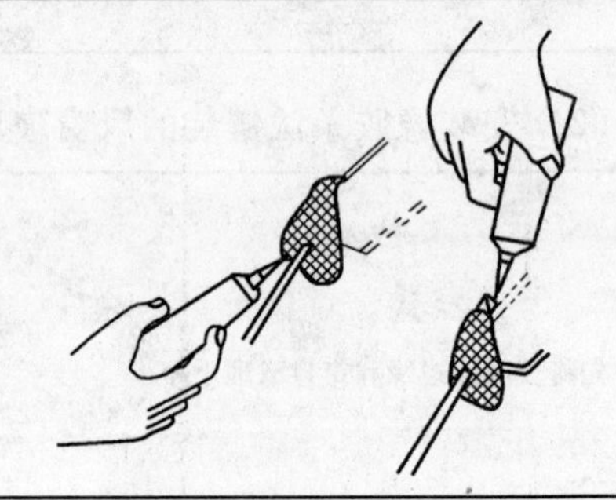

二、推拉式汽车玻璃的拆装

1. 有内框式玻璃的拆装

1）拆下窗框夹。

2）用螺钉旋具铲去窗框与车身间的胶粘剂，使窗框松动。

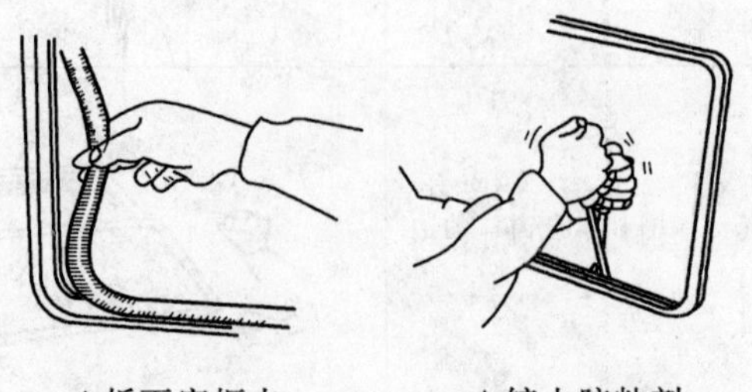

▲拆下窗框夹　　▲铲去胶粘剂

3）找出外框与车身间的固定螺钉并用螺钉旋具将其拆下。

4）把外边连同玻璃一起拿下后，将下边框固定，并向上拉上边框的中央，玻璃就可随着内框一起与外框分离开来。

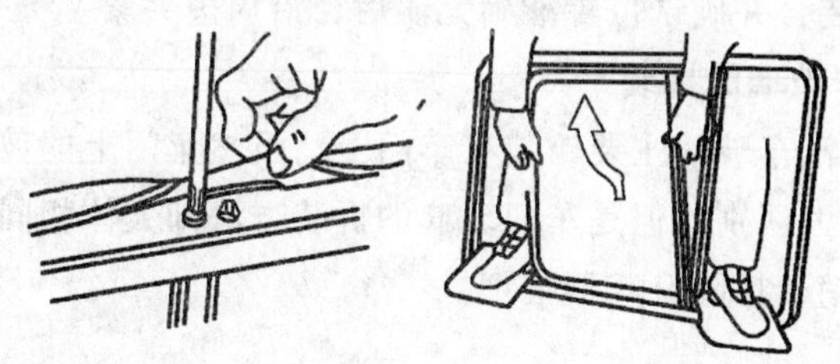

▲旋下固定螺钉　　▲踩住下边框将玻璃拉出

5）对于分体式内框，可进一步将其解体；对于整体式内框，可直接用螺钉旋具将密封胶条拨出、拆下。

6）按与拆卸相反的顺序安装玻璃。

注意：在玻璃与内框镶装前，应在密封胶条上涂少许肥皂水。内框与玻璃装合后还要沿周边注入玻璃密封胶（国产 JN—8、JLC—2，进口乐泰 593、595 等）。外框和车身窗口部分，均应在清理干净的基础上，涂敷 JN—10、JLC—2 胶粘剂。

2. 无内框式玻璃的拆装

1）先拆下窗框装饰夹。

2）用螺钉旋具去除胶粘剂。

3）卸下固定螺钉。

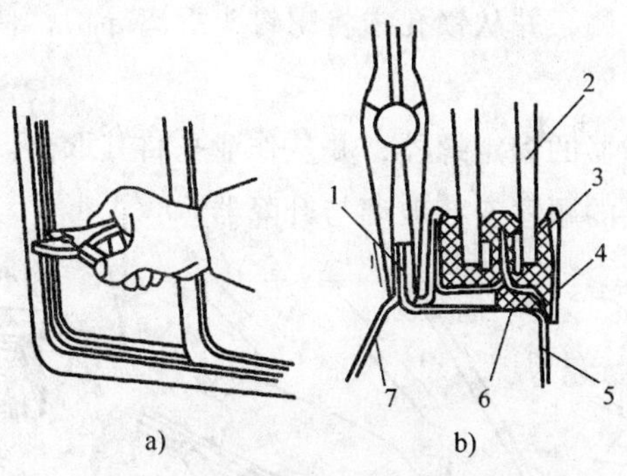

▲无内框式玻璃的拆装

a）沿周边夹紧　b）夹紧部位

1—双面胶带　2—玻璃　3—橡胶导槽　4—窗框

5—车身外侧　6—胶垫　7—车身内侧

4）将窗框连同玻璃一起拿下。

5）将边框向外拉开一些，就可以将玻璃从导槽中取出来了。

6）按与拆卸相反的顺序进行安装。

7）在将窗框装合并确认位置准确无误后，沿周边夹紧。

3. 升降式汽车玻璃的拆装

说明：升降式汽车玻璃主要镶装在车门上。虽然车门上的玻璃升降器在构造上与其他地方有很大区别，但是车门玻璃的拆装方法却大体相同。

1）撬出固定销，拆除升降器摇把。

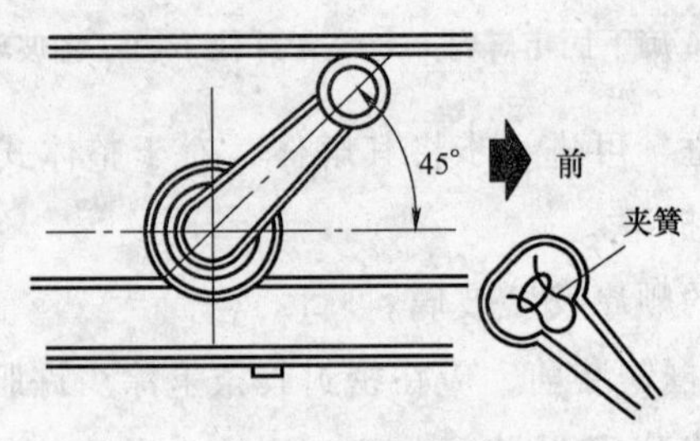

▲拆除升降器摇把

2）拆除车门内把手罩、上下门饰板及防水胶布。

3）降下玻璃，降到升降器与玻璃的固定螺钉作业孔露出为止。

4）将螺钉旋具伸入上述作业孔，将升降器与玻璃的固定螺钉旋松，但不要将固定螺钉拆除。

5）将导槽滑向一侧，并从锁孔中将螺钉头拆离导槽，使玻璃脱离升降器。

6）取下玻璃。

7）拆除玻璃升降器的固定螺栓，并从作业孔将其取出。

8）按与拆卸相反的顺序安装玻璃与升降器。

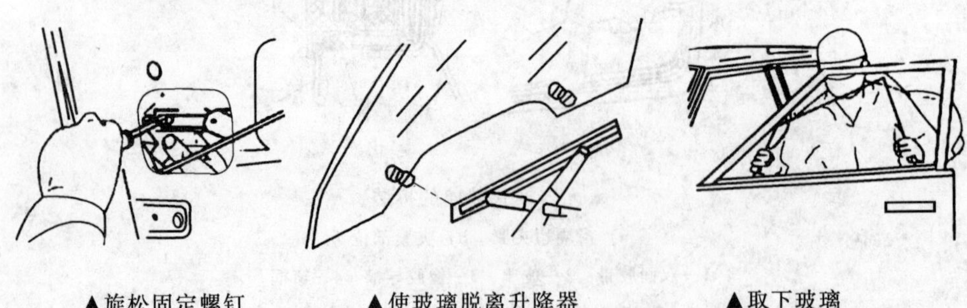

▲旋松固定螺钉　▲使玻璃脱离升降器　▲取下玻璃

三、玻璃安装后的密封性检查

说明：泄漏常发生在玻璃与金属的接合处。这是由缝隙、装配不严或密封剂不足造成的。如果密封条损坏、松动以及玻璃调整不当，则会进入尘土或漏水。

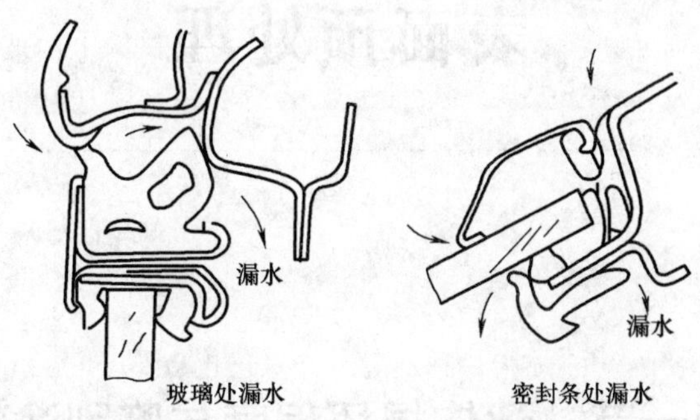

一般采用喷水试验法对安装后的玻璃进行密封性检查。

1）把所有起作用的装饰物拆除。

2）关闭所有门、窗，由一人进入车内观察。

3）往怀疑泄漏的区域喷射低压水流，同时观察水从何处进入。

提示：水压以自来水的常压为准，采取普通喷法或用拇指轻压管端，从相距100～150mm处大范围连续喷射。

检查玻璃密封性的另一个方法是在玻璃外缘周围涂上肥皂液，然后在车内用压缩空气从窗边吹向装配接合处，若肥皂溶液起泡，则说明该部位有缝隙。

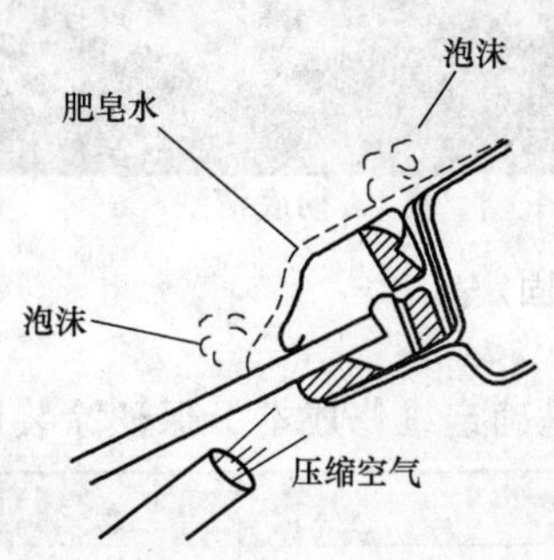

▲用肥皂液检查玻璃的密封性

第五章

表面预处理

第一节　评估损坏程度与鉴别涂料

在汽车涂装之前，需要彻底清洗车上的泥土、污垢和其他异物。如果不将其清除干净，则新涂膜上就会粘上很多污点。一般先用清水冲刷，再用清洗剂清洗，最后用纯净水彻底冲洗干净。

▲彻底清洗

一、评估损坏程度

正确评估损坏程度，是确定维修成本，保证涂装质量的关键因素之一。

评估方法	说　明	图　示
目测评估	根据光照射修复后钣金件的反射情况，评估表面的损坏程度及周边有无连带损伤。在目测时稍微改变眼睛相对于钣金件的位置，即可看出微小的变形	

（续）

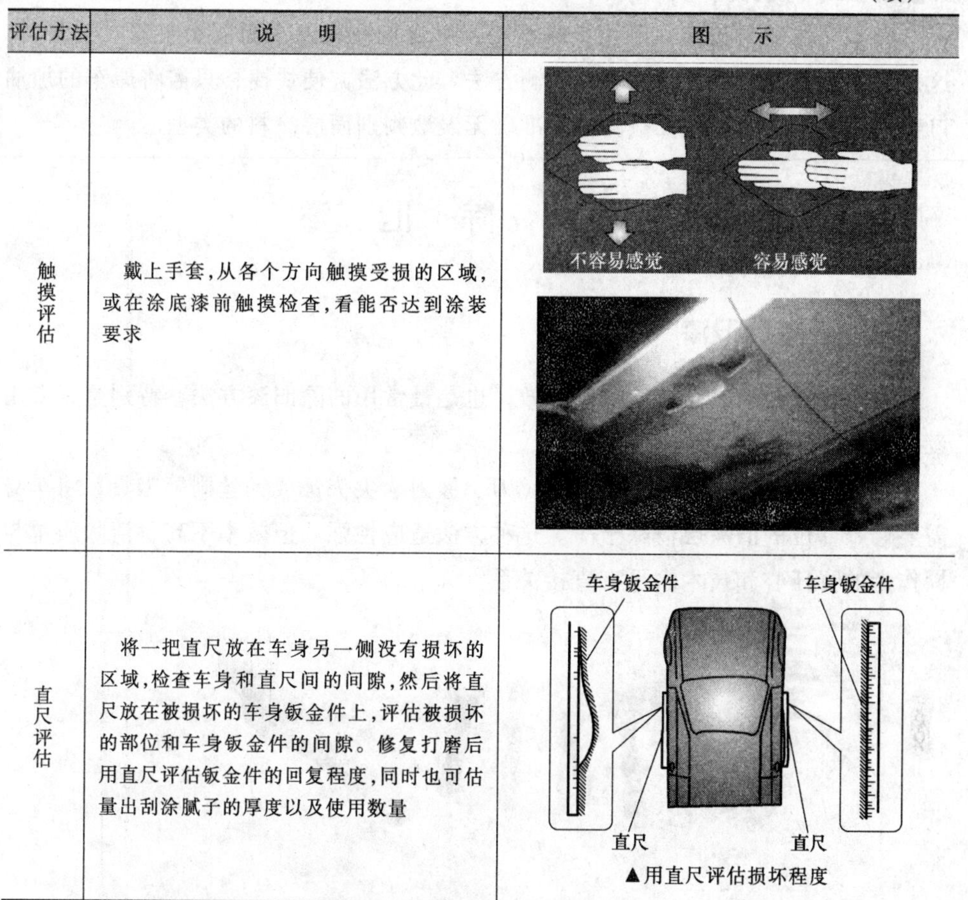

评估方法	说　明	图　示
触摸评估	戴上手套，从各个方向触摸受损的区域，或在涂底漆前触摸检查，看能否达到涂装要求	不容易感觉　容易感觉
直尺评估	将一把直尺放在车身另一侧没有损坏的区域，检查车身和直尺间的间隙，然后将直尺放在被损坏的车身钣金件上，评估被损坏的部位和车身钣金件的间隙。修复打磨后用直尺评估钣金件的回复程度，同时也可估量出刮涂腻子的厚度以及使用数量	车身钣金件　车身钣金件　直尺　直尺 ▲用直尺评估损坏程度

二、原涂料类型的鉴别

（1）目测法　如果车身外形线附近的表皮组织粗糙，或涂膜摩擦后出现了“抛光痕迹”，则说明原来用的是抛光型涂料。

（2）溶剂法　用蘸有硝基漆稀释剂（香蕉水）的白布摩擦涂膜，观察涂膜溶解的程度。如果涂膜溶解，并在布上留下印迹，则原涂料是自干漆；如果没有溶解，则原涂料可能是烘漆或双组分漆。丙烯酸聚氨酯漆没有自干漆那样容易溶解，但有时溶剂能渗进去，削弱表面光泽。

（3）加热法　先用细砂纸蘸水打磨，使涂膜失去光泽，然后用红外线灯加热，如果钝化表面重新出现光泽，则说明原涂料是丙烯酸漆。

（4）硬度测试法　各种涂料干燥后的硬度是不一样的。一般来说，双组分漆和烘漆干燥后的硬度比自干漆高。确定涂膜厚度最常用的方法是用电磁式厚度计或机械式厚度计测量。

（5）电脑检测仪法　利用电脑检测仪可直接获得原车面层涂料的有关资料，这是目前涂装行业中普遍使用的检测方法。此方法方便快捷，只需将原车的加油口盖拿来，用电脑检测仪检测，能准确无误地判别面层涂料的类型。

第二节　除　旧　漆

一、手工除旧漆

用手工工具除旧漆是最简单有效，也是最常用的除旧漆方法，特别是无专用设备的维修厂经常使用这种方法。

利用人工借助简单的工具，如铲刀、锉刀、尖头锤或钢丝刷等工具，将车身需要修补部位的旧涂层清除干净。这种方法适应性强，但效率不高，清除质量与操作者的责任心和技术水平有直接关系。

▲手工除旧漆的常用工具

二、打磨机除旧漆

即用打磨机将车身表面的旧涂层除掉。这种方法比手工除旧漆法效率高。因为利用打磨机除旧漆时，易产生强烈的气味和漆尘，所以要求工作间有良好的通风除尘设施。

打磨机有电动打磨机和气动打磨机。由于涂装车间内有易燃物品，需尽量减少电动工具的使用，因此主要采用压缩空气驱动的气动打磨机除旧漆。

▲电动打磨机　　　　▲气动打磨机

1. 气动打磨机的种类

种类	说　明	图　示
单作用打磨机	打磨盘垫绕一个固定点转动，砂纸只做单一圆周运动，称为单一运动圆盘打磨机或单作用打磨机。这种打磨机的转矩大。低速打磨机主要用于刮去旧涂膜，高速打磨机主要用于涂膜的抛光	
轨道式打磨机	外形呈矩形，便于在工件表面上沿直线轨迹移动，整个砂垫以小圆圈振动，主要用于原子灰的打磨。轨道式打磨机可以根据工件表面情况采用各种尺寸的砂垫，以提高工作效率，轨迹直径也可以改变	
双作用打磨机	打磨盘垫本身以小圆圈振动，同时又绕其自己的中心转动，因而兼有单作用打磨机和轨道式打磨机的运动特点	

2. 打磨机使用方法

下面以电动打磨机为例介绍打磨机的使用方法。

1）握紧打磨机的手柄，打开电源开关，将其以 50°～100°的角度移向待打磨的表面。

2）右向打磨法：使打磨机向右移动，并使打磨机砂轮片上方的 1/4 对准打磨表面。

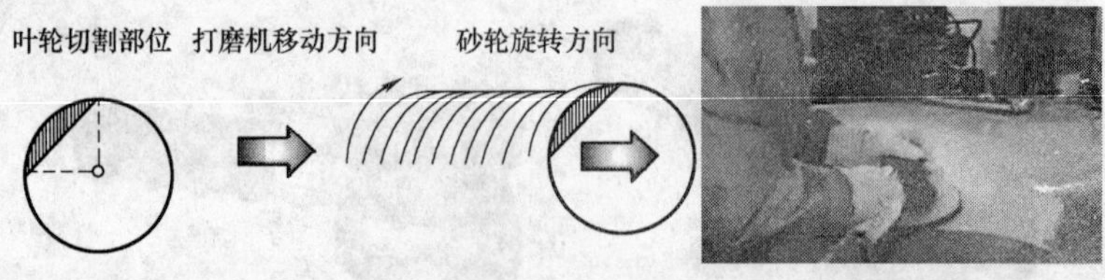

▲打磨机向右移动

3）左向打磨法：使打磨机从右向左移动，并使砂轮片右上方的 1/4 对准加工表面进行打磨。这两种方法是打磨表面不平最有效的方法。

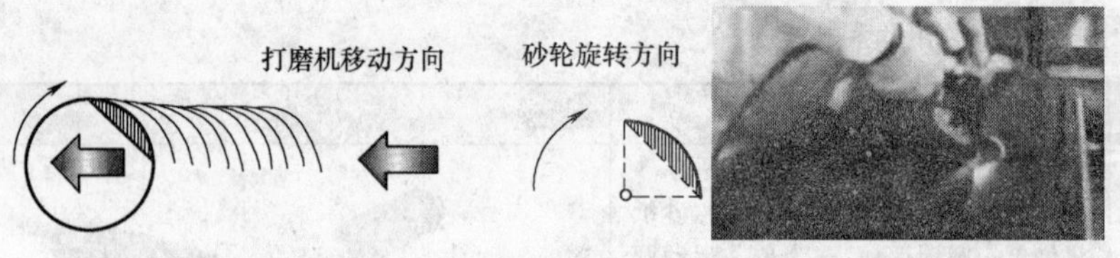

▲打磨机向左移动

4）以上两种方法也可以用来打磨较平坦的表面。

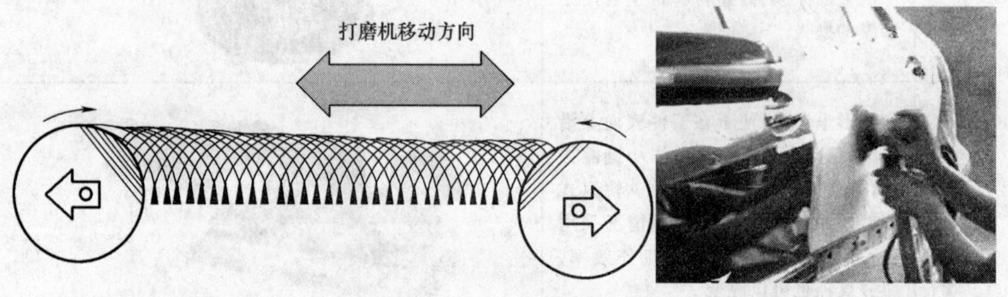

5）涂膜的边缘是很厚的，为了产生一个宽且平滑的边缘，使施涂的各涂层平和过渡，可以打磨涂膜的边缘，也称为磨缘。

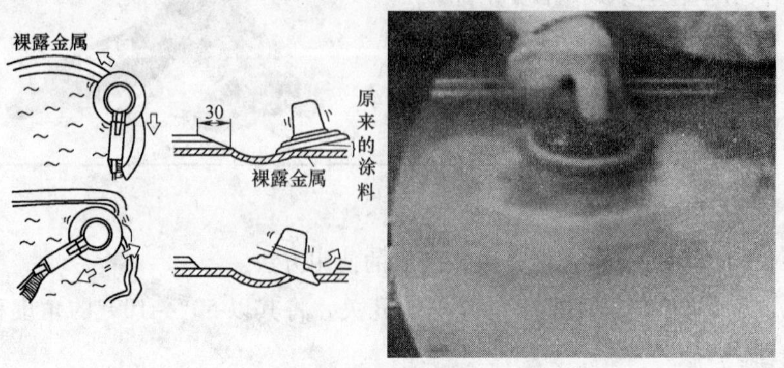

▲打磨涂膜边缘

三、加热法除旧漆

这种方法利用火焰的高温清除车身表面的旧涂膜。它比手工方法速度快，特别对一些原子灰层较厚、除旧漆较多的物面来说，是一种行之有效的方法。加热法所使用的设备主要是喷灯或气焊枪，利用其喷发的火焰把旧涂膜烧软，然后用铲刀把旧涂膜铲除。对于火焰处理后留下的碳化物及疏松的部分旧底漆、原子灰，应将其清除干净，以防新涂膜产生起泡、脱落现象。

加热法除旧漆的设备简单，经济实用，能在任何状态下工作，对金属结构和机械强度无影响。但一些大平面加热时会产生变形，因此在用喷灯加热大平面上的旧涂膜时，要适当控制其加热程度，不可为追求铲除速度而过分加热，使大平面变形。

四、化学法除旧漆

化学法除旧漆时使用脱漆剂。脱漆剂是依靠物理化学作用除旧漆的。不同的涂膜应采用不同的脱漆剂。

使用脱漆剂除旧漆的方法很简单，先用毛刷将脱漆剂均匀地刷涂在需清除的旧涂膜表面（涂膜的量要充分，否则会出现药剂尚未浸透涂膜就已经干涸的现象，进而影响作业速度），然后等待 15 ~ 20min，涂膜渐渐膨胀，即可用铲刀除去涂膜。铲刮涂膜时不需过分用力，对于一次不能除去的部分，可涂剥离剂，然后进行铲刮。

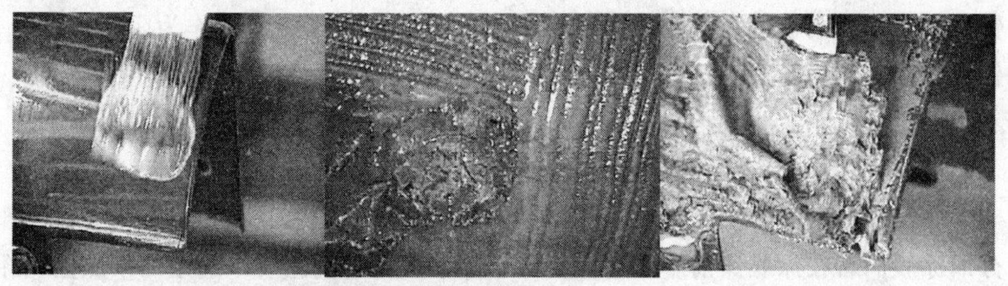

▲刷涂脱漆剂　▲脱漆剂渗透涂膜　▲用刮刀铲除旧涂膜

第三节 金属表面的除锈和脱脂

一、金属表面除锈

车身表面涂膜极易产生锈蚀。在将涂膜清除后应仔细检查车身的金属表面，若发现有锈蚀现象，则应将锈蚀处清除干净，避免重新涂装后涂膜出现病态，提高表面耐蚀能力，增强涂膜在物面上的附着力，延长涂膜使用寿命。

金属表面除锈方法大致可分为手工除锈法、机械除锈法和化学除锈法、喷射除锈法、电化学除锈法五种。施工时，应根据被涂物的材质、厚度、大小、表面形状、涂料品种、施工条件以及质量要求等，确定采用哪种除锈方法。

（1）手工除锈法　手工除锈法是一种最简单的除锈方法，主要使用锤、凿、铲刀、钢丝锯、砂布、砂轮等工具，进行手工敲、铲、刮、刷等操作，从而除去锈垢。手工除锈时劳动强度大、生产效率低、质量差，但该方法对被涂物的形状、施工条件限制小，能适应任何结构和施工条件，且简便易行，因此目前仍在广泛使用。

（2）机械除锈法　机械除锈法是利用机械产生的冲击和摩擦作用对车身表面进行除锈的一种方法，主要有风动刷除锈、电动刷除锈和电动砂轮除锈等方法。

（3）喷射除锈法　包括喷丸、湿喷砂、干喷砂以及高压水喷射等方式。其中，湿喷砂效果较好，在汽车维修行业中广为应用。

（4）化学除锈法　化学除锈法又称为酸洗法，即用酸性溶液与金属氧化物（铁锈、氧化皮）发生化学反应，使铁锈和氧化皮被酸性溶液溶解，从而达到清除金属表面氧化物的目的。

（5）电化学除锈法　电化学除锈法是在浸渍法酸洗中结合电化学作用进行除锈的方法，分为阳极酸洗法和阴极酸洗法。其中，将零件作为阳极，将铅、铜、钢等作为阴极进行除锈的方法，称为阳极酸洗法；将零件作为阴极，将铅、铅或锑合金作为阳极进行除锈的方法，称为阴极酸洗法。

二、金属表面脱脂

车身表面经过清洗、除锈和修补等工序后会留下污物、油污以及未去除的部分旧涂膜。若在涂底漆前不将它们清除干净，则将影响涂装中间层的干燥性，降低涂层的附着力，甚至在涂面漆后还会出现脱落或起皮现象。因此，在修补涂装前一定要先进行脱脂。

（1）有机溶剂脱脂法　有机溶剂脱脂是指应用有机溶剂溶解皂化油脂和非皂化油脂。利用有机溶剂脱脂的特点是速度快、效率高、金属表面的脱脂操作简单。有机溶剂脱脂时，可用浸洗法、擦洗法和先喷涂后擦净等多种方法进行处理，既可在常温条件下进行，也可将有机溶剂加热浸洗后再用蒸气除去油污等方法进行处理。常用的有机溶剂有石油系溶剂、芳香族溶剂、氯系溶剂、氟系溶剂、醇类溶剂和酮类溶剂等。

（2）碱液脱脂法　化学碱液是由一定比例的碱和碱性盐类以及一些表面活性物质溶解在水中制成的。常用的碱和碱性盐类有氢氧化钠、碳酸钠、磷酸三钠、硅酸钠、正硅酸钠以及偏硅酸钠等。

特别注意：汽车金属制件的脱脂是表面预处理很重要的一道工序，使用汽油或能代替汽油的各种脱脂剂进行脱脂，脱脂后的金属制件一般不需水洗（指无锈金属制件）就可直接进行涂装，而使用碱性脱脂剂脱脂后的金属制件，只有用水洗净残液后才可进行磷化和涂装。对于脱脂后还有锈的金属制件，用水洗净残液后还要进行除锈、水洗和磷化，才能进行涂装。

三、磷化处理

所谓磷化，是指把金属制件用含有磷酸二氢盐的酸性溶液进行处理，发生化学反应而在其表面生成一层稳定的不溶性磷酸盐膜层的方法。所生成的膜称为磷化膜，磷化膜的主要作用是增加涂膜附着力，提高涂膜耐蚀性。

磷化处理方式有喷射式、浸式和喷浸结合式。喷射式磷化处理对车身的内腔和隔层很难处理完全，浸式和喷浸（车身下部浸、上部喷）结合式磷化处理效果较好。

磷化处理过的车身在涂底漆前都需烘干或吹干，在入槽后通电的电泳涂装场合，可不烘干。

第六章

涂 底 漆

第一节 汽车常用修补底漆

一、常用国产底漆

名称	产品及性能
酚醛底漆	酚醛底漆是由酚醛或改性酚醛树脂与颜料、体质颜料等制成的，含颜料和体质颜料较多，漆液呈浆状，颜色有铁红、灰色和锌黄色，有一定的防锈能力及良好的附着力，耐水性好，并能耐硝基漆的咬底作用 其主要品种有： 1）F06—1 各色酚醛底漆，耐硝基漆性能好。其中，F06—1 红色酚醛底漆用作涂硝基漆的打底漆，F06—1 灰色酚醛底漆用作涂防锈底漆的金属表面的中间层涂料或打底漆 2）F06—8 锌黄、铁红、灰酚醛底漆，打磨性能好。其中，F06—8 锌黄酚醛底漆用于涂覆铝合金等有色金属表面，F06—8 铁红和灰酚醛底漆用于涂覆黑色金属表面 3）F06—9 锌黄、铁红纯酚醛底漆，耐热性好。其中，F06—9 锌黄纯酚醛底漆用于涂覆铝合金表面，F06—9 铁红纯酚醛底漆用于涂覆钢铁表面 4）F06—15 铁红酚醛带锈底漆，用于涂覆锈蚀和未锈蚀的钢铁表面。其常用稀释剂为 200 号溶剂汽油、二甲苯或松节油 酚醛底漆能与硝基磁漆、醇酸磁漆、过氯乙烯磁漆以及热塑性丙烯酸磁漆等多种面漆配套使用
沥青烘干底漆	沥青烘干底漆是由天然沥青、合成树脂与干性植物油熬炼后加颜料、体质颜料而制成的黑色浆状漆。其耐蚀性能好，且有良好的抗石击性，特别是经过磷化处理后耐附着力更强，在汽车中常用于涂装车架、车轮、挡泥板等部件 其主要品种有： 1）L06—33、L06—34 沥青烘干底漆，附着力好，耐热、防潮、耐水、耐润滑油，主要用于涂装底盘、挡泥板表面 2）L06—37 沥青烘干底漆，附着力好，涂膜坚韧，加滑石粉等可配成耐温涂料，用于涂装汽车发动机表面。其稀释剂为 200 号溶剂汽油

（续）

名称	产品及性能
醇酸底漆	由改性醇酸树脂、防锈颜料、体质颜料制成，具有良好的附着力和耐蚀能力，干燥较快，能耐硝基漆、过氯乙烯漆的咬底作用 其主要品种有： 1）C06—1 铁红醇酸底漆，附着力和耐蚀性能良好，与硝基磁漆、醇酸磁漆等多种面漆的附着力好 2）C06—10 醇酸二道底漆，易打磨，对原子灰及面漆的附着力好，用以填平原子灰层的砂孔、纹道 3）C06—12 锌黄醇酸烘干底漆，附着力和耐蚀性能好，适用于铝镁合金等有色金属物体表面打底 4）C06—17 铁红醇酸底漆，干燥快，附着力好，耐硝基漆的咬底作用。其常用稀释剂为 200 号溶剂油、二甲苯或松节油
环氧酯底漆	其涂膜坚硬耐久，附着力好，加上烘烤干燥，可提高涂膜的防潮、防盐雾及耐蚀能力，常与 X06—1 磷化底漆配合使用 其常用的品种有： 1）H06—2 铁红、铁黑、锌黄环氧酯底漆，适用于沿海或湿热带地区的金属涂装底层。其中，H06—2 铁红、铁黑环氧酯底漆用于涂装钢铁表面，H06—2 锌黄环氧酯底漆用于涂装铝合金表面 2）H06—4 环氧酯高锌底漆，具有阴极保护作用，能渗入焊接处 3）H06—10 环氧酯富锌底漆，具有阴极保护作用，用于汽车底盘金属表面防腐蚀 4）H06—12 环氧酯醇酸二道底漆，填密性好，易打磨，用于填平打磨平滑的金属表面的原子灰砂孔、纹道等，也用作涂面漆前的封闭底漆 环氧酯底漆常用的稀释剂有二甲苯与丁醇的混合剂及二甲苯。其涂装方式有刷涂、喷涂或浸涂。环氧酯底漆对物体的附着力强，但与面漆的结合力较差，因此常在二者间涂装硝基底漆，或涂装一层氨基底漆作为结合层
过氯乙烯底漆	具有良好的耐油性、耐候性和三防性能（防潮、防盐雾、防霉），但附着力差，涂装时常在60～65℃烘烤 2h，以增强附着力及其他性能。过氯乙烯底漆常在湿热地区、化工产品、车辆中应用 其常用品种有： 1）G06—04 锌黄、铁红过氯乙烯底漆（又称为头道过氯乙烯底漆）。其中，G06—04 锌黄过氯乙烯底漆用于轻金属表面打底，G06—04 铁红过氯乙烯底漆用于钢铁表面打底 2）G06—5 各色过氯乙烯二道底漆（又称为过氯乙烯二道漆或过氯乙烯封闭漆），用于有划痕或经原子灰填平后仍留有孔隙的金属表面打底填孔。其稀释剂为 X—3 过氯乙烯，常用的涂装方法为喷涂法。与其配套面漆为同类型过氯乙烯磁漆
磷化底漆（双组分涂料）	此漆可增加有机涂层和金属表面的附着力，防止锈蚀，延长有机涂层的使用寿命，用于有色金属和黑色金属涂底漆前的打底，可代替金属表面的磷化处理，也可用作烘烤面漆的底漆。但其由于涂膜很薄，因此不能单独作为底漆使用，必须与其他底漆配套使用。磷化底漆是双组分涂料，其中磷化底漆与磷化液的配比为 4∶1（体积比）。施工时在容器中按上述比例搅拌均匀，放置 30min 后开始使用。配制好的底漆必须在 24h 内用完。其涂装方法有刷涂和喷涂。涂装完磷化底漆后必须经 2h（20℃）干燥，才能涂其他底漆

（续）

名称	产品及性能
聚氨酯底漆（双组分涂料）	此漆具有良好的附着力、耐水性、耐热性、耐化学性和三防性能 其主要品种有： 1）7609铁红聚氨酯底漆，是双组分涂料，其中，7609铁红聚氨酯底漆与7312—1聚氨酯固化剂的配比为8:1（体积比） 2）锌绿聚氨酯底漆，也是双组分涂料，其中，锌绿聚氨酯底漆与7312聚氨酯固化剂的配比为5:1（体积比） 聚氨酯底漆的稀释剂为7002聚氨酯专用稀释剂，涂装方法为喷涂和刷涂。7609聚氨酯底漆的配套面漆为7182聚氨酯清漆、7385聚氨酯清漆和N—12丙烯酸聚氨酯清磁漆
硝基底漆	此漆由硝化棉、改性树脂和颜料等组成，涂膜干燥快，易打磨，常用于汽车耐汽油和耐润滑油部件的打底 其常用品种有： 1）Q06—4各色硝基底漆，用于车身表面打底 2）Q06—5灰硝基二道底漆，用于填平原子灰层孔隙及砂纸划痕。其稀释剂为X—1、X—2硝基稀释剂。其涂装方法以喷涂为主，与其配套的面漆为硝基磁漆
丙烯酸底漆	此漆由甲基丙烯酸酯—甲基丙烯酰胺共聚树脂与锶铬黄等颜料和有机溶剂组成，附着力强、耐候、耐热、防潮、耐蚀和防霉性能良好 其常用品种有：B06—1锶黄、锌黄丙烯酸底漆和B06—2锶黄丙烯酸底漆，对高温条件下使用的金属设备和有色金属（如铝、镁合金等）有良好的附着力和耐蚀性。其稀释剂为X—5丙烯酸稀释剂，涂装方法主要为喷涂。与其配套的面漆有硝基磁漆、过氯乙烯磁漆、热塑性丙烯酸磁漆等

二、常用进口底漆

1. 美国杜邦公司生产的底漆

名　称	性　能
150S多效用表面平整底漆	用途及特点：该底漆附着力和耐蚀性能强，喷涂后涂膜平滑，可用于各种材料的基体上，并可与各种面漆相配套，既可用作一般底漆，又可用作二道底漆（中间层），能消除原子灰砂孔和砂纸打磨痕迹，且干燥迅速，干燥后打磨性能好 涂装方法：涂装时1份底漆加1.5份X—1硝基稀释剂，以喷涂为主，一般喷涂两层即可达到质量要求，每层间隔时间为10～20min，涂装完30min后便可打磨
1020万能底漆	用途及特点：1020万能底漆对铁、铝等裸金属具有优良的附着力以及良好的耐蚀性能，而且该底漆还可以在原有的旧漆上涂装，不会引起收缩、下陷等缺陷，具有优良的密封性和隔离性 涂装方法：是双组分底漆，1020万能底漆、125S硬化剂与1025稀释剂的配比为4:1:2（体积比）。底漆与硬化剂混合后，必须在1.5h内喷涂完。喷涂工具必须在喷涂后马上清洗干净。喷涂时喷枪的压力为0.4～0.5MPa。喷涂一层厚度达40～60μm，相当于普通底漆的两三层。喷涂若在20℃时进行，则2h后即可打磨

2. 英国ICI公司生产的底漆

名　称	性　能
P565—597 耐蚀底漆（磷化底漆）	用途及特点：P565—597 磷化底漆与 P275—61 固化剂的配比为 1:1（体积比）。该底漆能为裸金属提供极好耐蚀能力，能用作多种金属（如钢铁、铝、白铁皮及镀锌铁板等）的防锈底漆 涂装方法：涂装时只需喷涂一层便有足够的厚度，不需打磨，接着可喷涂 3 层其他底漆。但其不能喷涂在原子灰上，否则影响附着力
P565—761 填充多用途底漆	用途及特点：P565—761 填充多用途底漆、P210—760/770 固化剂和 P850—1275/1276 稀释剂的配比为 4:1:0.5（喷灰）或 4:1:1.5（二道底漆）（体积比）。该底漆具有很好的附着力，并有一定的填充性能，适用于钢铁、铝合金等金属表面，以及玻璃纤维及打磨后的旧漆面作底漆，还可用于中间层二道底漆，但不适用于丙烯酸漆及硝基漆的局部修补 涂装方法：喷涂压力为 0.25 ~ 0.4MPa。施工喷涂厚度：喷涂三层，头道底漆厚度为 200 ~ 300μm，二、三道底漆厚度为 100 ~ 125μm。干燥时间：头道底漆，20℃ 自干时间为 3 ~ 4h，60℃ 烘烤时间为 30 ~ 40min，红外线干燥时间约为 20min；二、三道底漆 20℃ 自干时间为 1.5 ~ 2h，60℃ 烘烤时间为 20 ~ 30min，红外线干燥时间为 10 ~ 15min；每层间隔喷涂时间约为 5min
P572—167 通用塑料底漆	用途及特点：该底漆能为一般汽车塑料件制品与面漆之间增加附着力 涂装方法：涂装时 P572—167 通用塑料底漆不需稀释，可直接喷涂二层，约 10min 干燥，然后涂面漆
P572—173 非特殊塑料黏附底漆	用途及特点：该底漆用于涂装 PVR、PC、PA、ABS、PPO 及 PVC 等塑料 涂装方法：涂装时，将其用 P850—1275/1276 稀释剂稀释，P572—173 与 P850—1275/1276 的稀释比为 3:1（体积比），喷涂压力为 0.3 ~ 0.4MPa，喷涂二层，20℃ 时约 1h 干燥，干燥后可涂面漆

3. 德国鹦鹉牌底漆

名　称	性　能
285—16 热敏性隔绝底漆	用途及特点：本品有极佳的耐蚀性能，可增强底层与中间层的附着力，令面层发挥更佳的效果。该产品特别适用于天气突变的环境，也可用于涂装中间层 涂装方法：涂装时，将 285—16 热敏性隔绝底漆、929 系列固化剂和 352—91 稀释剂按 4:1:1（体积比）的配比配制，宜采用喷涂的方法涂装，喷涂压力为 0.4 ~ 0.5MPa，施工后 20min（在 20℃ 时）即可打磨
285—60 高浓度全天候中间层底漆	用途及特点：本品是特为汽车喷涂水磨施工研制的，具有极佳的遮盖力和填充性，可作厚涂膜喷涂，打磨容易，烘烤时间短，配合快干固化剂无需烘烤也能达到满意效果，适合流水作业及快速修补工作时使用 涂装方法：将 285—60 高浓度全天候中间层底漆、929—28/71/73 固化剂和 352—50/91/216 稀释剂按 4:1:1（体积比）的配比配制，宜采用喷涂的方法涂装，喷涂压力为 0.4 ~ 0.5MPa，涂装后 20min（20℃ 时）即可打磨
285—95 填充及可调色喷灰底漆	用途及特点：本品独具填充及调色等功能，特有双组分高固体量配方，可按比例加入 21 色系进行调配，能加强金属漆及珍珠漆的遮盖力，并可用于涂装中间层 涂装方法：涂装时，将 285—95 与 21/22 色系按 2:1（体积比）的配比，将 929—28 和 22/71/73 及 352—50/91/26 按 4:1:1（体积比）的配比，配制两种底漆，采用喷涂施工，喷涂压力为 0.4 ~ 0.5MPa，喷涂后 20min（20℃ 时）即可打磨
54 贵金属银底漆系列	用途及特点：本品具有极佳的遮盖力，比一般银粉漆持久耐用，可调配出任何车的原厂色 涂装方法：将 54 贵金属银底漆系列和 325—91 中速稀释剂按 3:1（体积比）的配比配制，以二次喷涂方式施工，喷涂压力为 0.4 ~ 0.5MPa，喷涂后 20min（20℃ 时）即可打磨

（续）

名　称	性　能
934—0 塑料专用单组透明底漆	用途及特点:本品对塑料基体有很强的黏着性,以确保面层耐久附着,能克服一般涂料从塑料基体上脱落的问题 涂装方法:不需添加任何稀释剂或助剂,采用喷涂法涂装,喷涂压力为 0.4 ~ 0.5MPa,喷涂后 20min(20℃时)即可打磨

第二节　涂底漆常用工具与设备

一、喷枪

1. 喷枪的结构

空气喷枪主要由气帽、喷嘴、针阀、扳机、空气阀、调节旋钮和手柄等组成。

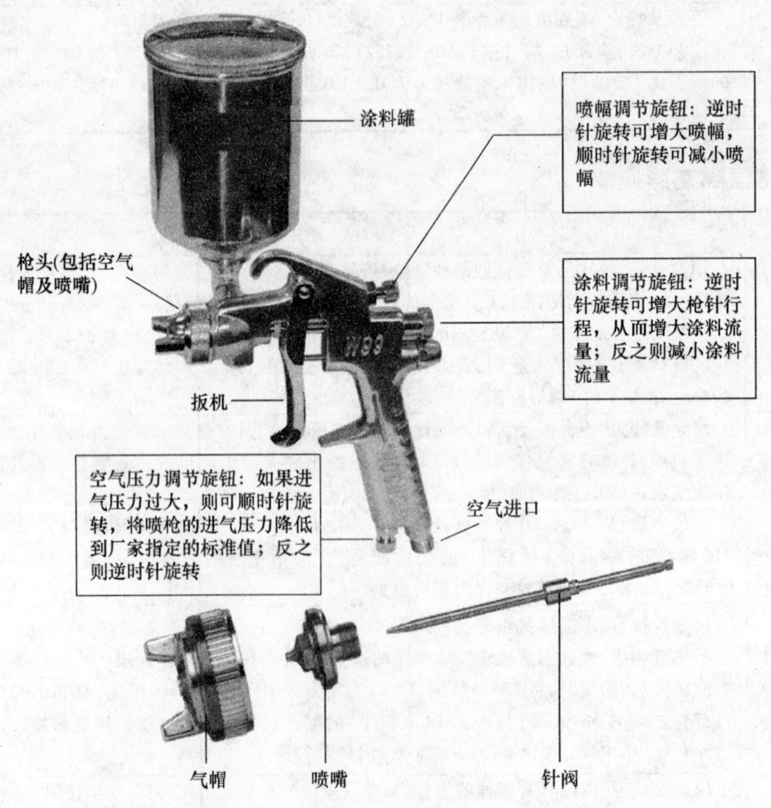

▲空气喷枪的结构

气帽把压缩空气流吸上来的涂料雾化并使其形成一定形状。气帽上有三个空气喷口，即中央喷口、侧喷口和辅助喷口。其中，中心喷口位于喷嘴末端，产生喷出涂料所需的负压；辅助喷口可促进涂料的雾化，喷出的空气量与涂料雾化的效果有很大关系；侧喷口的作用是借助空气压力控制雾束形状。

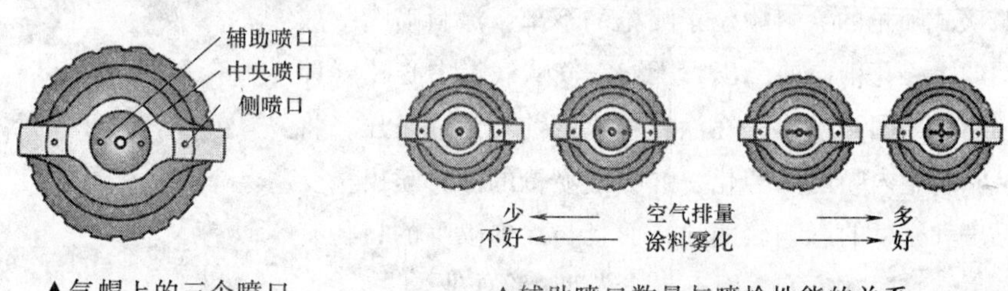

▲气帽上的三个喷口　　▲辅助喷口数量与喷枪性能的关系

喷嘴与针阀配合，用于控制喷涂量，并把喷流从喷枪中导向气流。喷枪喷出的实际涂料量由针阀的开度决定。

扳机与空气阀相配合，可控制空气和涂料的流量。将扳机扣到其行程的1/2时，空气阀打开，压缩空气高速喷出，并在涂料喷嘴前形成负压；继续扣下扳机，涂料喷嘴打开，将涂料喷出。

空气压力调节旋钮用来调节喷涂时的气流压力。将其完全关闭时，即使扣动扳机也没有空气喷出；将其完全打开时，喷涂气压与供气软管中的气压一致。喷涂前可以转动空气压调节旋钮来调节喷涂所需的气压。为了准确调整和监控喷枪的工作气压，往往在喷枪的尾部安装一个气压表，德国一家公司则生产出了带气压液晶显示屏的空气喷枪。

涂料调节旋钮用于控制液体涂料的流量。将其全全关闭时，扣下扳机后没有涂料流出；将其完全打开时，涂料的流量最大。

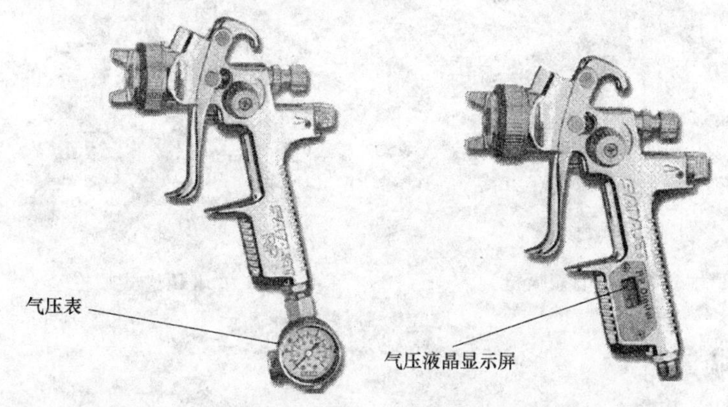

▲安装气压表的空气喷枪　　▲带气压液晶显示屏的空气喷枪

2. 喷枪的种类 喷枪是一种经过精密设计和制造的专业涂装工具，喷枪主要用来将涂料均匀地喷涂在物件的表面。根据供料方式的不同，喷枪分为虹吸式喷枪、重力式喷枪、压送式喷枪三种。

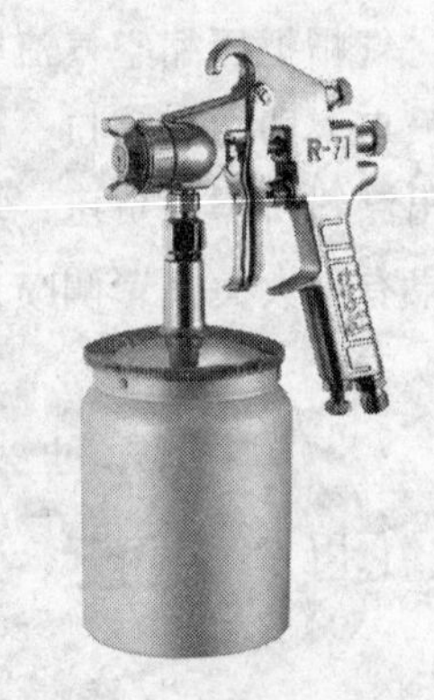

▲虹吸式喷枪（下壶喷枪）

虹吸式喷枪的涂料罐位于喷枪的下部，涂料喷嘴一般比气帽的中心孔稍向前凸出，压缩空气从气帽中心孔（即涂料喷嘴的周围）喷出，在涂料喷嘴的前端形成负压，将涂料从涂料罐内吸出并雾化。虹吸式喷枪的涂料喷出量受涂料粘度和密度的影响较明显，而且与涂料喷嘴的口径有密切关系。虹吸式喷枪适用于非连续性喷涂作业。

重力式喷枪的涂料罐位于喷枪的上部，涂料靠自身的重力与喷嘴前端形成的负压从涂料喷嘴喷出，并与空气混合雾化。重力式喷枪的基本结构与虹吸式喷枪的基本结构相同，但在相同的喷涂条件下，其涂料喷出量比虹吸式喷枪的大。重力式喷枪用于涂料用量少以及换色频繁的喷涂作业。

压送式喷枪用另设的涂料增压罐（或涂料泵）供给涂料，提高涂料增压罐的压力可同时向几支喷枪供给涂料。这种喷枪的涂料喷嘴与气帽心孔位于同一平面或比气帽中心孔向内稍凹一些，在涂料喷嘴前端不必形成负压。压送式喷枪适用于涂料用量多且连续的喷涂作业。

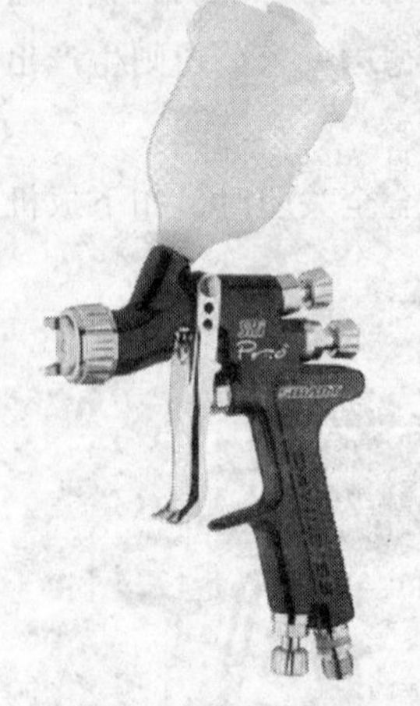
▲重力式喷枪（上壶喷枪）

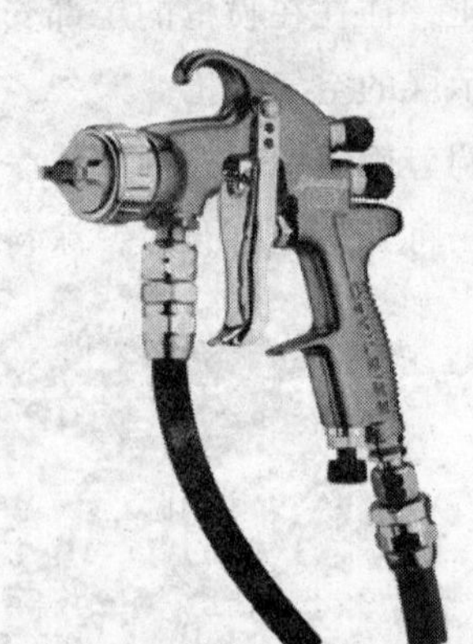
▲压送式喷枪

二、喷漆室

喷漆室有两种形式，一种是单室式的，只有喷涂功能；另一种是双室式的，同时具有喷涂和烘干功能。风机和过滤器都设置在喷漆室外。换气系统应达到每小时全换气两次或更多次的要求。目前，按换气系统的不同，喷漆室分为三种：正向流动喷漆室、反向流动喷漆室和下向通风喷漆室。

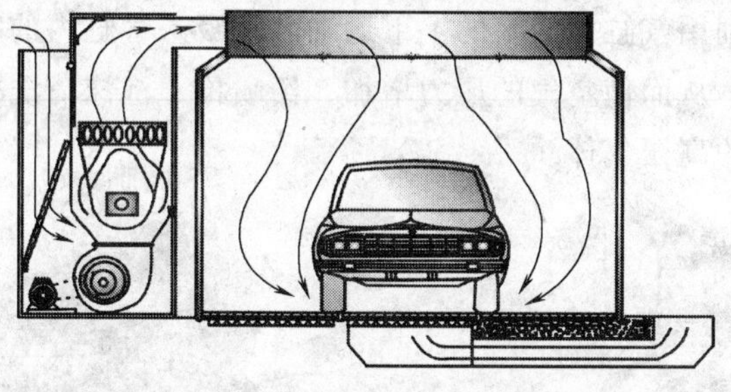

▲下向通风喷漆室的气流模式

三、烤漆房

烤漆房一般用来喷涂和烘烤车漆。烤漆房最确切的名称应为喷烤漆房。

烤漆房的工作原理为：喷涂时，外部空气经过初级过滤网过滤后由风机送至房顶，再经过顶部过滤网二次过滤净化后进入房内，房内空气采用全降式，以0.2~0.3m/s的速度向下流动，使喷涂后的雾化涂料微粒不能在空气中停留，直接通过底部出风口排出房外，这样不断地循环转换，使喷涂时房内的空气清洁度达到98%以上，且送入的空气具有一定的压力，可在车的四周形成恒定的气流，以去除过量的涂料，从而最大限度地保证喷涂的质量。整个烤漆房为拼装式结构，房体采用子母插式保温喷塑墙板，密封、保温性能好，房体侧面装有工作门，方便工作人员进出；大门为铝合金包边大门，门中央装有观察窗，可随时观察房内动态；选用低噪声高风量风机，确保喷涂效果的完美性；选用的优质不锈钢热交换器，换热效率高，使用寿命长。

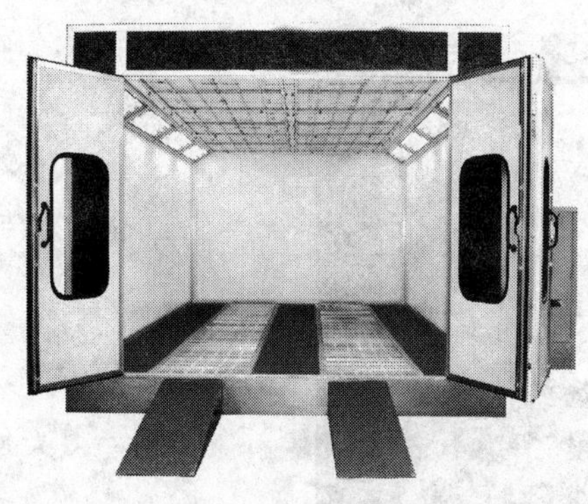

四、红外烤灯

红外烤灯主要用于汽车修补涂装局部部位的加热，加速涂料干燥。红外线按波长分为长波红外线、中波红外线、短波红外线。通常，短波的红外线效果最好。红外烤灯可使涂料均匀地升温干燥，不会产生针孔。

五、空气压缩机

空气压缩机主要由压缩机、储气罐和电动机等主要部件组成。

空气压缩机利用气缸内活塞的上下运动，将吸入气缸内的空气进行压缩，然后存入储气罐内，从而使空气的压力增加，给喷枪、泡沫清洗机以及废油抽吸机等设备提供足够的高压气体。

▲红外烤灯　　▲空气压缩机

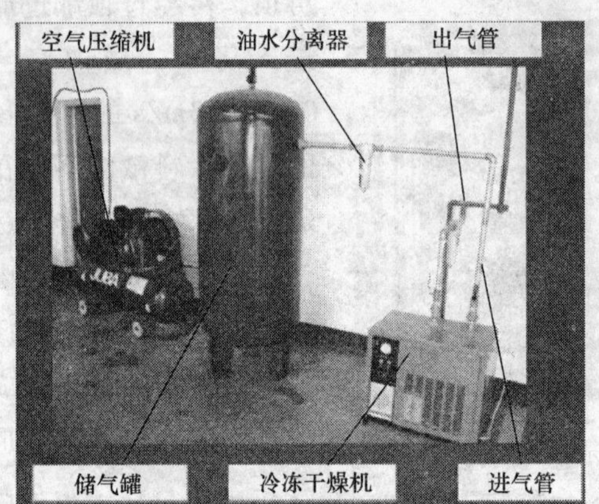

▲典型空气喷枪喷涂系统的组成

第三节　涂料的选配及调制

一、涂料的选配

弄清楚所需要修补车辆原来的涂装系统以及每一道涂层所采用的涂料类型，是做好汽车修补涂装非常重要的一步。

汽车总装厂通常采用的涂装系统大体上可归纳为以下几类：

1）底漆-原子灰-本色面漆。

2）底漆-原子灰-中间层涂料-本色面漆。

3）底漆-原子灰-中间层涂料-单层金属闪光漆。

4）底漆-原子灰-中间层涂料-金属闪光底色漆-罩光清漆。

5）底漆-原子灰-中间层涂料-本色底色漆-罩光清漆。

6）底漆-原子灰-防石击中间层涂料-中间层涂料-金属闪光底色漆-罩光清漆。

7）底漆-原子灰-中间层涂料-金属闪光底漆-底色漆-罩光清漆。

8）底漆-原子灰-防石击中间层涂料-中间层涂料-金属闪光底漆-底色漆-罩光清漆。

1. 被涂材料

由于各种材料的极性和吸附能力不同，因而要合理选用与被涂材料性质相适应的涂料。

▼被涂材料与涂料品种间的适应性

涂料品种＼被涂材料	钢铁	有色金属	塑料	木材	皮革	玻璃	织纤维
油脂漆	5	4	3	4	3	2	3
醇酸树脂漆	5	4	4	5	5	4	5
氨基树脂漆	5	4	4	4	2	4	4
硝基漆	5	4	4	5	5	4	5
酚醛漆	5	5	4	4	2	4	4
环氧树脂漆	5	5	4	4	3	5	—
氯化橡胶漆	5	3	3	5	4	1	4
丙烯酸酯漆	4	5	4	4	4	1	4
有机硅漆	5	5	4	3	3	5	5
聚氨酯漆	5	5	5	5	5	5	5

注：5 表示最好，1 表示最差。

2. 使用的环境条件

不同环境条件下使用的汽车对涂料有不同的要求，如南方湿热地区使用的汽车要求涂料有良好的三防性能（防潮、防盐雾、防霉），北方干寒地区使用的汽车要求涂料有一定的耐寒性能。

▼涂料使用的环境条件

环境条件＼涂料品种	酚醛漆	沥青漆	醇酸漆	氨基漆	硝基漆	过氯乙烯漆	丙烯酸漆	环氧漆	聚氨酯漆	有机硅漆
一般条件下使用，但要求耐候性及装饰性好			★		★		★		★	

（续）

环境条件＼涂料品种	酚醛漆	沥青漆	醇酸漆	氨基漆	硝基漆	过氯乙烯漆	丙烯酸漆	环氧漆	聚氨酯漆	有机硅漆
一般条件下使用，但要求防潮性及耐水性好	★	★					★	★	★	
化工大气条件下使用或要求耐化学腐蚀性较好	★	★				★	★	★	★	
在湿热条件下使用，要求三防性能好	★			★		★	★	★	★	
在高温条件下使用										★

3. 涂料涂装条件

不同的涂料性能各异，因此对涂装方法的要求也就不同。在涂装时，要根据现有的涂装设备和所适应的涂装方法选择涂料。

▼涂料涂装条件

涂装方法	刷涂	浸涂	电泳涂装	压缩空气喷涂	高压无气喷涂	静电喷涂	静电粉末喷涂
涂料类型	油性漆 酚醛漆 醇酸漆	各种合成树脂涂料	各种水溶性电沉积涂料	硝基漆、氨基漆、过氯乙烯漆等	各种类型的涂料，特别是厚浆料，高不挥发分涂料，但不宜于粒度大的颜料涂料	合成树脂涂料，高不挥发分涂料	粉末涂料

4. 涂料的配套性

在汽车涂装中，各种底漆、原子灰及面漆的性能不相同，不能随意搭配。如果涂料配套不当，就会造成涂膜间的附着力差，导致气层脱落、咬底泛色等现象，严重影响涂装质量。

▼不同材料上配套使用的涂料

面漆类型	黑色金属	铝、镁及铝镁合金	锌及锌合金	铜及铜合金
酚醛漆	酚醛底漆 醇酸底漆	锌黄纯酚醛底漆 磷化底漆	锌黄环氧底漆 锌黄环氧醇酸底漆	酚醛底漆 磷化底漆
沥青漆	沥青底漆 酚醛底漆	沥青底漆	沥青底漆	沥青底漆
醇酸漆	醇酸底漆 环氧底漆	锌黄酚醛底漆 锌黄醇酸底漆	醇酸底漆 磷化底漆	酚醛底漆
氨基漆	醇酸底漆 氨基底漆 环氧底漆	锌黄环氧底漆	酚醛底漆 磷化底漆	环氧底漆
硝基漆	酚醛底漆 硝基底漆 环氧底漆 醇酸底漆	锌黄酚醛底漆 锌黄醇酸底漆 锌黄环氧底漆	酚醛底漆 醇酸底漆 环氧底漆	酚醛底漆 环氧底漆

5. 涂膜的厚度

涂膜的保护力一般是随着涂膜厚度的增加而提高的。在不同的使用条件下，涂膜的厚度应控制在一定的范围内。如果涂膜厚度低于下限，就不能起到有效的保护作用，还会出现露底或肉眼看不见的针孔，外界的水分、化学腐蚀介质等容易侵蚀到涂膜内部，降低涂膜的寿命。如果涂膜过厚，就会增加成本，还会引起回粘、起泡和桔皮等质量问题。

环境条件	控制厚度范围/μm	环境条件	控制厚度范围/μm
一般性涂膜	80 ~ 100	有侵蚀液体冲击的涂膜	250 ~ 350
装饰性涂膜	100 ~ 150	耐磨损漆膜	250 ~ 350
保护性涂膜	150 ~ 200	厚浆涂膜	350 ~ 1000
有盐雾的海洋环境用途膜	200 ~ 250		

二、涂料的调制（调粘度）

双组分涂料中应加入固化剂，然后根据涂料使用说明书的要求及环境温度加入稀释剂进行稀释，以达到要求的施工粘度。其他涂料则直接加入稀释剂进行稀释。

涂料粘度直接影响涂装质量。涂料粘度过高会使表面粗糙不均、产生针孔和气孔等缺陷，粘度过低则会造成挂流、失光等使漆膜形成得不丰满。不同的涂层对涂料的粘度要求也有所不同，所以车身涂装作业中应根据技术要求调整粘度，并养成使用粘度计进行测量的习惯。

1. 调粘度用工具

名称		说明	图示
粘度计	国产粘度计	常用的国产粘度计为涂—4粘度计，有金属盒、塑料两种。其上部为圆锥形，底部有不锈钢制成的可以更换的漏嘴，圆筒上沿有环形凹槽，以备多余的涂料溢出。其容量为100mL	

（续）

名称		说　明	图　示
粘度计	进口粘度计	常用的进口粘度计为美国福特4号杯（Ford Cup4）	
涂料调配比例尺		为了避免涂料、稀释剂等的称重调配，各涂料生产厂商供给一批涂料调配比例尺，以简化涂装操作。例如，英国ICI公司提供的调配比例尺选用铝制底材，每边用不同颜色刻上不同比例的刻度。其中，黑/绿一面是为调配比为2:1，稀释剂的质量分数为5%～40%的涂料而设计的；黑/红一面是为调配比为4:1，稀释剂的质量分数为5%～40%的涂料设计的	

2. 调粘度工艺

步骤1：按工艺规定的粘度分几次加入适量稀释剂，用涂料调配比例尺进行调配。

步骤2：过滤。无论哪种涂料，都必须过滤后使用。液态涂料通常用铜丝网或不锈钢丝制120～180目（相当于筛孔直径为0.125～0.085mm）的网筛过滤；装饰性要求高的涂料品种，用180目以上的筛网过滤，也可采用先粗后细两次过滤的方法，以提高过滤速度，但过滤时不要使用硬质工具在筛网内搅拌，以免损坏筛网。在集中输送涂料的场合，通过安装在输送管路上的过滤器对涂料进行过滤。

步骤3：用手指堵住粘度测量杯底的小孔，将过滤后的涂料倒入杯内至规定刻度线。

步骤4：松开手指，同时用秒表记录时间，直到涂料全部滴落完毕，所记录的时间即为所调涂料的粘度。

第四节　涂底漆操作

一、遮盖

(1) 在涂装准备工作中，遮盖是非常必要的一步。遮盖可以防止雾化的涂料接触到其他不需要重新喷涂的部位。自从广泛使用丙烯酸、氨基甲酸乙酯以及两组分涂料以来，遮盖工作就变得更加严格了。因为这类涂料干燥后无法用稀释剂清洗掉，只能用打磨或其他很费时的方法去除

(2) 粘贴胶带。应选用质量好的胶带，若胶带质量差，使用后会出现胶粘剂残留或其他问题，造成不必要的麻烦。聚氨酯涂料需加热干燥，应使用耐热胶带纸。若在粘贴覆盖纸的胶带纸上再粘上一层胶带纸，将周围完全盖住，则在揭下覆盖纸时，也能将胶带纸一起揭下

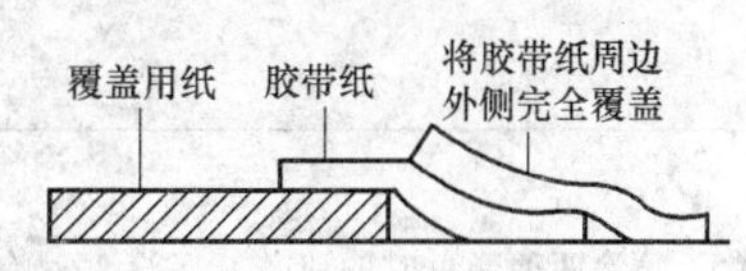

(3) 装饰条和嵌条的遮盖。当用胶带粘贴装饰条、嵌条等表面时，将手指塞入胶带卷的孔中，把大拇指放在胶带的外面，控制胶带的方向。拉伸胶带时，胶带的粘贴面应背向操作者

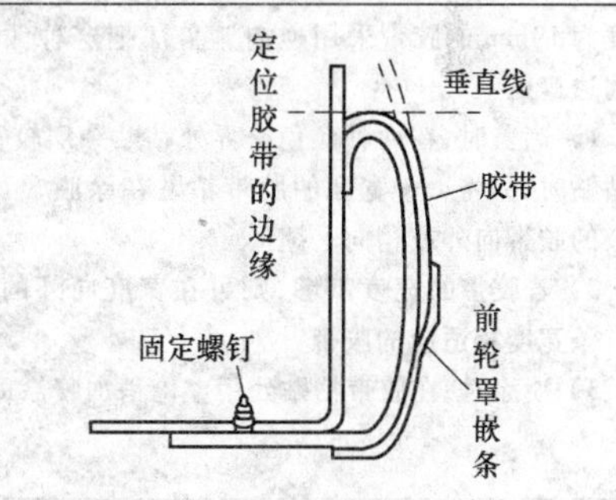

(4) 风窗玻璃的遮盖。遮盖风窗玻璃时，主要使用宽度为 50cm 的纸，不够的部分用宽度为 10 ~ 20cm 的纸粘上，四周用宽度为 12 ~ 15mm 的粘贴带粘住

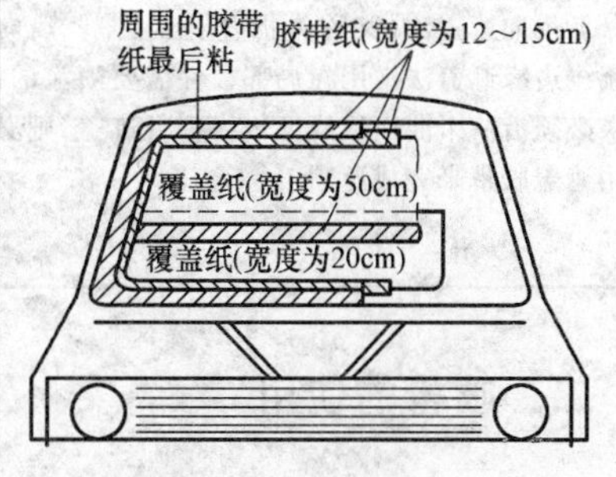

（4）风窗玻璃的遮盖。遮盖风窗玻璃时，主要使用宽度为50cm的纸，不够的部分用宽度为10~20cm的纸粘上，四周用宽度为12~15mm的粘贴带粘住

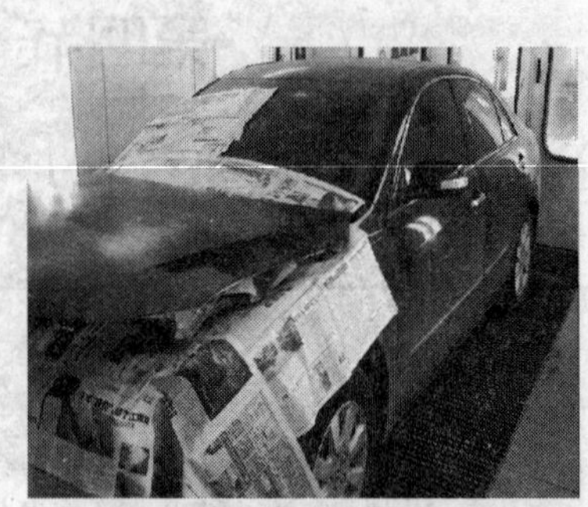

（5）喷涂两种颜色时的遮盖。当汽车需涂装成两种不同的颜色时，应先涂装一种颜色，在涂膜干燥后，用宽度为19mm的胶带采用逆向遮盖法把这种颜色涂膜的周边遮盖上

1）遮盖时，在两种颜色交界处粘贴一层较宽的胶带。粘贴时，只将1/3宽度的胶带粘贴在涂膜表面上，使剩余的胶带向外或稍向上翘

2）若胶带的宽度不够，则可在宽度向外的一面接上一条宽度相适应的胶带

3）喷涂时，在胶带粘贴处用虚枪稍加喷涂即可

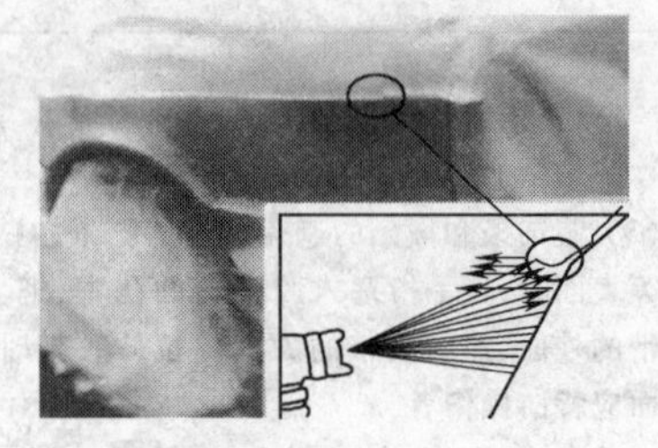

（6）反向遮盖法（又称为折叠遮盖法）。反向遮盖法和流线边缘遮盖法常用在局部板件需要喷涂的情况下。如果必须沿一个曲面流线型边缘进行遮盖，则必须单独使用遮盖胶带来完成遮盖

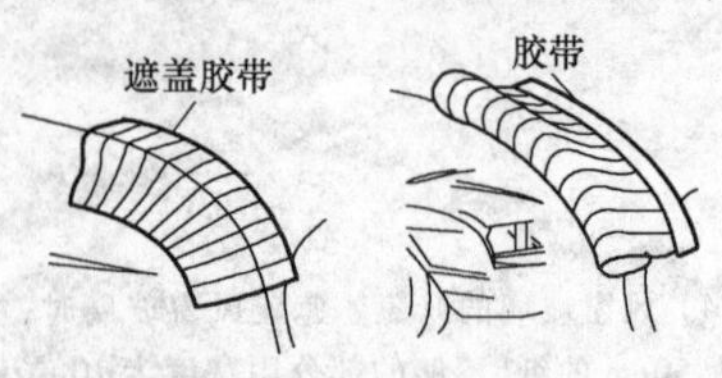

二、喷枪的使用

1. 空气喷枪的调整

(1) 最佳喷涂气压的调整 1) 扣下喷枪扳机,将压缩空气全速排出 2) 一边用左手转动空气压力调节旋钮,一边观察喷枪上气压表的变化,直至气压表显示的气压达到要求为止 说明:拧进空气压力调节旋钮时,喷枪工作气压减小;拧出空气压力调节旋钮时,喷枪工作气压增大	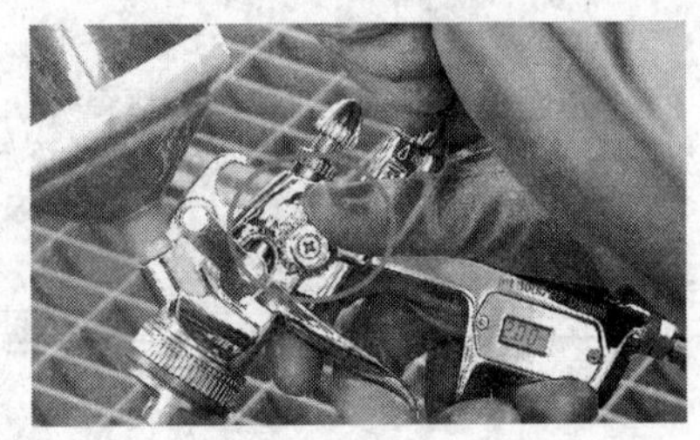
(2) 最佳涂料喷出量的调整 1) 压下喷枪扳机进行试喷涂,观测喷雾 2) 转动涂料调节旋钮,使喷雾符合要求 说明:拧进涂料调节旋钮,涂料喷出量减小,喷雾变稀;拧出涂料调节旋钮,涂料喷出量增大	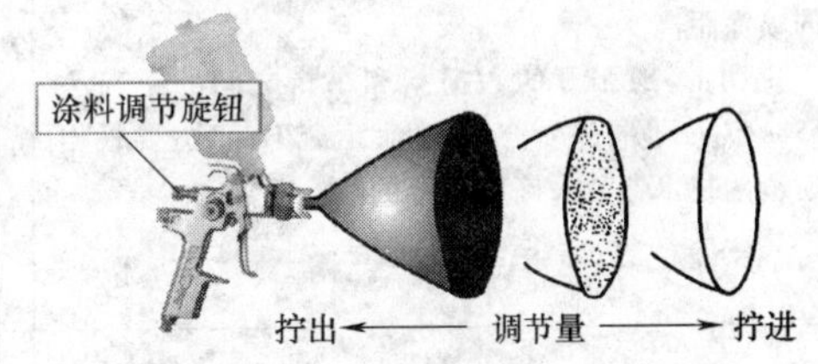
(3) 最佳喷幅图形的调整 1) 向距离喷枪 20cm 处的遮盖纸喷涂涂料,观察喷幅的大小 2) 转动喷幅调节旋钮,至喷幅图形符合要求为止 说明:拧出喷幅调节旋钮至开度最大,喷幅变为圆形;拧进喷幅调节旋钮至开度最小,喷幅为最大的椭圆形。将喷幅调节旋钮在两极限位置间转动,喷幅图形则在圆形和最大椭圆间变化	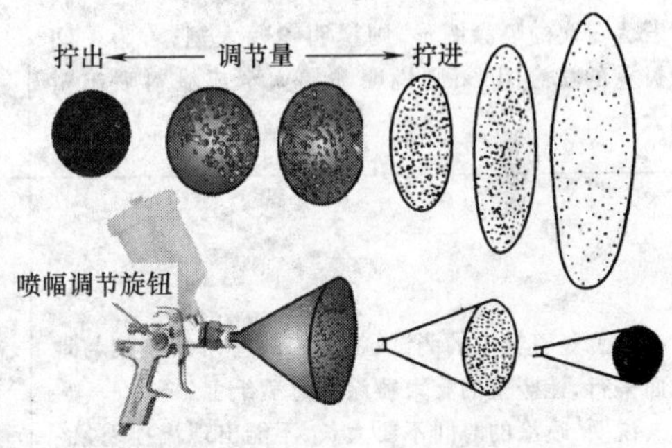
(4) 雾束方向的调整 1) 将气帽的犄角旋转到与地面平行的位置,喷雾呈纵向的椭圆形 2) 将气帽的犄角旋转到与地面垂直的位置,喷雾呈横向的椭圆形 说明:纵向椭圆形雾束适用于自左向右的走枪方式,在实际生产中运用最多;横向椭圆形雾束适用于自上而下的走枪方式,在实际生产中很少采用	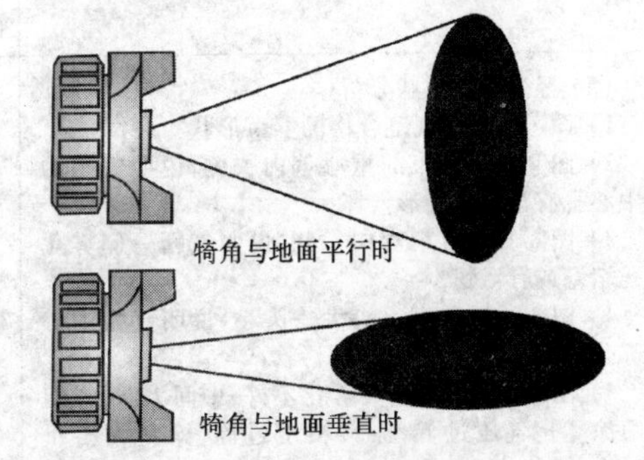

2. 空气喷枪的测试

(1) 在合适的地方用胶带贴几张试枪遮盖纸

说明:遮盖纸要垂直粘贴在墙壁上;遮盖纸要足够大,避免雾化的涂料污染墙体

(2) 确定试枪的喷涂距离:将小指压在遮盖纸上,张开大拇指和小指,两者的距离大致等于喷枪的喷涂距离

说明:一般张开的大拇指和小指之间的距离为15~17cm不同的喷枪,其喷涂距离不一致,要根据喷枪的技术参数来确定试枪的喷涂距离

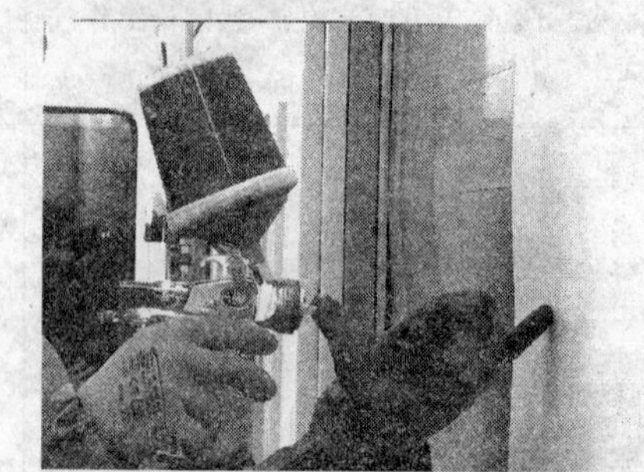

(3) 水平雾束测试:将喷枪犄角调整到与地面垂直,向遮盖纸上进行喷涂,直至涂料流挂,观察流痕。若为合适的喷涂图形,则说明喷枪调整正确;若为分离的喷涂图形,则说明喷幅太宽;若为中间过重的喷涂图形,则说明喷幅太窄或涂料喷出量太大

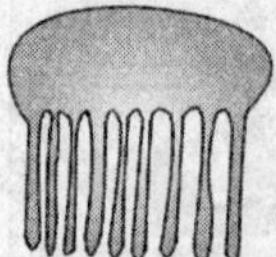

合适的喷涂图形　分离的喷涂图形　中间过重的喷涂图形

(4) 竖直雾束的测试:将喷枪的犄角调整到与地面平行,让竖直的雾束喷涂在遮盖纸上

说明:喷涂的时间不要太长,不能出现流挂现象

(5) 竖直雾束形状分析

1) 图①所示为规范合格的雾束形状

2) 图②所示雾束的重心偏向一侧,说明气帽的中心孔有污物或变形损坏

3) 图③所示雾束弯向一侧,说明气帽一侧雾化孔堵塞或有污物

4) 图④所示雾束一头大一头小,说明气帽中心雾化孔一侧堵塞、变形或有污物

5) 图⑤所示雾束两头雾化不好,中间太湿,说明喷涂雾化气压过低,涂料粘度过高,涂料喷出量过大

6) 图⑥所示雾束呈跳跃式,说明喷嘴或针阀松动,涂料罐堵塞

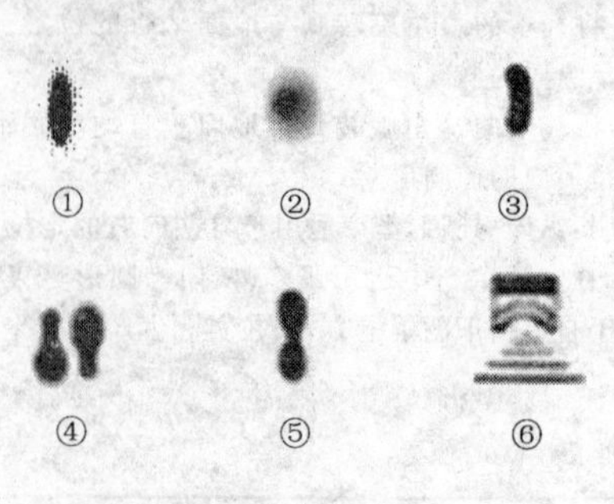

雾束形状

3. 空气喷枪的规范操作

（1）喷枪与被涂表面之间的角度。喷枪与被涂表面之间应始终保持垂直，不可由手腕或手肘作弧形摆动

说明：为了始终保持喷枪与被涂物表面垂直，喷涂时，喷枪位置要随着板件形状的变化而变化

（2）喷枪与被涂表面间的正确距离

1）环保型喷枪的喷涂距离为 13～17cm，最佳喷涂距离为 15cm

2）传统高压喷枪的喷涂距离为 18～25cm，最佳喷涂距离为 20cm

说明：不同喷枪的喷涂距离也不完全一样，喷涂时要根据所用喷枪的类型、喷涂要求来选择喷涂距离；喷涂时要保证喷涂距离一致，不能忽近忽远

（3）喷枪移动的速度

1）喷枪移动的速度一般为 300～600mm/s

2）当喷涂要求、涂料的施工粘度及喷涂距离发生变化时，喷枪移动的速度也要随之发生变化

说明：喷枪移动的速度要均匀，不能忽大忽小；喷枪的移动速度以获得最佳的涂膜质量为准

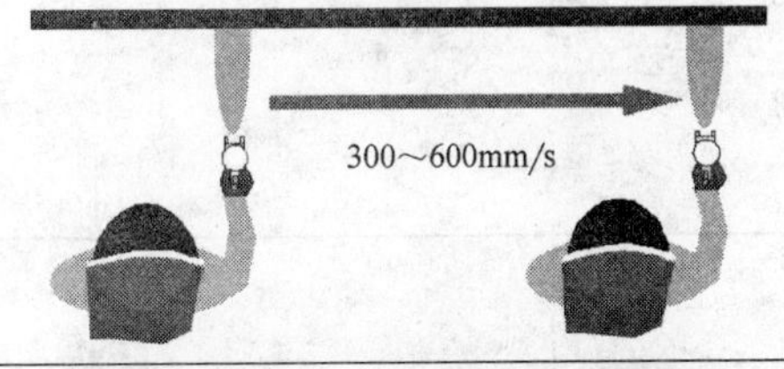

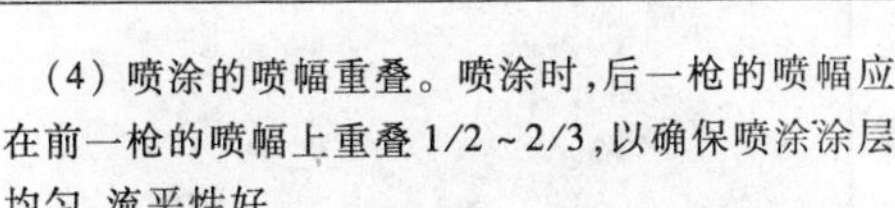

（4）喷涂的喷幅重叠。喷涂时，后一枪的喷幅应在前一枪的喷幅上重叠 1/2～2/3，以确保喷涂涂层均匀、流平性好

说明：喷幅重叠要求宽度一致，不能忽宽忽窄；如果喷幅重叠小于其宽度的 40%，就不能形成质量良好的涂膜

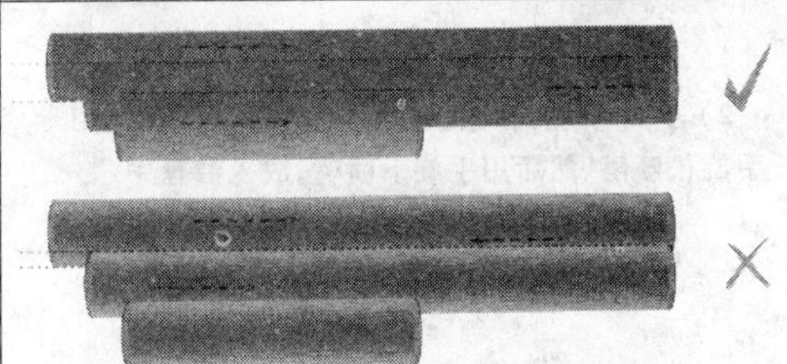

（5）扳机的控制

1）在喷枪移动的状态下才能扣动扳机，即在每次喷涂开始时扣动扳机，在喷涂完成时松开扳机

2）从遮盖纸处开始移动喷枪，扣下扳机行程的 1/2，仅放出空气；当喷枪移动到喷涂表面边缘时，完全扣下扳机，喷出涂料；当喷枪移动到另一头时，松开扳机行程的 1/2，使涂料停止流出；向前移动几厘米反向喷涂，重复上述操作

说明：在喷涂过程中要完全扣下扳机，手指不能忽松忽紧

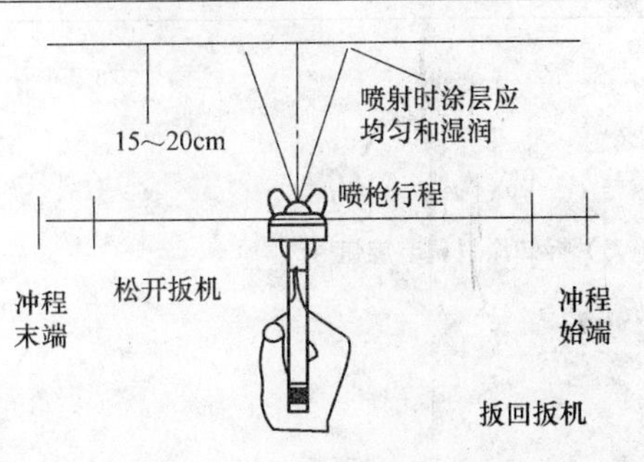

(6) 两次喷涂之间的搭接

1) 手提式喷枪每次有效的移动距离为500~1000mm,如果需喷涂的长度大于1000mm,则需分段喷涂

2) 分段喷涂时,两段之间的重叠区一般为100mm。在重叠区操作时,要注意扣动扳机的时机和程度

说明:搭接区域容易出现双涂层的"厚湿边缘",控制不好,极易产生"流挂"

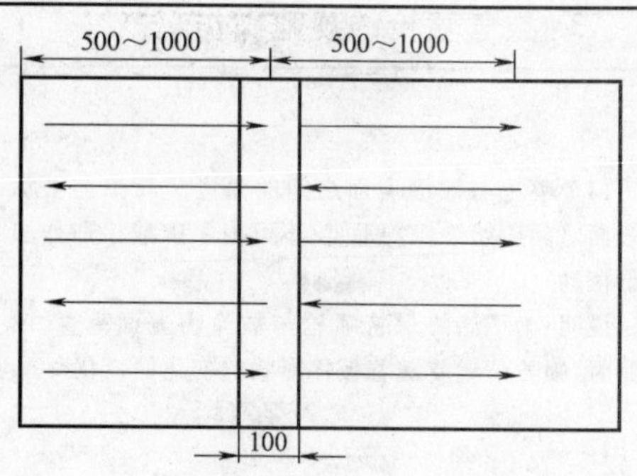

4. 空气喷枪的维护与保养

(1) 空气喷枪的拆卸

1) 拆卸喷枪气帽

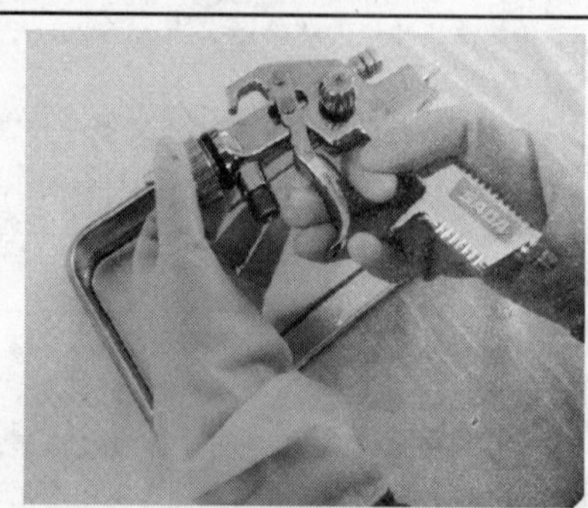

2) 拆卸喷嘴:扣紧扳机,使枪针往后移动,用专用扳手旋松喷嘴,然后用手旋下喷嘴,放入油盘中

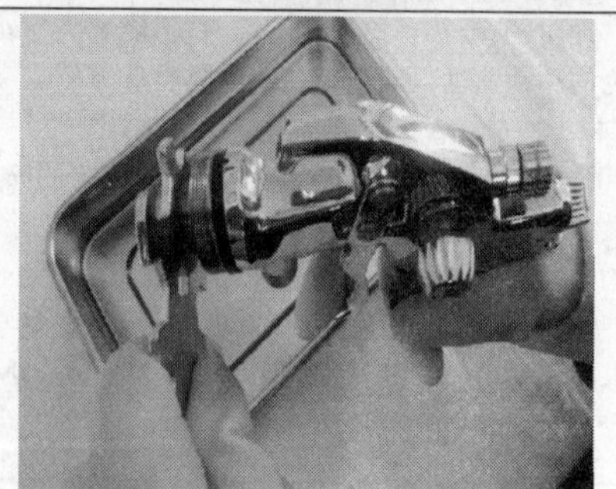

3) 拆卸涂料调节旋钮

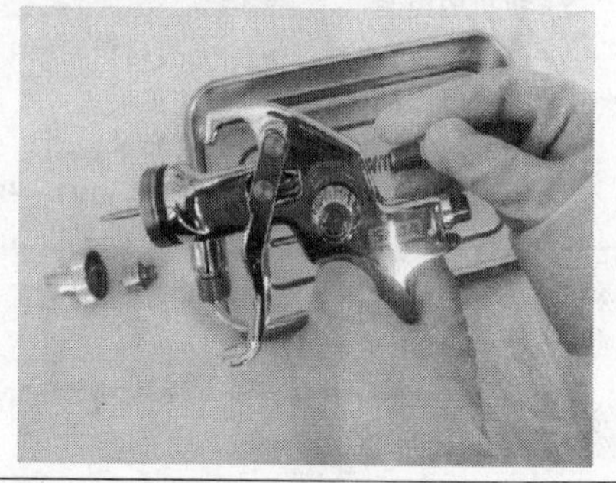

4）拆卸喷枪枪针	

（2）空气喷枪的清洗

1）用软毛刷清洗涂料的入口通道	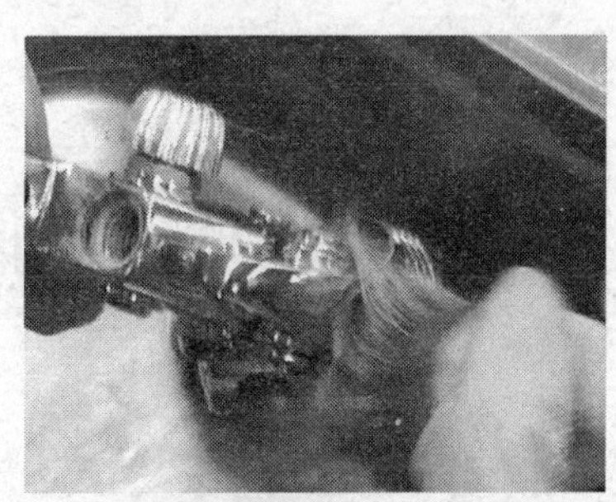
2）用专用清洁刷清洗涂料的入口通道	
3）用清洗液冲洗涂料的入口通道	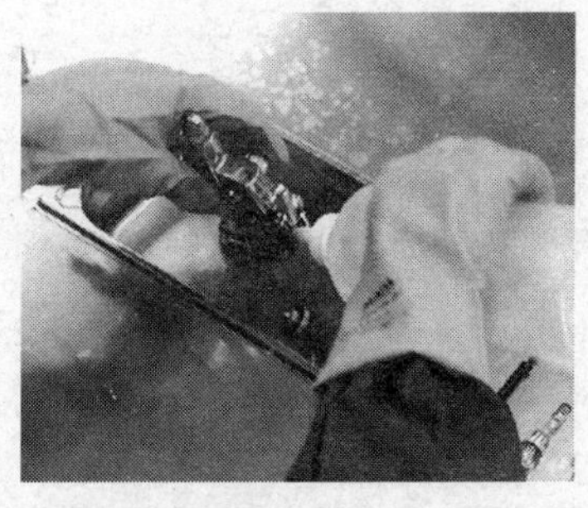

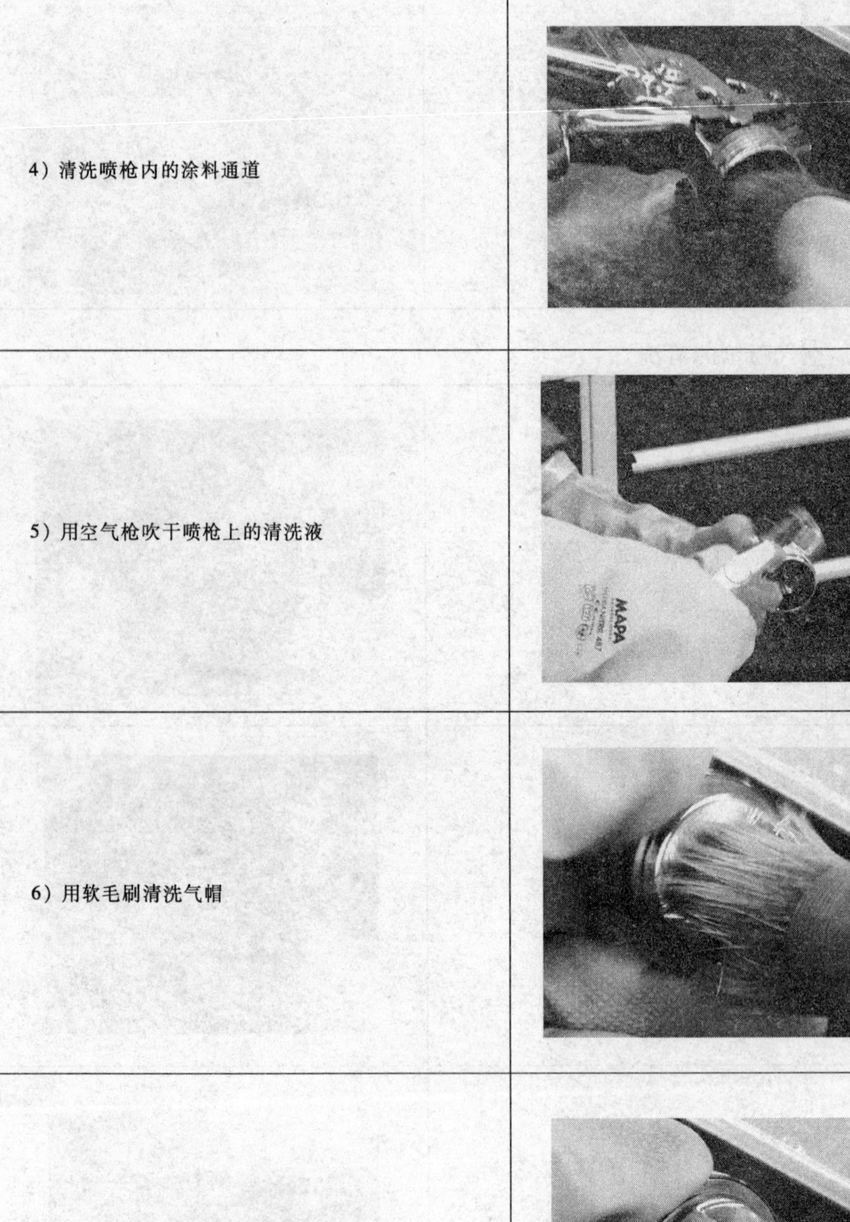

4）清洗喷枪内的涂料通道

5）用空气枪吹干喷枪上的清洗液

6）用软毛刷清洗气帽

7）用双头刷清洗气帽上的大孔道

8）用清洗针清洁气帽上的侧孔和辅助孔	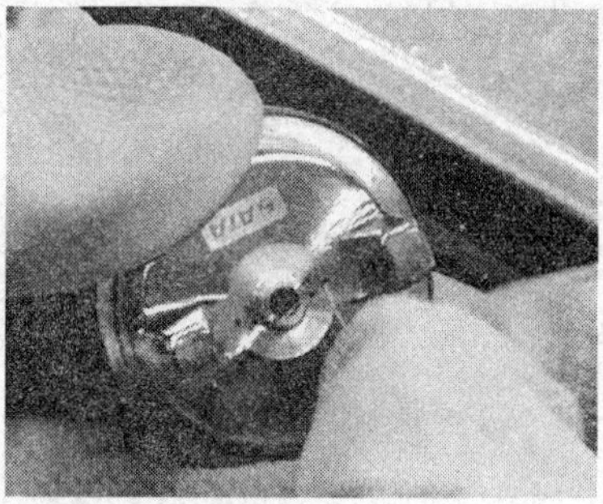
9）将气帽吹干	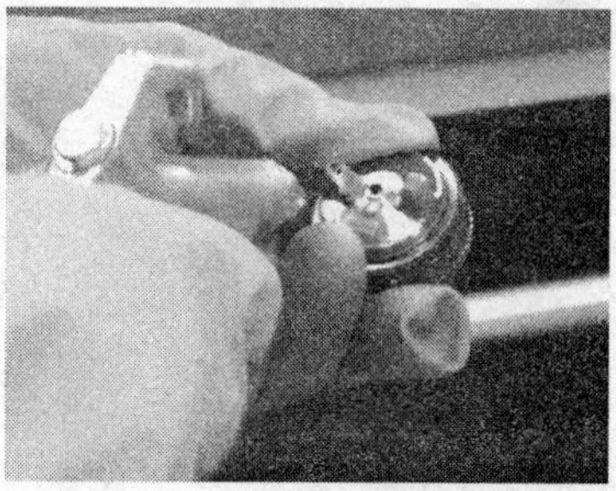
10）用软毛刷清洗喷嘴	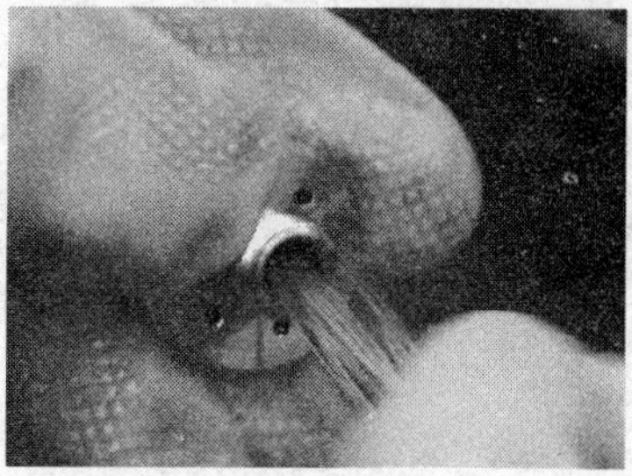
11）清洗喷嘴中心孔	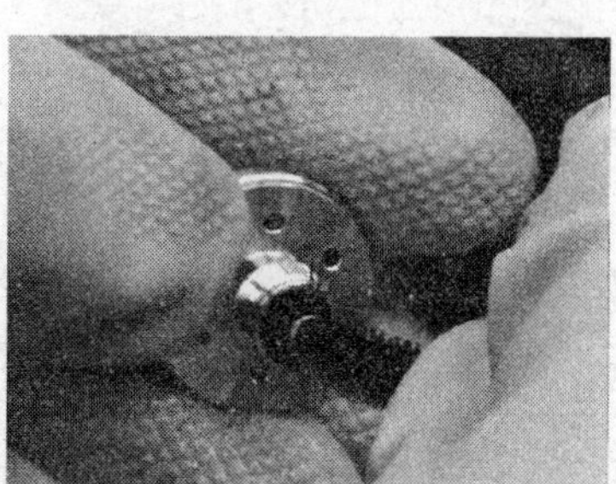

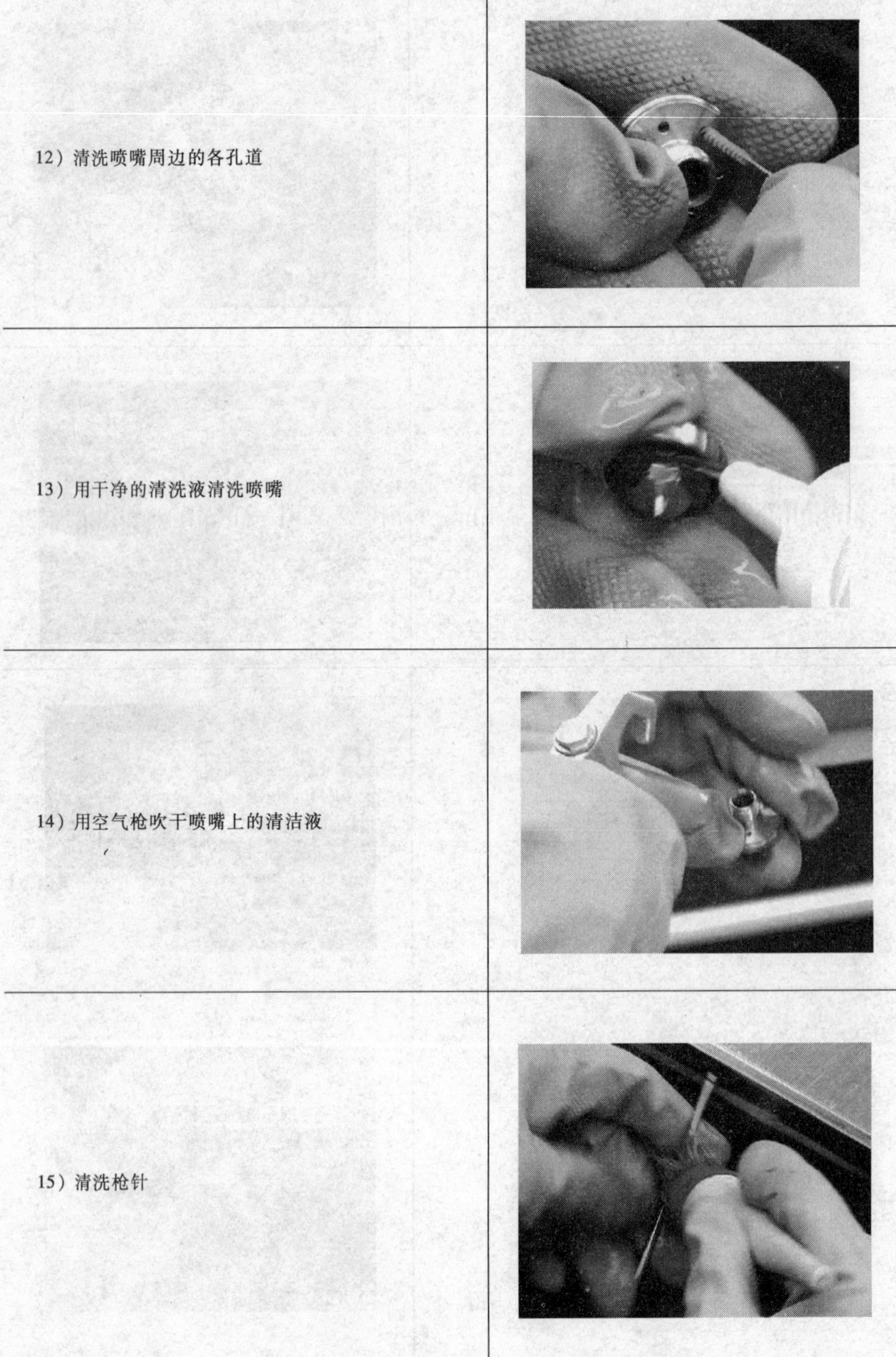

12）清洗喷嘴周边的各孔道

13）用干净的清洗液清洗喷嘴

14）用空气枪吹干喷嘴上的清洁液

15）清洗枪针

16）擦干枪针上的清洗液	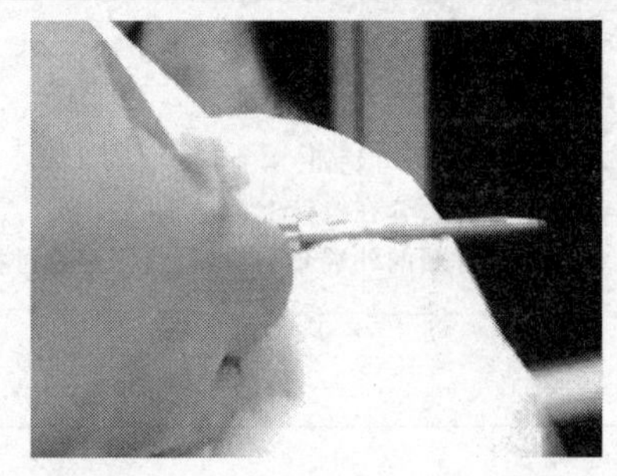

（3）空气喷枪的保养

1）挤出专用润滑膏，准备对喷枪的运动件进行润滑	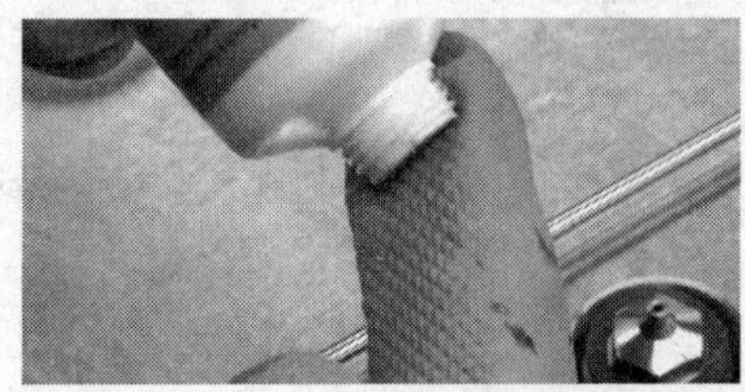
2）对枪针进行润滑	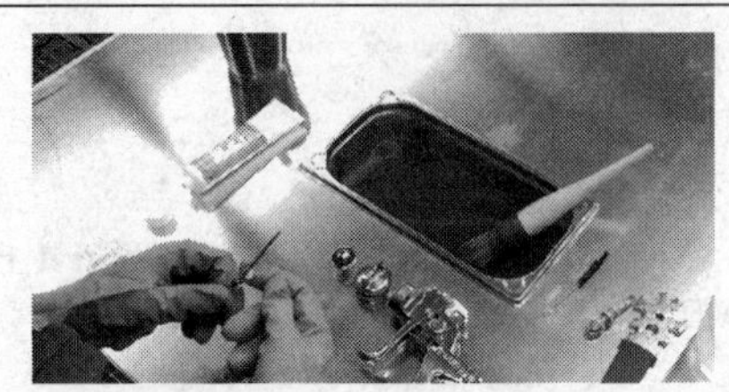
3）对回位弹簧、扳机等运动件进行润滑 ①在枪针周围的回位弹簧上涂上润滑膏 ②在扳机与枪身连接的运动部位和扳机与空气阀的配合部位滴注适量的润滑油	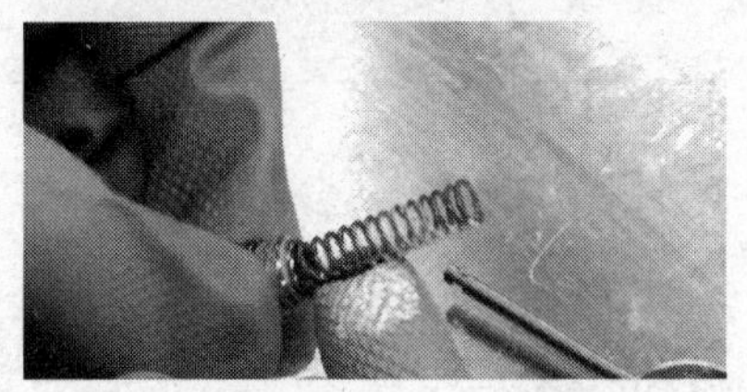

（4）空气喷枪的安装

1）枪针的安装：将枪针插入枪身，稍稍转动，检查有无阻滞现象	

2）安装涂料调节旋钮 ①将回位弹簧套在枪针上 ②在回位弹簧的外端套上旋钮，将固定螺母拧紧	
3）安装喷嘴	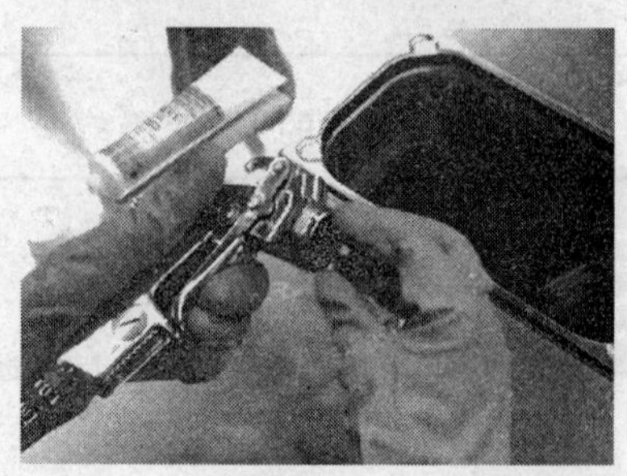
4）安装气帽 ①将气帽安装在枪身上 ②将气帽的犄角调整到水平位置，拧紧其上的定位螺母	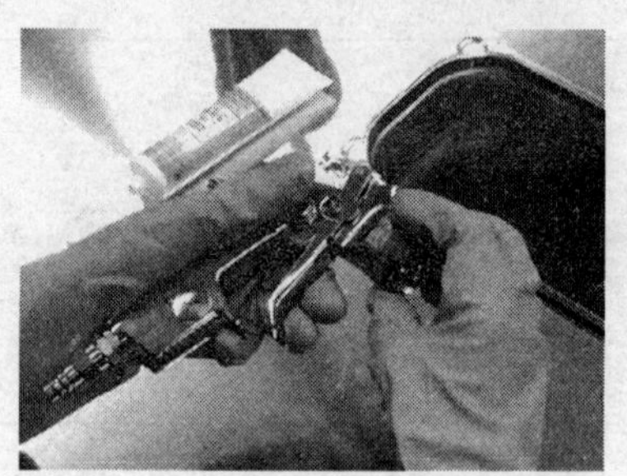
5）擦净枪身	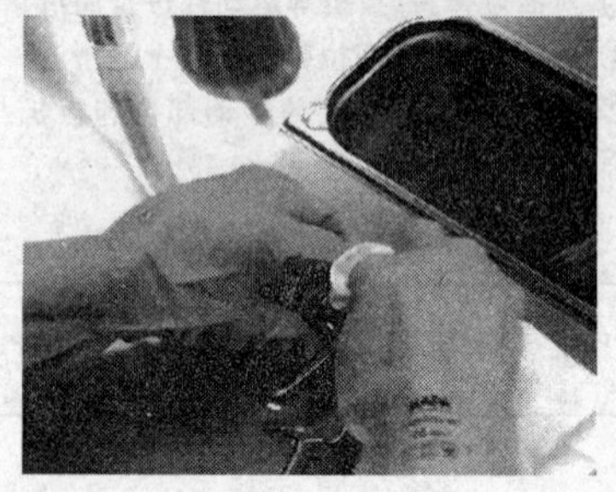

第七章

涂中间层

第一节　中间层涂料

一、中间层涂料的一般知识

中间层是介于底层与面层之间的涂层。用于涂装中间层的涂料称为中间层涂料。国外汽车生产厂的中间层涂料一般分为通用底漆、腻子、二道浆和封闭底漆。我汽车修补涂料根据功能分为腻子、二道浆和封闭底漆，也就是将通用底漆并入二道浆中。

(1) 通用底漆　通用底漆又称为底漆二道浆，可直接涂敷在金属表面，具有底漆的功能，又具有一定的填平能力。一般用“湿碰湿”工艺涂敷两道，以代替底漆和二道浆，达到简化工艺的目的。

(2) 腻子　腻子是由大量的填充料以各种涂料为黏结剂所组成的一种黏稠的浆状涂料，用来填充工件表面的凹陷、气孔、裂纹以及擦伤等缺陷，以取得均匀平整的表面。

(3) 二道浆　二道浆又称为喷涂腻子或二道底漆。它的作用介于通用底漆和腻子之间，对被涂工件表面的微小缺陷有一定的填平能力，颜料和填料含量比底漆多，比腻子少，颜色一般为灰色。

(4) 封闭底漆　它是涂面层前的最后一道中间层涂料，其漆基含量在底漆和面漆之间，所得涂膜光亮。

二、常用国产腻子

名　称	性　能
C07—5 各色醇酸腻子	它属于常温自干型腻子，是醇酸树脂、颜料、较大数量的体质颜料混合研磨后，加入适量催干剂及有机溶剂配制而成的均匀膏状物。其所得涂层坚硬、附着力好，但涂层不易太厚，以免影响干燥而不易打磨，适用于涂装中级轿车和旅行车
C07—6 灰醇酸腻子	它由酚醛改性醇酸树脂、颜料、体质颜料、催干剂和松节油配成，自干、耐水性、防潮性和打磨性良好，耐硝基漆作用，适用于湿热带地区使用的车辆
Q07—5 各色硝基腻子	它属于快干型腻子，是由硝化棉、醇酸树脂、顺酐树脂、颜料、体质颜料、增塑剂和有机溶剂制成的膏状物。其所得涂层干燥快、附着力好、容易打磨，常用于中、高级轿车填补孔隙或喷涂头道面漆后刮涂小砂眼
H07—5 各色环氧酯腻子	它属于常温自干型腻子，是由环氧酯、颜料、体质颜料、催干剂、二甲苯及丁醇等配成的稠厚液体。其所得涂层坚硬，耐潮性好，与底漆有良好的结合力，经打磨后表面光滑，是高级轿车涂装的配套用料
H07—34 各色环氧酯烘干腻子	它属于烘干腻子，其性能类似于 H07—5 各色环氧酯腻子，不同的是 H07—34 各色环氧酯烘干腻子必须先低温（50 ~ 60℃）烘烤 30min 后，再升温至 100 ~ 110℃ 烘烤 1h。它常用于涂装中、高级轿车
G07—3 各色过氯乙烯腻子	它属于快干型腻子，是由过氯乙烯树脂、增塑剂、颜料、体质颜料及混合有机溶剂等配成的膏状物。其所得涂层干燥速度较快，打磨性、耐油性良好，常用于中、高级轿车的涂装，涂装时不宜来回重复涂刮，以免“卷皮”
A07—1 各色氨基烘干腻子	它是由氨基树脂、醇酸树脂、颜料、体质颜料、催干剂和有机溶剂配成的浅灰色膏状物，也属于烘干性腻子，对底漆附着力强，干燥后易打磨，不起卷

三、常用进口腻子

1. 新劲公司生产的腻子

名　称	性　能
粗腻子	它属于双组分聚酯腻子，有极高的填补力，可作底层腻子，适合填补较大面积的凹痕及不平滑的金属表面，用于钢面或防护绿底漆表面，快干、易磨 配比（质量）：100 份粗腻子加 2.5 份相配的催干剂。配好后必须在 3 ~ 4min 内将其用完，涂装后 15min（20℃时）即可打磨
动滑腻子	它是双组分最微细的腻子，适用于钢面或防护绿底漆表面以及原子粗灰、纤维腻子、金属腻子、轻质腻子、合金腻子的表面层，填补凹痕及不平滑的金属表面 配比（质量）：100 份动滑腻子加 1 份、2 份或 3 份相配催干（固化）剂。加 1 份相配催干（固化）剂时，必须在 20min 内将其用完；加 2 份相配催干（固化）剂时，必须在 11min 内将其用完；加 3 份相配催干（固化）剂时，必须在 7min 内将其用完。可打磨时间：加 1 份相配催干（固化）剂时为 50min，加 2 份相配催干（固化）剂时为 40min，加 3 份相配催干（固化）剂时为 30min

（续）

名　称	性　能
纤维腻子	它是双组分高纤维腻子，适用于修补车身上直径不超过6cm的锈孔 配比（质量）：100份纤维腻子加2.5～3份相配催干（固化）剂。配好后必须在12～15min内将其用完。涂装时，在将铁锈除去后，把锈孔边缘磨成45°角，然后涂上纤维腻子，50min后即可打磨
金属腻子	它是含有铝粉的具有高填补力、快干的双组分腻子，用于填补凹痕及不平滑的钢面或防护绿底漆的表面，提供硬度极高的填补层 配比（质量）：100份金属腻子加2.5份相配催干（固化）剂。配好后必须在3～4min内将其用完，15min后即可打磨。它不适用于热塑漆、塑料底漆、侵蚀底漆及合金底漆表面
合金腻子	它是双组分高填补力腻子，具有附殊配方，附着力极强，可直接用于高密度的钢、镀锌钢、铝或防护绿底漆的表面 配比（质量）：100份合金腻子加2份相配催干（固化）剂。配好后必须在3～4min内将其用完，涂装后20min即可打磨。它适用于热塑漆、侵蚀底漆及合金底漆的表面
填砂眼红漆灰	它特别适用于修补亚加力喷涂使用的单组分漆灰，用于填补旧涂膜或底漆表面的细小花痕或砂眼，不用混合即可使用。涂装时用灰刀涂上薄薄的1～3层，45min即可打磨
填砂眼绿漆灰	它是快干精细动滑的单组分漆灰，用于填补车身底漆、腻子或旧涂膜表面的细小花痕或砂眼，不用混合即可使用。涂装时用灰刀涂上薄薄的2层，每层间隔15～20min即可打磨

2. ICI公司生产的腻子

名　称	性　能
P551—1050腻子	它是双组分腻子，用于填补较深凹的原厂高温烤漆（丙烯酸漆除外）、裸金属、钢、铝及非溶性修补涂料 配比：100gP551—1050腻子加2～4cm（长度计）P275—200固化剂。在涂装时不能配制太多，配好后必须在7～10min内将其用完。打磨后，必须喷涂三层二道底漆进行遮盖。该腻子不适用于侵蚀底漆和可溶性修补涂料表面
P551—1052腻子	它是双组分万能腻子，具有特殊的配方，附着力极强，除用于裸金属、钢铁等表面，尤其适用于镀锌铁板及铝板表面 配比（质量）：100份P551—1052腻子加2份P275—200固化剂。在涂装时不能配制太多，配好后必须在7～10min内将其用完。涂装后1h即可打磨（雨季及低温环境中干燥时间较长），打磨后必须喷涂三层二道底漆进行遮盖
P551—1059腻子	它可作腻子填补层的面层，用于填补车身底漆、腻子或旧涂膜表面的细小花痕或沙眼，可用于原厂高温烤漆（丙烯酸漆除外）、裸金属、钢、铝及非溶性修补涂料（镀锌铁板除外）表面，但不适用于可溶性修补涂料（如硝基漆、丙烯酸漆，TPA及醇酸漆等）表面 配比：100gP551—1059腻子加2～4cm（长度计）固化剂。涂装时不能配制太多，配好后必须及时将其用完。为避免以后可能出现“热痱”，打磨后必须喷涂三层二道底漆进行遮盖
P083—60白色填眼腻子	它是单组分腻子，能填补轻微划痕、针眼、砂眼及砂纸纹等。它不用稀释，涂装后极易打磨，小面积打磨后可直接涂面漆，大面积打磨后必须重喷二道底漆进行遮盖

3. PPG公司生产的腻子

名　称	性　能
A656/A663 多用途聚酯腻子	它是高级双组分聚酯腻子,适用于镀锌板、不锈钢、铝及玻璃钢在内的各种基底材料。A656 多用途聚酯腻子为标准型,A663 多用途聚酯腻子为慢干型,适用于涂装大型车辆及高温天气中使用的车辆 配比(质量):100 份 A656 多用途聚酯腻子加 1.5 ~ 2.0 份 A665 固化剂(20 ~ 30℃)。配好后必须在 5 ~ 10min 内将其用完,涂装后 20 ~ 30min 即可打磨
A659 轻型聚酯腻子	它是低密度双组分聚酯腻子,适用于裸金属、玻璃钢及涂底漆的表面 配比(质量):100 份 A659 轻型聚酯腻子加 1.5 ~ 2.0 份 A665 固化剂(20 ~ 30℃)。配好后必须在 5 ~ 10min 内将其用完,涂装后 20 ~ 30min 即可打磨
A661 标准聚酯腻子	它是普通型双组分聚酯腻子,适用于裸金属、玻璃钢以及其他涂底漆或面漆的表面 配比(质量):100 份 A661 标准聚酯腻子加 1 份 A665 固化剂(20 ~ 30℃)。配好后必须在 5 ~ 9min 内将其用完,涂装后 15 ~ 20min 即可打磨
A662/A668 聚酯喷灰	它是淡灰色双组分聚酯喷灰,适用于缺陷较多以及形状不规则的表面,以减少使用传统腻子带来的不便 配比(质量):10 份 A662 聚酯喷灰加 A668 固化剂 1 份。配好后必须在 20 ~ 25min 内将其用完,涂装后 2 ~ 3h(20℃)即可打磨
A652 软性塑料补土	它是双组分聚酯腻子,与 A665 固化剂调配,质地细腻并具有弹性,与塑料表面具有良好的附着力 配比(质量):100 份 A652 软性塑料补土加 A6651.5 ~ 2.0 份固化剂。配好后必须在 5 ~ 10min 内将其用完,涂装后 20 ~ 30min 即可打磨

第二节　腻子的刮涂与打磨

一、刮腻子的工具及方法

刮腻子的主要工具是腻子刮刀（分为牛角刮刀、橡胶刮刀和钢片刮刀）。刮腻子的具体方法如下：

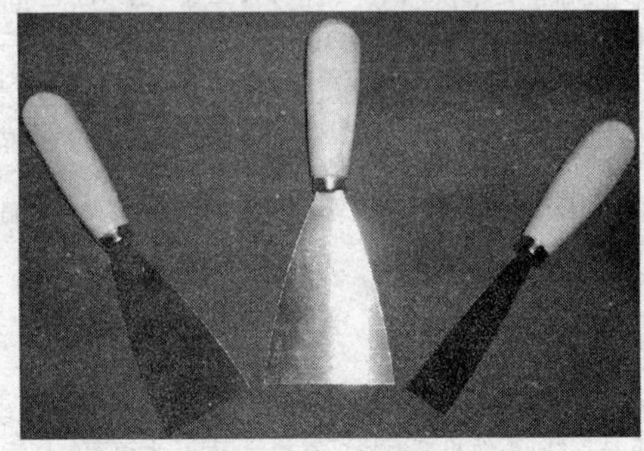

▲刮腻子的工具

(1)取腻子	左手持腻子托板,右手握刮刀,用刮刀从腻子托盘或腻子桶中取出适量的腻子放在托板上,并将腻子在托板上调匀,然后用刮刀在托板上刮下少量腻子,使腻子附在刮刀的刃口处,并且刃口中间部位的腻子要多,两边角处应较少
(2)直刮操作	刮刀带上腻子后,开始在需刮涂的地方轻刮一下,抹上一些腻子,然后将刮刀在开始刮涂处放下,直刮一条。开始时刮刀较直立,以后随着直线运动而逐步倾斜。其目的是让刮刀给腻子一定的挤压力,把腻子紧压在车身表面上。当要刮到末端时,将刮刀猛一竖直,往怀里一带就把剩余的腻子从车身表面上带下来附在刮刀上,将其与托板上的腻子调匀,重复上述动作。当托板上的腻子变稠时,将其放到腻子桶内调匀再用。刮涂时,一般第一下刮刀斜度较大,以便压实,第二下较直,以便刮平
(3)横刮操作	横刮时,使刮刀刃口竖直放在车身表面上,以刮刀下角为圆心使刮刀顺时针转90°,将腻子摊开,再向下刮成一条。开始时刮刀直立,在向下刮的过程中逐渐倾斜,最后刮刀与车身表面成50°~60°角
(4)调制腻子	把腻子取出放在托盘内,较少时可在腻子托板上用刮刀来回翻转挤压,将腻子调匀。调制动作要快,以减少空气对腻子的影响。调制量一次不能太多,因为时间过长会使腻子硬化而作废 硬化剂　主剂 主剂与硬化剂的体积比为100:1~100:3,硬化剂的量切忌过多或过少 第1次上下混合 堆集在中间 第2次上下混合 先堆集再反复混合,注意混合密度
(5)选用刮腻子的方法	在刮腻子时,首先应根据被涂装工件的情况选用适当的方法。若用于局部填补凹坑,则选用放射式刮涂法为宜。此方法是将腻子放在凹坑中部,用刮刀把腻子从中部向四周刮涂上去,操作要领如前所述。若被涂工件的涂装面较大,则可选用直刮式刮涂法,也可适当选用大刮板刮涂 腻子　刮刀 由上而下 放射式涂刮法　　直刮式涂刮法

二、打磨腻子的工具和设备

(1)锉刀。腻子层的刮涂厚度一般都超过实际需要的厚度,因此可先用锉刀锉削打磨,再使用打磨机进一步打磨,以提高作业效率

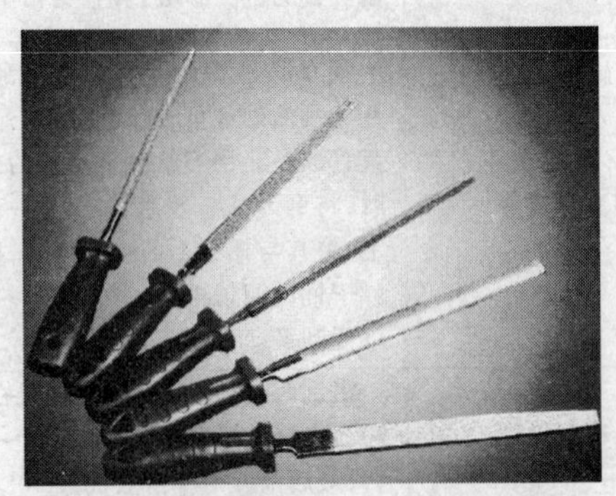

(2)无尘干磨机。无尘干磨机也叫吸尘干磨机,配有两个不同的气动干磨头来打磨各种表面。打磨时,干磨机必须与腻子表面平行,不用过于加力。在表面磨砂处理时,无尘干磨机能保持工作场地干净无尘,操作者可以自由呼吸。无尘干磨机省去了操作人员的个人防尘呼吸面罩和中央除尘系统。无尘干磨机不但能减少清理的时间,而且能大大降低砂纸的损耗

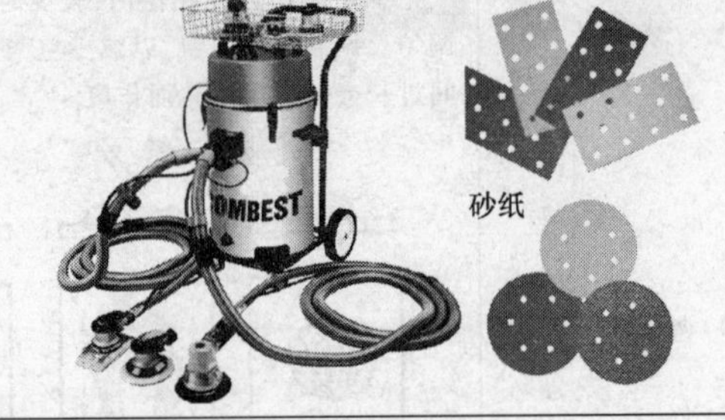

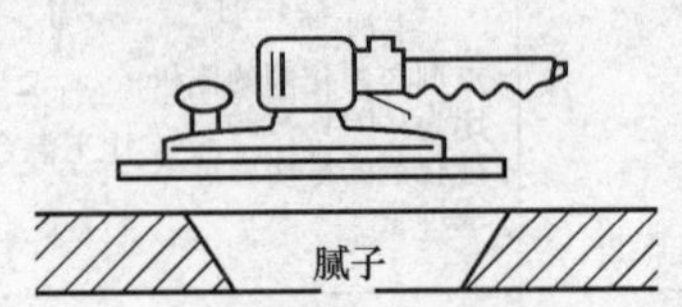

▲用干磨机打磨腻子

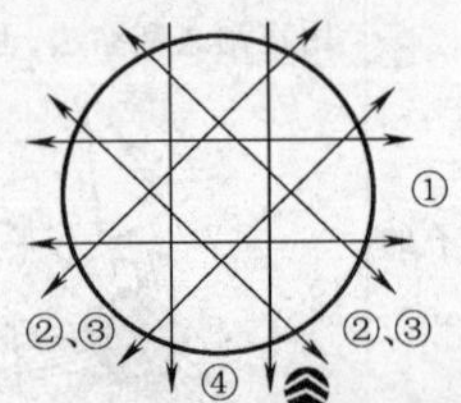

先沿①所示方向左右运动;随后沿②和③斜向运动;然后沿④上下运动,这样可以基本消除变形。如果最后再沿①左右运动一次,消除变形效果更好

▲打磨机的移动方法

三、腻子的刮涂与打磨工艺

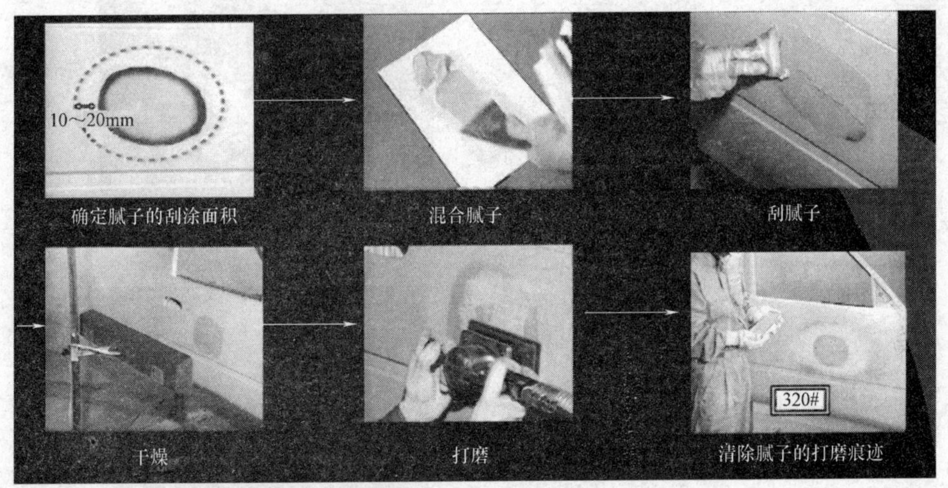

▲腻子的刮涂与打磨工艺

四、腻子的刮涂与打磨步骤

(1)检查腻子的覆盖面积。为了确定需要准备的腻子数量,需再次估计损失的程度

(2)腻子的调和。当腻子装在罐中的时候,其各种成分如溶剂、树脂及颜料是分离的。由于腻子不可以以这种分离的形态使用,因此在将其倒出以前,必须进行彻底混合。如果溶剂蒸发了,则要向罐中倒入专用的溶剂

（3）将适量的腻子基料放在混合板上，按照规定的混合比例加一定量的固化剂。腻子与固化剂一般以100:2～100:3（体积比）的比例混合。若固化剂过多，则腻子干燥后就会开裂；若固化剂过少，则腻子难以固化干燥	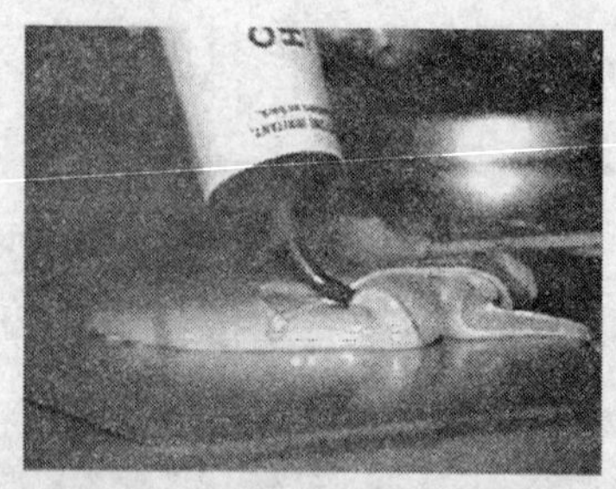
（4）搅拌腻子	
（5）刮腻子 1）垂直地用刮刀薄薄地刮一层腻子，以使其紧贴于金属表面 2）用刮刀以30°～45°的角度再刮一层腻子 3）为了更好地施工，先在小面积部位刮腻子，然后逐渐地扩大面积 4）刮腻子时不应使用来回刮涂的方法，以防腻子起刺	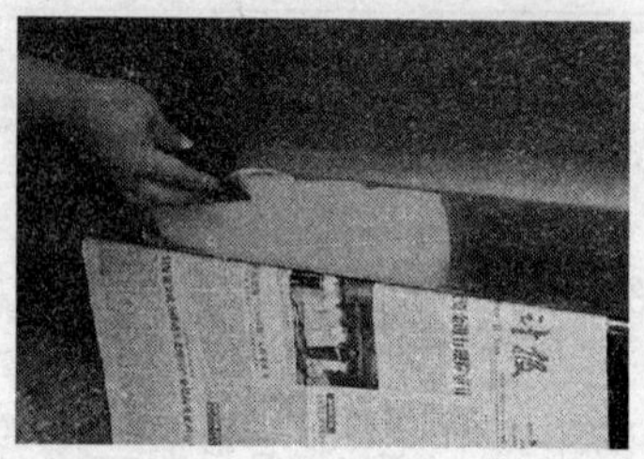
（6）腻子的干燥。新刮的腻子会由于自身的反应热而变热，从而加速固化反应。一般在刮涂后20～30min即可打磨。如果气温低而湿度高，则腻子的内部反应速度降低，需要较长的时间来使腻子固化。为了加快腻子固化，可使用另外加热，可使用红外线烤灯或干燥机加热	

(7)打磨。腻子干燥后,使用 P60—280 砂纸配合适合的打磨板进行手工打磨,也可以使用机器打磨

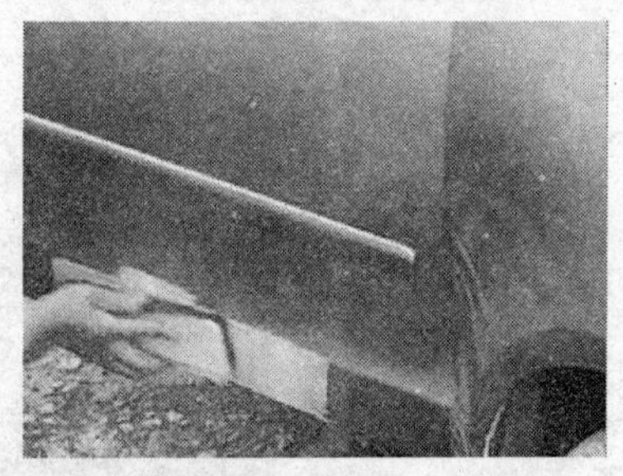
▲手工打磨

▲机器打磨

第三节　二道浆的喷涂与打磨

一、二道浆的功用

在对腻子层表面的气孔进行油灰填平后，油灰干燥后收缩，使表面凹凸不平。尽管经过手工精打磨操作，但是也不能满足喷涂面漆的需要。另外，腻子表面打磨后，仍会留下细小的划痕，也不适合直接涂面漆。此时一般需要喷涂二道浆进行填平。

二、二道浆的喷涂

1. 喷涂前的准备

先用压缩空气清除表面粉尘，若进行过湿打磨，则应进行去湿处理，使被喷涂表面干燥。在将粉尘清除干净后，再用脱脂剂作脱脂处理，经遮盖后方可喷涂二道浆。

2. 喷涂二道浆

二道浆的喷涂方法与底漆的喷涂方法类似。

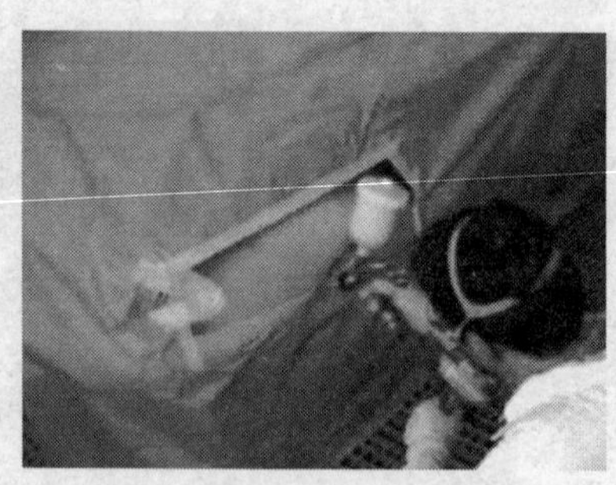

▲喷涂二道浆

三、二道浆涂层的修整与干燥

在二道浆喷涂结束后，应仔细检查涂装表面有无砂纸打磨痕迹、气孔及其他缺陷。若有缺陷，则可采用硝基类速干油灰修补。修补时，用木刮刀或塑料刮刀薄薄地刮涂，切记一次填得过厚。若一次填不满，则间隔 5min 左右再填。

二道浆涂层在打磨前一定要充分干燥，如果干燥不充分，不仅打磨时涂料会填满砂纸，使作业难以进行，而且涂面漆之后，往往出现涂膜缺陷。

▲二道浆涂层的干燥

四、标志涂料的涂装

标志涂料在收边修补中起填充和打磨作用，同时为打磨起指导性作用。它可以使表面更加平整，大大减少（虽然眼前看不见）细微的缺陷。

1）调制一种比中间层涂料颜色深一点或浅一点的涂料作为标志涂料。

2）在收边区域内喷涂两次，厚度中等。在两次喷涂之间要保持一定的闪干时间。

3）在比前两次喷涂区域大一点的范围内再喷涂两次。在两次喷涂之间要保持一定的闪干时间。

4）取深色（或浅色）的中间层涂料稀释一倍。

5）在经过打磨加工的区域喷涂一次。

6）然后超出前次喷涂的范围再喷涂一次。在两次喷涂之间要保持一定的闪干时间。

7）在室温下自然干燥大约30min。

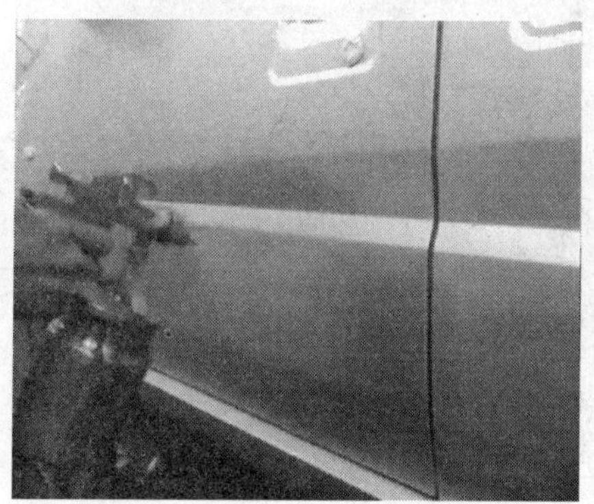

五、二道浆涂层的打磨

1. 干打磨

若采用双动式打磨器进行打磨，则以240～280号砂纸为宜。若采用往复式打磨器，则以280～320号砂纸为宜。往复式打磨机的打磨速度比双动式打磨机的小，但操作比较简单。不论使用哪种打磨机打磨，都不需用太大的力压在涂膜上，只能稍用点力沿车身表面移动。若用力过大，则砂纸磨痕就会过深。

▲干打磨

2. 湿打磨

湿打磨一般采用320～600号耐水砂纸。当面漆为金属闪光涂料时，可以用

400 号砂纸打磨；当面漆是硝基涂料时，要用 600 号砂纸打磨，若用 400 号砂纸打磨，则涂膜表面往往会有砂纸磨痕。当面漆颜色为单色时，可以用 320 号砂纸打磨，但如果是单色的硝基涂料，则应用 400 号以上的砂纸打磨。

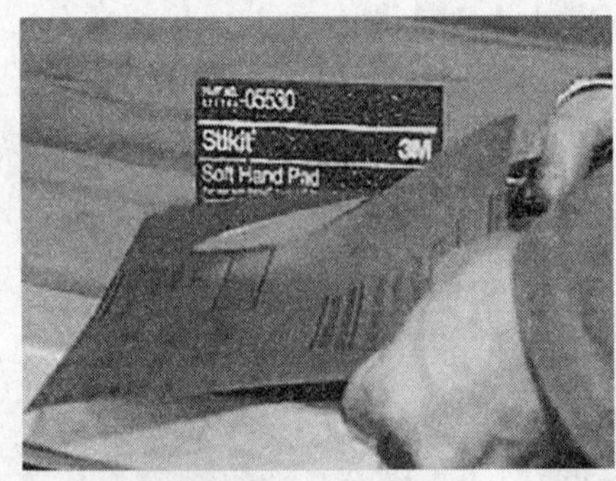

▲剪砂纸

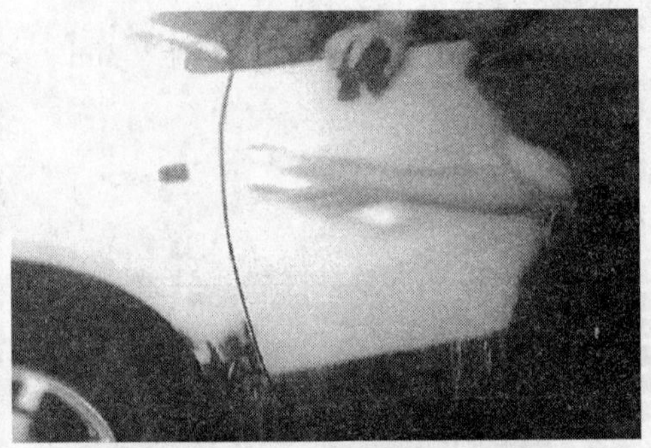

▲湿打磨

第八章

涂 面 漆

第一节　车身常用面漆

一、常用国产面漆

名　称	产品及性能
醇酸磁漆	醇酸磁漆常用于公共汽车的外表及车内装饰,常用的品种有: 1)C04—2 各色醇酸磁漆,由醇酸树脂与颜料研磨后加催干剂和溶剂调制而成,耐候性、光泽和强度良好 2)C04—42 各色醇酸磁漆,由改性季戊四醇树脂与颜料研磨后加催干剂和溶剂调制而成,耐候性、附着力、强度较好 3)C04—48 各色醇酸磁漆,由改性醇酸树脂与颜料研磨后加催干剂、溶剂调制而成,所得涂膜坚韧光亮、颜色鲜艳、耐候、耐汽油、耐热性良好,对金属附着力优良,有一定的耐水性 醇酸磁漆涂装时,应以喷涂为主,可用 X-6 醇酸稀释剂调整,粘度为 25s 左右(涂—4 粘度计),喷涂压力为 0.4 ~ 0.5MPa,喷涂两三层即可达到理想效果。由于醇酸磁漆干燥较慢,因此其喷涂间隔时间约为 20min(在 20℃时)。喷涂时应注意喷枪移动的速度,喷出量及重叠幅度以防止产生流挂为准。
硝基磁漆	硝基磁漆属于溶剂型快干磁漆,常用的品种有: 1)Q04—2 各色硝基外用磁漆,也称为汽车外用磁漆,由硝化棉、油改性醇酸树脂、氨基树脂、颜料、增塑剂和溶剂组成 2)Q04—31 各色硝基磁漆,由硝化棉、有机硅改性椰子油醇酸树脂、氨基树脂、增塑剂、颜料和溶剂组成。所得涂膜光亮平滑,耐候性好,耐温变性及强度较好 3)Q04—34 各色硝基磁漆,由硝化棉、丙烯酸改性醇酸树脂、氨基树脂、增塑剂、颜料和溶剂组成。所得涂膜干燥快,硬度高,磨光性好,附着力、耐候性和耐汽油性较好 涂装时应以喷涂为主,用 X—1 硝基磁漆稀释剂稀释,粘度为 18 ~ 23s(涂—4 粘度计),喷涂压力为 0.4 ~ 0.55MPa。涂装时,若压力太大,则易造成漆雾飞散,使涂膜粗糙无光;若压力太小,则易造成漆雾粒太粗,使涂膜出现流淌和流挂现象。喷涂层数为 6 ~ 8 层。如果发现涂膜发白,则可适当加入 F—1 硝基磁漆防潮剂或用体积分数为 50% 的乙酸丁酯与体积分数为 50% 的丁醇配成的混合剂调整。两次喷涂间隔时间以 10min 左右为宜。配套品种有 Q06—4 红灰硝基底漆、Q06—5 灰硝基二道底漆、C06—1 铁红醇酸底漆,腻子为 Q07—5 硝基腻子和 C07-5 醇酸腻子,清漆有 Q01—1 硝基外用清漆和 Q01—3 硝基清漆

（续）

名　　称	产品及性能
过氯乙烯磁漆	过氯乙烯磁漆是溶剂型快干三防磁漆，常用品种为 G04—9 各色过氯乙烯外用磁漆，由过氯乙烯、醇酸树脂、增塑漆、颜料及溶剂组成。所得涂膜平整光亮，干燥快，能打磨，耐候性和耐化学性能良好 涂装时采用喷涂法，用 X—3 过氯乙烯磁漆稀释剂稀释，粘度为 16～18s（涂—4 粘度计）。气温较高时喷涂易产生“拉丝”现象，可加适量 F—2 过氯乙烯磁漆防潮剂或环己酮即可消除。其干燥速度稍小于硝基磁漆，易产生表干快、实干慢的现象。因此，在涂装时要防止揭皮现象。若在 60℃将涂膜烘 1～3h，则可增强涂膜的附着力
聚氨酯磁漆	聚氨酯磁漆是双组分涂料，常用品种为 7182 各色聚氨酯磁漆，由含羟基聚丙烯酸酯与颜料混合研磨后加入有机溶剂配制而成。涂装时与 H—5 聚氨酯漆固化剂按（6～8）:1 的比例配套使用。所得涂膜丰满光亮，附着力强，硬度高，保光、保色和耐磨性好 聚氨酯磁漆一般只需喷两层即可达到理想效果，因此深受涂装工欢迎。涂装时采用喷涂方法，用 7002 聚氨酯稀释剂稀释，粘度以 18～20s（涂—4 粘度计）为宜。在喷涂前，必须喷涂一层硝基二道底漆或 7609 铁红聚氨酯底漆，也可在其他底漆上喷涂一层硝基磁漆作为打底层，经打磨后再喷涂聚氨酯磁漆。操作时喷枪离物面约 25～30cm，移动速度需稍大于硝基磁漆，压力为 0.4～0.5MPa。聚氨酯磁漆干燥较慢，表面干燥时间为 1h，实干时间约为 36h，因此涂装环境必须清洁无尘

二、常用进口面漆

1. 德国鹦鹉牌面漆及清漆

名　　称	性　　能
21 中浓度纯色系列磁漆	用途及特点：该系列磁漆为双组分磁漆，适合风干及低温烤干使用，可加热到 80℃。该系列磁漆漂浮性特佳，漆面光泽明亮，不起桔皮，无变黄现象，具有耐盐、耐湿、耐空气污染、耐恶劣气候和耐废气等特点，寿命长 配比：21 中浓度纯色系列磁漆、929 系列固化剂及 352 系列稀释剂的体积比为 2:1:(0.1～0.3)
22 高浓度纯色系列磁漆	用途及特点：该系列磁漆为双组分磁漆，其光泽度、流平性和饱满度高，漂浮性也很好，对抗紫外线、高低温差及酸雨很有效，喷涂简便，无需烘烤，可适用于任何恶劣环境 配比：22 高浓度纯色系列磁漆、929 系列固化剂及 352 系列稀释剂的体积比为 2:1:(0.1～0.3)
54 贵金属混合银底漆系列	用途及特点：该系列银底漆以二次喷涂的方式使用，首先是银底漆效果涂层，然后是湿对湿清漆涂层。二次喷涂可充分发挥该系列产品的亮度，保证其比一般一次性银粉漆更能持久耐用，且具有极佳的遮盖能力，在喷涂时可大大节省工时和用量 配比：54 贵金属混合银底漆系列与 352—91 中速稀释剂的体积比为 3:2
69 幻彩超级特别珍珠漆系列	用途及特点：该系列珍珠漆特有的超级变幻方式能使涂料产生各种特有变幻色彩，进而使视觉效果更胜一筹 配比：69 幻彩超级特别珍珠漆系列与 351—91 中速稀释剂的体积比为 3:1

（续）

名 称	性 能
MS923—85 中浓度超级清漆	用途及特点：该清漆为双组分清漆，具有高硬度、能厚喷、不变黄、耐候性好和光亮度高等特性，配用 MS 系列固化剂时，只需喷上两道，涂层就能显示足够的亮度 配比：MS923—85 中浓度超级清漆、927—73 固化剂及 352—91 中速稀释剂/216 慢速稀释剂的体积比为 2:1:(0.1 ~0.3)
HS923—94 高浓度抗磨清漆	用途及特点：该清漆为双组分清漆，具有独特的涂膜防撞设计，可减少汽车在高速行驶时砂石对涂膜的损坏，对抗紫外线、高低温差及酸雨等有特效。此产品除光泽度、清澈度、硬度高外，悬浮性也特佳；不论喷涂在金属漆还是珍珠漆上，都能达到最佳效果，不易出现变黄及缩光等不良现象 配比：HS923—94 清漆、929—73 固化剂及 352—91 中速稀释剂/216 慢速稀释剂的体积比为 2:1:(0.1 ~0.3)

2. 意大利爱犬牌面漆及清漆

名 称	性 能
1100 系列 TC 素色烤漆	该产品为双组分优质高固型面漆，涂装操作简单方便，所得涂膜坚实，遮盖力强，适合任何底漆；喷涂时不受任何天气及气候的变化影响，无需加喷清漆覆盖；具有耐光、耐晒和耐化学腐蚀的特点，光洁度高，寿命长
1180 系列 BO 银粉烤漆	该产品为高固体银粉烤漆，涂装操作简单，所得涂膜中银粉分布均匀；耐紫外线，在加盖爱犬牌系列清漆后，涂膜光洁度高，耐久性强，不会变黄；喷涂时不受天气和气候变化的影响，干燥快，所得涂膜平整度高，硬度高，适用于各种底漆
1180 系列 PE 幻彩珍珠烤漆	该产品是一种高固体分的面漆，并含有珍珠效果的半透明多层色线，加盖爱犬牌系列清漆后，其性能和特点除具有 1180 系列 BO 银粉烤漆的优点外，还可在不同角度呈现不同色泽的幻彩效果，是各种名贵轿车的维修首用漆
1360、0500 光亮清漆	该产品为双组分清漆，具有光泽度高和不会变黄的特点，适用于大、小面积的修补
1360、0400 高亮清漆	该产品为双组分中固型清漆，具有极好的外观和良好的耐蚀性能，涂装、操作方便，流展性佳，所得涂膜硬度高，适用于大、小面积的修补
1360、0200 特种高亮清漆	本品为双组分高固型清漆，有极好的流平性、光泽度特高及硬度好，同时可快速抛光和干燥，适用于大小面积修补，为名贵轿车及高品质喷涂首选

3. 美国 PPG 大师牌面漆及清漆

名 称	性 能
DG 双组分高级低温烤漆	配比：DG 双组分高级低温烤漆、D802 标准硬化剂及香蕉水稀释剂的体积比为 2:1:1；DG 双组分高级低温烤漆、超级硬化剂及香蕉水稀释剂的体积比为 3:1:1 特点及用途：DG 双组分高级低温烤漆具有涂膜厚、光泽度高及耐蚀性能好等特点，适用于各种汽车的修补

（续）

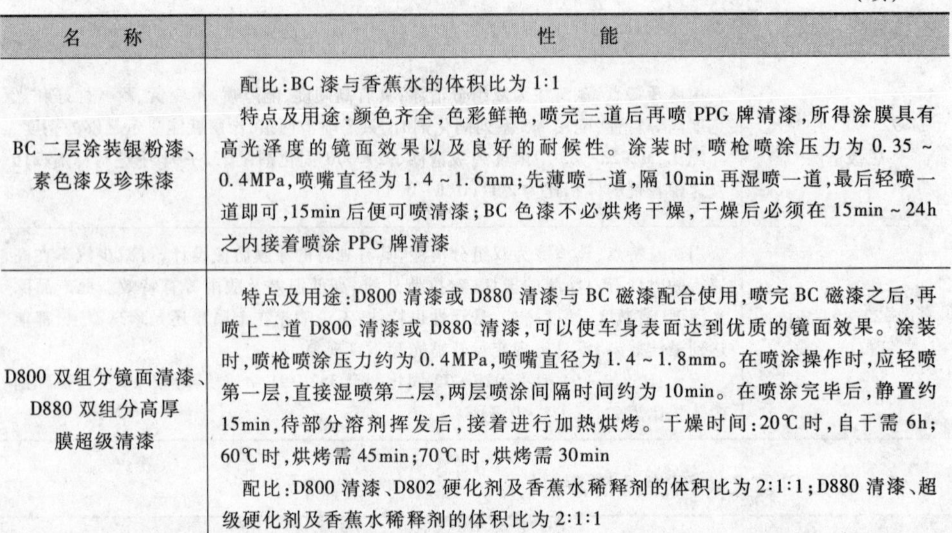

名　称	性　能
BC 二层涂装银粉漆、素色漆及珍珠漆	配比：BC 漆与香蕉水的体积比为 1:1 特点及用途：颜色齐全，色彩鲜艳，喷完三道后再喷 PPG 牌清漆，所得涂膜具有高光泽度的镜面效果以及良好的耐候性。涂装时，喷枪喷涂压力为 0.35 ~ 0.4MPa，喷嘴直径为 1.4 ~ 1.6mm；先薄喷一道，隔 10min 再湿喷一道，最后轻喷一道即可，15min 后便可喷清漆；BC 色漆不必烘烤干燥，干燥后必须在 15min ~ 24h 之内接着喷涂 PPG 牌清漆
D800 双组分镜面清漆、D880 双组分高厚膜超级清漆	特点及用途：D800 清漆或 D880 清漆与 BC 磁漆配合使用，喷完 BC 磁漆之后，再喷上二道 D800 清漆或 D880 清漆，可以使车身表面达到优质的镜面效果。涂装时，喷枪喷涂压力约为 0.4MPa，喷嘴直径为 1.4 ~ 1.8mm。在喷涂操作时，应轻喷第一层，直接湿喷第二层，两层喷涂间隔时间约为 10min。在喷涂完毕后，静置约 15min，待部分溶剂挥发后，接着进行加热烘烤。干燥时间：20℃ 时，自干需 6h；60℃ 时，烘烤需 45min；70℃ 时，烘烤需 30min 配比：D800 清漆、D802 硬化剂及香蕉水稀释剂的体积比为 2:1:1；D880 清漆、超级硬化剂及香蕉水稀释剂的体积比为 2:1:1

4. 英国 ICI 公司生产的面漆及清漆

名　称	性　能
P030、P031 系列单组分硝基磁漆	特点、用途：P030 系列、P031 系列单组分硝基磁漆与 P081 系列多用途二道底漆配套，可使涂膜光亮鲜艳，并可喷涂在其他硝基面漆上 配比：P030 纯色磁漆与 P851—80 硝基漆稀释剂的体积比为 1:1 涂装方法：喷涂压力为 0.35 ~ 0.48MPa，喷涂两三层，每层间隔时间为 5 ~ 10min。P030、P031 系列单组分硝基磁漆的干燥时间：表干时为 5 ~ 10min，实干时为 4h。当气温在 30℃ 以上或在相对湿度超过 85% 的环境下施工时，涂膜可能会出现粗糙或发白的现象，此时应在涂料中增加适量 P851—727 化白水（防潮剂），以改善涂膜的流平性和防止涂膜发白
P032 系列单组分硝基磁漆	特点、用途：P032 系列单组分硝基磁漆包括银底色漆、纯底色漆、珍珠色漆等几种 配比 P032 系列单组分硝基磁漆与 P851—804 硝基稀释剂的体积比为 1:2 涂装方法：喷枪压力为 0.28 ~ 0.31MPa，喷涂一层、两层或三层，每层间隔时间为 5 ~ 15min。对于银底色漆，在喷涂 20 ~ 30min 后呈现均匀、干燥的表面，再喷涂单组分快干清漆或双组分镜面清漆
P190—390 单组分快干清漆	特点、用途及配比：P190—390 单组分快干清漆只能作为罩光清漆使用，不能与其他漆混合使用，也不能与其他清漆混合罩光，以免产生龟裂或咬边现象 涂装方法：涂装时，可不必调薄，若温度太高或相对湿度太大，则可加入体积分数为 5% ~ 10% 的 P851—727 防湿剂（化白水），喷枪压力为 0.24 ~ 0.28MPa，喷涂层数为一层或两层，每层间隔时间为 5 ~ 10min，表干时间为 10 ~ 15min，实干时间为 4h
P190—535 双组分镜面清漆	特点、用途：P190—535 双组分镜面清漆能为面漆及银底色漆罩光，其涂膜光亮似镜 配比：P190—535 双组分镜面清漆与 P210—760 标准催干剂/770 慢干催干剂的体积比为 2:1 涂装方法：涂装时，若温度超过 30℃，则可用 P850—1276 稀释剂（加入体积分数为 5% ~ 10%）稀释，喷涂压力为 0.39 ~ 0.45MPa，喷涂单层或双层，每层间隔时间为 5 ~ 10min。干燥时间：20℃ 时约为 12h；50℃ 时约为 60min；60℃ 时约为 30min；70℃ 时约为 20min。P190—535 双组分镜面清漆不能配以 P210—796 高固体标准催干剂使用，否则会造成涂料报废

（续）

名　称	性　能
P190—596 双组分高固体镜面清漆	特点、用途：P190—596 双组分高固体清漆中的固体含量高于一般清漆，不但可减少喷涂次数，而且可使涂膜表面饱满和亮泽，能为面漆、银底色漆、金属底色漆、珍珠底色漆罩光 配比：P190—596 双组分高固体镜面清漆与 P210—796 标准催干剂/798 慢干催干剂的体积比为 3:1 涂装方法：喷涂压力为 0.33～0.37MPa，喷涂两个单层，两层间隔时间为 5～10min，喷涂完后即可烘烤。干燥时间：20℃时约为 12h；50℃时约为 60min；60℃时约为 30min；70℃时约为 20min 干燥。P190—596 双组分高固体镜面清漆不能配以 P210—760 标准催干剂或 P210—770 慢干催干剂使用，否则会造成涂料报废

第二节　调　　色

一、调色设备

目前，车用涂料的调色主要采用计算机调色法，主要调色设备有调漆机、阅读机、调色计算机电子秤、微缩胶片、比色卡和比例尺等。

名称	说　明	图　示
调漆机	调漆机又称为油漆搅拌机，各大涂料公司都有调漆机和其配套产品。现在市场上主要有 32、38、59、108 等各种规格的调漆机。调漆机配有发动机、搅拌桨，利用这种工具很容易混合和倒出涂料	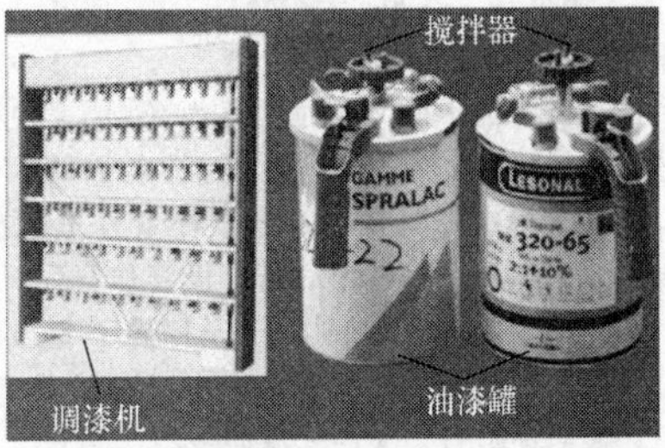 搅拌器 调漆机 油漆罐
阅读机	根据查阅涂料配方的工具不同，目前我国有胶片调色和电脑调色两种调色方法。胶片调色通过阅读机阅读胶片和查询配方，应用较多。 阅读机使用程序是： （1）打开阅读机总电源开关 （2）拉开置片板，将微缩胶片按正确的方向置入置片板上 （3）推回置片板，打开阅读机座底部的电源开关 （4）检视微缩胶片，查出颜色配方 （5）使用完毕后，关闭机座底部的白色开关，拉出置片板，取出微缩胶片，推回置片板 （6）关闭阅读机总电源开关	

（续）

名称	说　明	图　示
调色计算机	计算机中存有所有色卡配方，用户只需将自己所需漆号和分量输入计算机，就可以直接计算出数据，快捷、方便、准确，而且数据更新容易，是一种先进的调色方法	
配方微缩胶片	微缩胶片按其大小可分为 18cm × 24cm 和 10.5cm × 14.7cm 两种。微缩胶片中列出汽车生产厂商、颜色和配方等信息，用户可根据生产厂商提供的颜色编号找到相应的配方，查找容易，使用方便	—
电子秤	电子秤又称为配色天平，是一种称涂料用的专用天平。电子秤由托盘、电子显示器和集成电路板组成。常用的电子秤量程可达 7500g，分度为 0.1g。明亮的发光二极管作显示器，安装在托盘上方，使用方便。电子秤属于专为汽车修补涂装称量用的配套产品。电子秤的灵敏度较高，使用时应避免大的气流冲击	

二、胶片调色方法

几乎所有品牌的汽车都可以在其漆码位置图和对照表中查找到漆码。市场上的修补颜色汇编包括几乎所有品牌和车型的色卡及颜料资料。查找时，首先找到汽车生产厂家的漆码，色卡就在漆码旁边。

▼各种车型的漆码位置

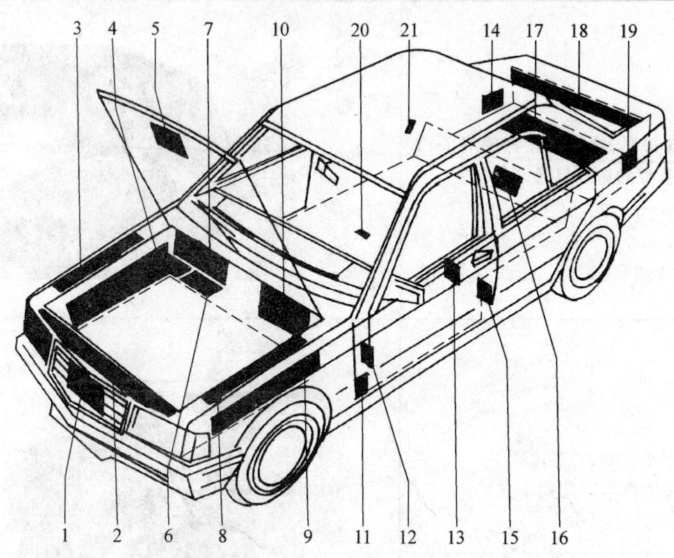

车厂（车型）名称	漆码位置	车厂（车型）名称	漆码位置
阿库拉	15	五十铃	2、7、10、13、15
阿尔法罗密欧	5、8、14、17、18	依维柯	5
奥迪	14、17、18	捷豹	2、4、5、15
宝马	2、3、4、7、8	起亚	15
克莱斯勒	2、4、5、8、9、10	拉达	4、5、8、17、18、19
雪铁龙	2、3、4、7、8、10	兰博基尼	18
大宇	12	兰西亚	4、5、18
达夫	12	路虎	2、3、7、10、15、17
托马斯	2、7、10、20	雷克萨斯	3、7、10、15
法拉利	5、18	莲花	3、8
菲亚特	4、5、14、18	玛莎拉蒂	5
欧洲福特	2、3、4、7、8、15、17、18	马自达	7、10、15
波罗乃茨	7、17	莫斯科人	14
伏尔加	18	日产	2、4、7、10
通用	2、7、10、15	欧宝	2、3、4、7、8、10
本田	15、22	标致	2、3、8
现代	2、7、10、15	保时捷	2、7、8、10、12、15
英菲尼迪	7、10	伯罗顿	2、7、10
宝马 MINI	22	利拉特	2、3、7、9、10
雷诺	3、7、8、10、15	斯巴鲁	2、7、8、10、11、15
劳斯莱斯	3、5	铃木	7、10、14、17、20
罗孚	2、3、5、7、10	白鱼	2、3、4、7、8、9
萨博	3、8、10、15、17	丰田	2、3、7、8、10、11、12、15、17
双龙	12、15	沃克斯豪尔	2、8、9、10
土星	19	大众	1、2、3、7、8、14、17、18、19
西雅特	3、8、17、18	沃尔沃	2、3、7、8、10、11、12、15
斯柯达	8、10、17	南斯拉夫红旗	2、3、5、18

1. 能够找到漆码时的调色方法

(1)如果确知漆码，则可直接查阅有关汽车制造商卡盒首页的编号目录	
(2)选出有关的汽车制造商卡盒	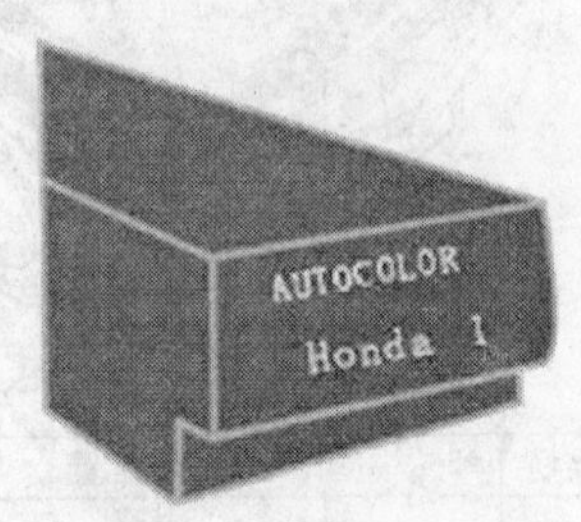
(3)利用编号目录找出所需颜色	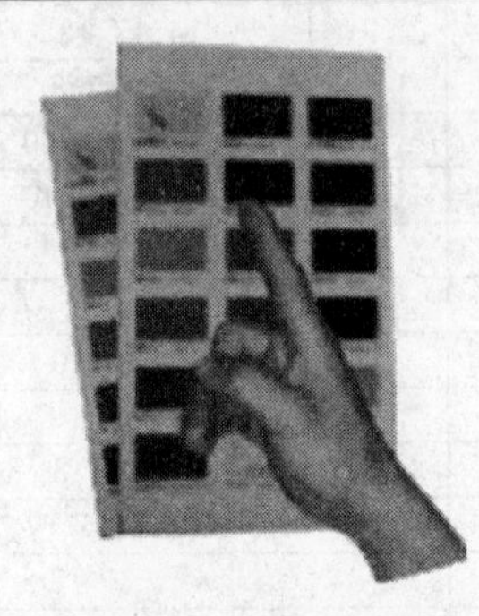
(4)配合页数指示，找出所需颜色	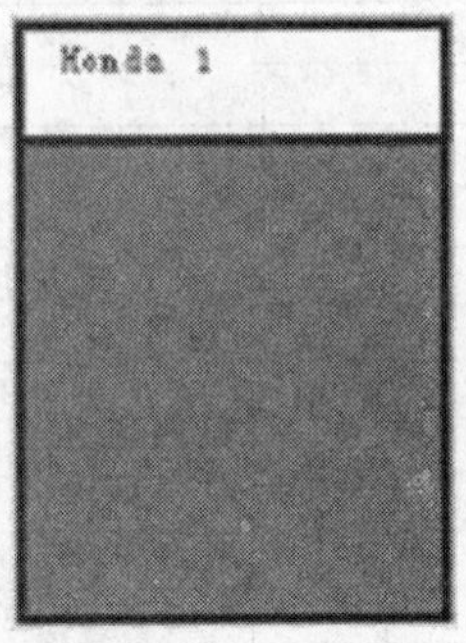

(5)对比色卡与车身颜色,若有差异,则可再选配最合适的颜色	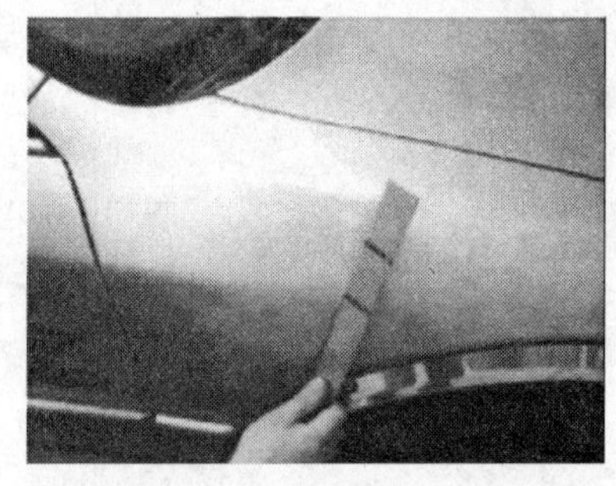
(6)从微缩胶片阅读机找出颜色的配方	
(7)在正式调配大量涂料前,先试喷少量于试板上,再对照车身颜色,确保准确无误	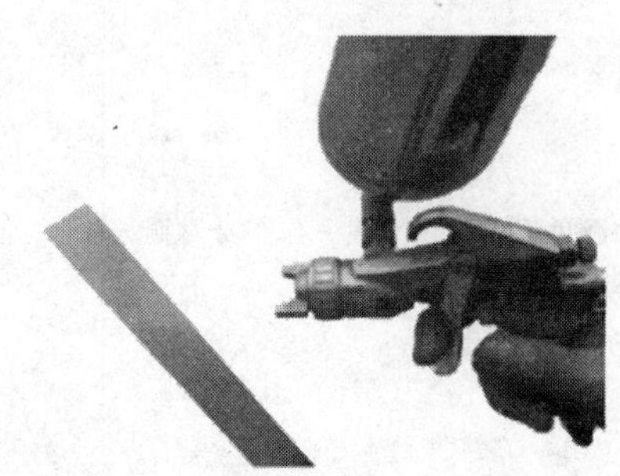

2. 不能找到漆码时的调色方法

(1)若未能找到漆码,则可先将汽车制造商卡盒作测色谱使用,挑出与车身最吻合的颜色	

(2)选出有关的汽车制造商卡盒	
(3)选出合适的颜色组别	
(4)将颜色近似的色卡逐一与车身对照，选出最吻合的颜色	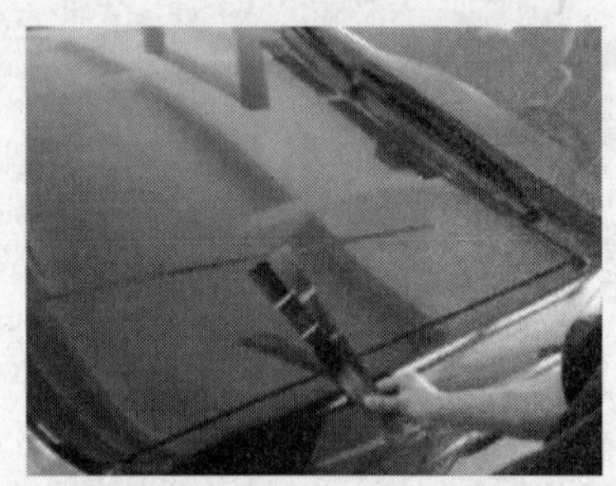
(5)利用微缩胶片阅读机找出颜色的配方	

(6)在正式调配大量涂料前,先试喷少量于试板上,再对照车身颜色,确保准确无误

第三节　涂面漆操作

一、涂面漆前的准备

(1)粉尘的清除。在打磨工作结束以后,使用气枪将打磨粉尘彻底清除。清除工作应按顺序进行,不能有遗漏。以全涂装为例,粉尘清除工作可以先从车顶开始,然后是发动机罩、行李箱盖等,接下来是车门和翼子板的间隙、行李箱盖和发动机罩的边缘等

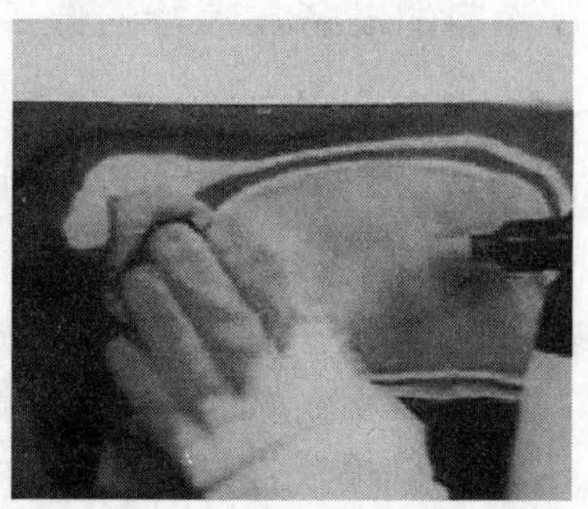

<table>
<tr><td>(2)覆盖。喷涂前覆盖完好的车身</td><td>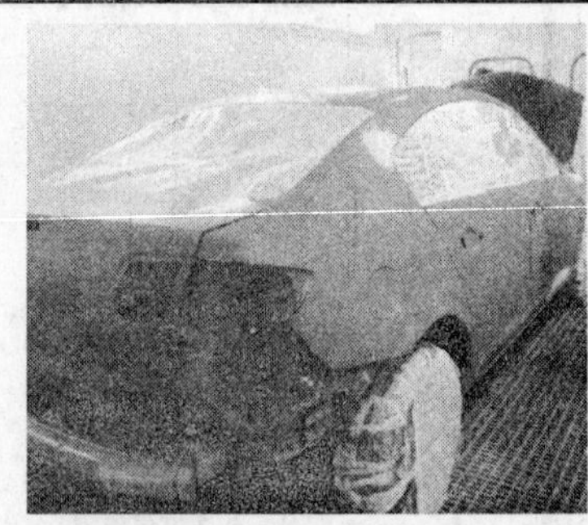</td></tr>
<tr><td>(3)脱脂与最后一道去粉尘。在清扫和覆盖工作结束后,用干净的布蘸脱脂剂擦拭被涂装表面,除去油分、污物和石蜡等。脱脂结束以后,再一次用压缩空气吹去残留的粉尘,然后用粘胶布擦去粘在涂膜上的线头和灰尘</td><td>
▲脱脂

▲除尘</td></tr>
</table>

二、涂料的准备与喷枪的选择

1. 喷涂前的再检查与涂料的准备

(1) 喷涂前的检查　在喷涂之前，下列工作一定要做：一是检查全车身外表有无覆盖遗漏之处；二是检查有无打磨作业和清扫作业进行得不彻底之处；三是检查喷枪和干燥设备有无异常。检查完毕之后，用肥皂清洗手上的油污，穿上防尘服，再用压缩空气清除黏附在衣服上的灰尘。

(2) 涂料的准备　将调好色的涂料按所需要的量取出，视需要加入固化剂，调整好粘度。

(3) 涂料的过滤　调好色的涂料难免混有灰尘和杂质，必须过滤之后才能使用。

▲涂料的过滤

（4）粘度的调整　涂料粘度随着温度的变化而变化，并且粘度越高，随着温度变化的特征越明显。同一种涂料，冬季比夏季显得稠。在加入相同量的稀释剂的情况下，如果夏季的粘度为 13～14s，冬季的粘度就会变为 20s 左右。

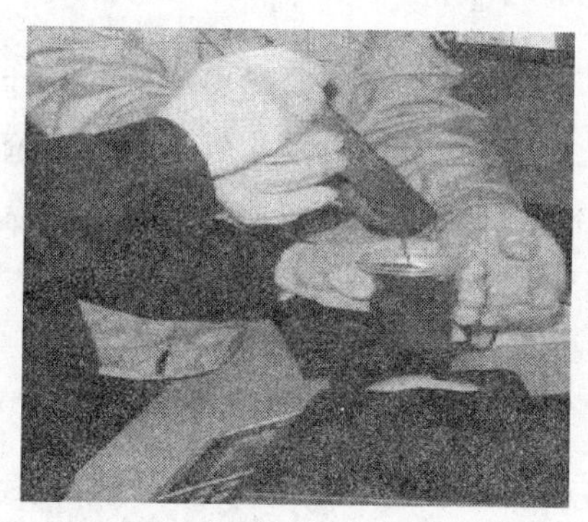

▲粘度的调整

2. 喷枪的选择

用于涂面漆的喷枪，应根据使用目的和涂料的种类进行选择，主要是参阅涂料的使用说明书。

三、涂面漆的方法

涂面漆的操作与涂底漆和二道浆的操作基本相同，只是手法要求更加细腻一些，以获得良好的色彩和光泽效果。

（1）干喷　指喷涂时选择的溶剂要干得快，气压较大，喷涂量较小，温度较高等，喷涂后漆面较干。

（2）湿喷　指喷涂时选择的溶剂要干得慢，气压较小，喷涂量较大，温度较低等，喷涂后漆面较湿。

（3）湿碰湿　湿碰湿与上面讲的湿喷有相似之处，都是不等上一道漆中的溶剂挥发完就继续喷涂。

（4）虚枪喷涂　在喷涂色漆后，将大量溶剂或固体成分调整得极低的涂料喷涂在面漆上的操作称为虚枪喷涂。

（5）雾化喷涂　俗称为飞雾法喷涂，又叫飞漆，一般用于金属漆的喷涂。金属漆的喷涂方式与色漆的喷涂方式大不相同。由于金属漆中含有金属颗粒（有的用云母、珍珠等物制成），密度大，所以喷涂金属漆时一般用雾化喷涂法，与虚枪喷涂有些相似。

（6）带状涂装　当喷涂某个基材表面的边缘时采用此方法。此时应将喷枪扇幅调得相对窄一些，一般调整到大约10cm宽。此时喷出的雾束比较集中，呈带状覆盖。这样可以达到减少过喷、节约原材料的目的。

四、全涂装时面漆的喷涂

涂面漆时必须注意下列事项：首先是涂料不同，其性质有差异，必须弄清楚涂料的特性，在此基础上，确定粘度、喷涂气压力、喷枪运行速度；其次是要根据气温确定粘度并选择稀释剂；最后应注意避免过度喷涂。

1. 单色涂膜的喷涂

对于单色涂膜，不同的种类需要的喷涂方法不一样。现列举其中一例作为参考（涂料粘度用4号福特杯测量）。

（1）第一次喷涂——预喷涂。

涂料粘度	16～20s（20℃）
气压力	343kPa
喷束开度	全开
喷涂流量	1/2～2/3开度
喷枪距离	25～30cm
喷枪移动速度	快

以车身整体喷上一层雾的感觉薄薄地预喷涂一层涂料。喷涂这一层的目的是提高涂料与旧涂膜的附着力，同时确认有无排斥涂料的部位，如果有，则稍加大气压后对该部位进行喷涂，覆盖住涂料排斥部位。

（2）第二次喷涂——形成涂膜

涂料粘度 16~20s（20℃）

气压力 343kPa

喷束开度 全开

喷涂流量 2/3~3/4 开度

喷枪距离 20~25cm

喷枪移动速度 适当

该工序基本形成涂膜，并要达到一定厚度。要尽可能喷厚一些，这是最终获得良好表面质量的基础，但同时要注意不能产生流挂现象，并以此作为标准。

（3）第三次喷涂——表面色调与平整度的调整

涂料粘度 14~18s（20℃）

气压力 294~343kPa

喷束开度 全开

喷涂流量 全开

喷枪距离 20~25cm

喷枪移动速度 适当

由于第二次喷涂已形成了一定厚度的涂膜，因此第三次喷涂的主要目的是调整涂膜色调，同时形成光泽，有时要加入透明涂料，有时要加入干燥得较慢的稀释剂。

单色涂膜一般喷涂三次就能形成所需的膜厚、光泽和色调。如果色调达不到要求，则可将涂料粘度调整到 14s，再喷涂修正一次。

2. 金属闪光色的喷涂

（1）第一次喷涂——预喷涂（金属闪光磁漆）

涂料粘度 14~16s（20℃）

气压力 393~490kPa

喷束开度 全开

喷涂流量 1/2~2/3 开度

喷枪距离 25~30cm

喷枪移动速度 快

以喷雾的感觉对整个车身表面喷涂薄薄的一层涂料，这样既可提高涂料与底层或旧涂膜的附着力，又可确认有无排斥涂料的现象。如果出现排斥现象，则可提高喷射气压（637kPa 左右），对存在排斥现象的部位进行喷涂。

（2）第二次喷涂——决定色调（金属闪光磁漆）

涂料粘度 14~16s（20℃）

气压力	393 ~ 490kPa
喷束开度	全开
喷涂流量	2/3 ~ 3/4 开度
喷枪距离	25 ~ 30cm
喷枪移动速度	稍快

第二次喷涂决定涂膜颜色，喷涂时不必在意出现的喷涂斑纹和金属斑纹，单层喷涂时喷枪移动稍快一点为好。丙烯酸聚氨酯涂料遮盖力较强，一般喷两次就行了，但有的色调需按第二次喷涂方法再喷涂一次。

(3) 第三次喷涂——消除斑纹（过渡层喷涂）喷涂［取金属闪光磁漆（体积分数为 50%）和透明漆（体积分数为 50%）相混合］

涂料粘度	11 ~ 13s（20℃）
气压力	393 ~ 490kPa
喷束开度	全开
喷涂流量	1/2 ~ 2/3 开度
喷枪距离	25 ~ 30cm
喷枪移动速度	快

第三次喷涂的目的是修正第二次喷涂形成的喷涂斑纹和金属斑纹，并形成金属感，也有防止喷涂透明层时引起金属斑纹的作用。

原则上透明涂料和金属闪光磁漆各占 50%（体积分数），但因颜色不同而多少有些变化。例如，浅色彩时，金属闪光磁漆占 20% ~ 30%（体积分数），透明涂料占 70% ~ 80%（体积分数）；银灰色和中等浓度色调时，两种涂料各占 50%（体积分数），或者透明涂料稍多一些，占 60%（体积分数）。

喷涂时，喷枪移动要快，并与涂装表面保持 25 ~ 30cm 的距离，薄薄地喷涂一层，要完全消除金属斑纹。

中间间隔时间：在消除斑纹喷涂结束之后，要设置 10 ~ 15min 的间隔时间，使涂膜中的溶剂挥发。若用指尖轻轻触摸涂面沾不上颜色，则可以进行透明层喷涂。设置中间间隔时间的目的是使金属闪光磁漆涂料的溶剂尽可能挥发。

(4) 第四次喷涂——透明涂料的预喷涂

涂料粘度	12 ~ 14s（20℃）
气压力	294 ~ 343kPa
喷束开度	全开
喷涂流量	2/3 开度
喷枪距离	20 ~ 25cm

喷枪移动速度　　　　稍快

第一次喷涂的透明层不能太厚，若太厚，则会使金属颗粒的排列被打乱。

（5）第五次喷涂——精加工喷涂（透明涂料）

涂料粘度　　　　11～13s（20℃）

气压力　　　　294～343kPa

喷束开度　　　　全开

喷涂流量　　　　全开或3/4开度

喷枪距离　　　　20～25cm

喷枪移动速度　　　　普通或稍慢

由于第二次喷涂透明层后即结束涂装工作，因此要边观察涂膜平整度边仔细喷涂。如果快速移动喷枪，往返两次覆盖，则能得到很理想的表面色泽，尤其是车顶、行李箱盖、发动机罩等，以覆盖两次为好。

当表面平整度不好时，可以加入干燥得慢的稀释剂进行修正，能获得好的加工质量。

五、局部修补涂装时面漆的喷涂

1. 单色调的局部修补涂装

(1)对喷涂了二道浆的表面及边缘部位进行湿打磨，对相邻部位用研磨膏打磨。打磨工作既可以手工进行，也可以将打磨机装上毛巾毡垫打磨头，使用粗颗粒的研磨膏仔细打磨。打磨的目的是除去涂装表面上喷二道浆时粘上的涂料和污物。打磨后要用脱脂剂清除油分和污垢，最后使用有黏性的布仔细除去细小的粉尘	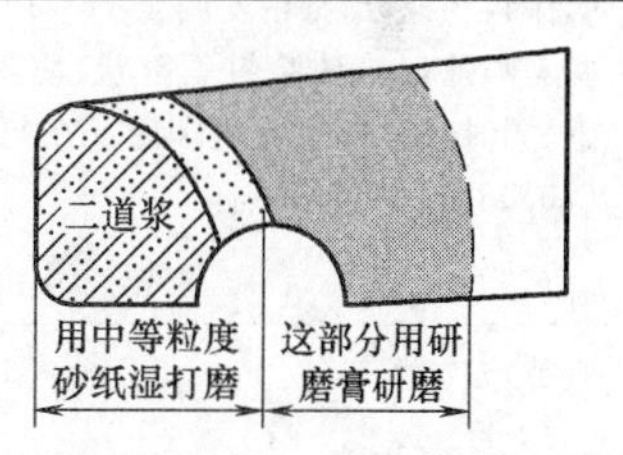
(2)在调好颜色的涂料内，按1:4的体积比加入固化剂，然后加入稀释剂(占总体积的30%～40%)，并将粘度调至14～16s 第一次喷涂薄薄的一层，以提高底层和旧涂膜与涂料的附着力；第二次比第一次喷涂得稍宽一些，并在湿的状态下定出色彩；第三次比第二次要喷涂得更宽一些。并稍加一些稀释剂，将粘度降低到13～14s，以获得高质量的表层。要注意色调应与旧涂膜相吻合	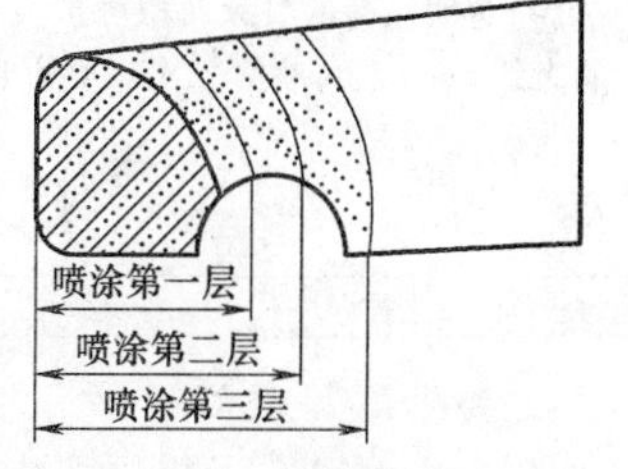
(3)晕色处理：用30%(体积分数)聚氨酯磁漆，加入70%(体积分数)稀释剂，薄薄地喷涂一层，此时如果喷得过多，就会出现流挂现象。 修补涂装的气压力一般为245～294kPa，喷束开度和流量应根据修补面积进行调整。如果修补面积小，则喷束开度应减小，流量也应减小，气压力以196～245kPa为宜	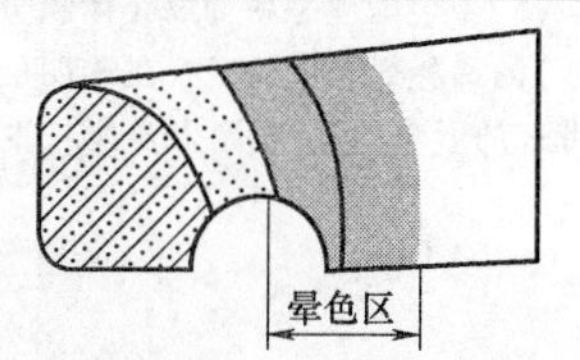

2. 金属闪光色的局部涂装

在准备好金属闪光涂料和透明涂料后，先将调好色的金属闪光涂料以 1:4（体积比）的比例加入固化剂调和好，然后加入稀释剂（占总体积的 50% ~ 70%），将粘度调整到 14 ~ 16s。透明涂料也按同样的比例加入固化剂，并加入稀释剂（占总体积的 10% ~20%），将粘度调为 12 ~13s。完成上述准备工作之后，就可以喷涂了。

(1)二道浆涂层的附近用 400 ~ 600 号的水砂纸进行湿打磨。晕色部位用研磨膏打磨，然后用脱脂剂清洁，再用有黏性的布擦拭，最后用压缩空气吹拂	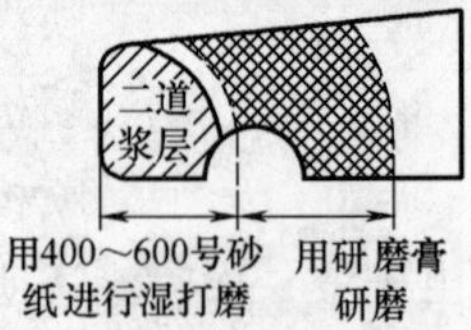 二道浆层 用400~600号砂纸进行湿打磨 用研磨膏研磨
(2)先在二道浆涂层四周喷涂一层透明涂料，以使所喷涂的金属闪光磁漆更光滑。第一次先薄薄地喷涂一层金属闪光磁漆，以提高与二道浆和旧涂膜的随着力。第二次喷涂确定涂膜的颜色，一般喷两三遍，如果着色不好，则需要喷三四遍。第二次不要喷涂得过厚，要均匀、薄薄地喷涂	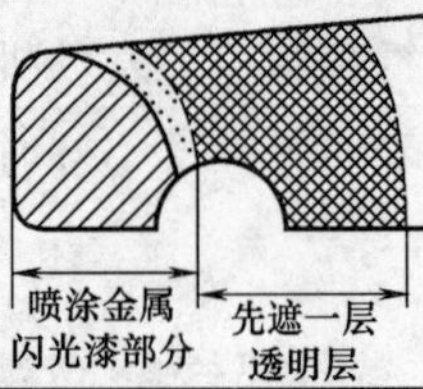 喷涂金属闪光漆部分 先遮一层透明层
(3)将 50%（体积分数）的金属闪光磁漆与 50%（体积分数）的透明涂料相混合，将粘度调至 11 ~12s，喷涂时比图 2 所示喷得更宽一些。喷涂时应使涂料呈雾状，薄薄地喷涂，以消除斑纹，调整金属感，同时兼有晕色处理作用。在每次喷涂之间，需设置 10 ~ 15min（20℃）的间隔时间	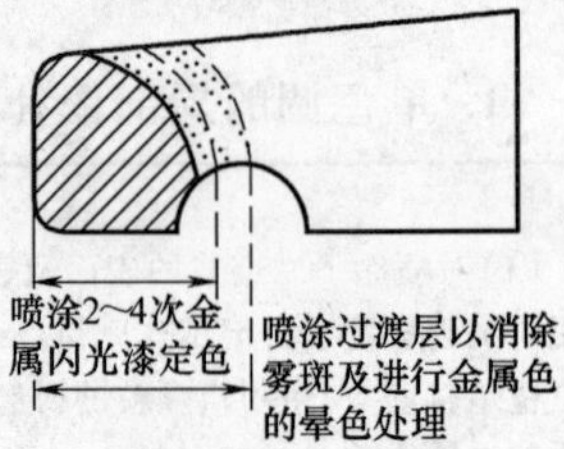 喷涂2~4次金属闪光漆定色 喷涂过渡层以消除雾斑及进行金属色的晕色处理
(4)透明涂料的喷涂面积可扩大一些。第一次薄薄地喷一层，间隔大约 5min 后再喷第二次。要边观察色调边喷涂，以形成光泽	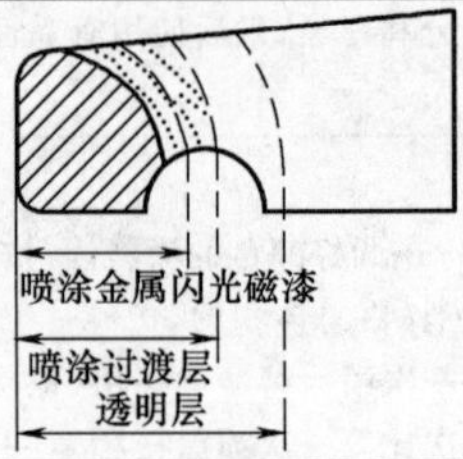 喷涂金属闪光磁漆 喷涂过渡层 透明层
(5)晕色处理是将 20%（体积分数）的透明涂料与 80%（体积分数）的稀释剂混合后喷涂在透明层区域周围，以掩盖由于喷涂雾滴带来的影响注意：喷涂得要薄一些	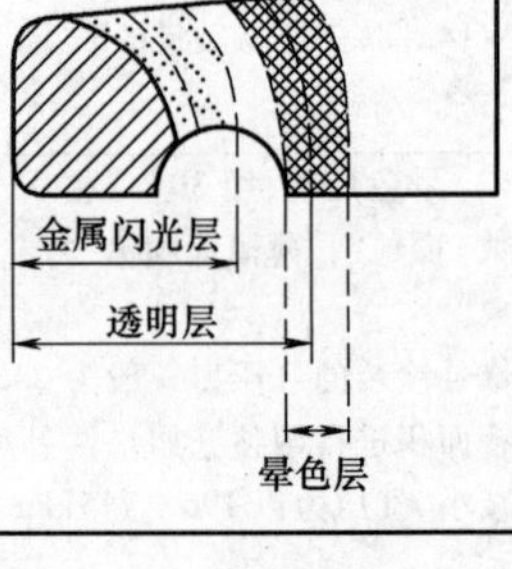 金属闪光层 透明层 晕色层

六、面层的干燥

参阅涂底漆的相关叙述。

七、抛光

抛光是指通过打磨使涂膜显出光泽，除去附着在涂膜表面的灰尘和小麻点，对表面粗糙处和皱皮处进行修整，对部分涂装而言，还包括对晕色部位的打磨等。该项作业既是全涂装和局部涂装的最后一道工序，也是对涂膜的精加工，必须仔细操作。

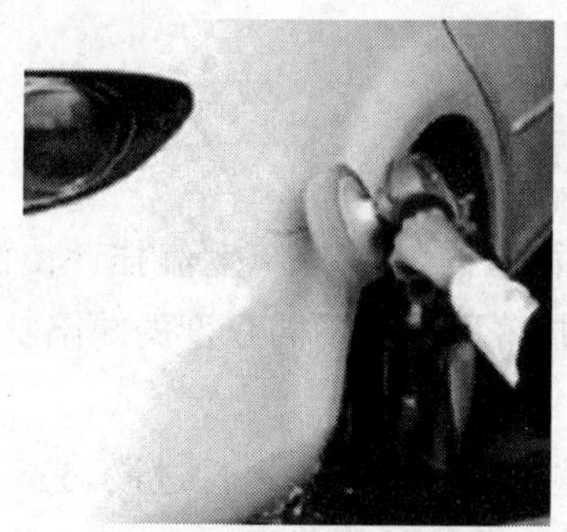

▲抛光

八、打蜡

抛光作业结束后的工序是打蜡。但应注意，有的涂料禁止打蜡。例如，合成纤维素丙烯酸硝基涂膜不能使用油性蜡；聚氨酯涂膜在完全固化之前，最好不要打蜡。另外，针对不同的涂膜，应选择与之相适宜的车身蜡，选择的依据是涂料生产厂家的使用说明书。

第九章

涂膜缺陷的产生及预防

一、流挂的产生及预防

【现象】 喷涂在垂直面上的涂料易产生流挂，使涂膜厚薄不均匀，并产生流滴、流淌的波浪纹，或挂幕下垂等不同程度的缺陷状态（见附录 B）。

【产生原因】

1）喷涂操作不当，重枪过多，喷枪运行过慢。

2）涂料喷出量过多或一次喷涂得过厚。

3）涂料粘度偏低。

4）环境温度过低。

5）涂料中含有密度大的颜料（如硫酸钡）等。

【预防措施】

1）调整喷涂距离，保持喷枪对被涂物表面的垂直状态，减少重枪，调整喷枪运行速度，均匀喷涂。

2）调整涂料喷出量，将一次喷涂厚度控制在 20μm 左右。

3）调整涂料的施工粘度。

4）提高喷涂环境温度。

5）使用蒸发快的稀释剂。

6）调整涂料配方或添加阻流剂，选用具有触变性的涂料。

7）在旧涂膜上涂装新涂料时，预先进行打磨处理。

二、颗粒的产生及预防

【现象】 涂膜中的凸起物呈颗粒状分布在整个或局部表面上（见附录 B）。

【产生原因】

1）被涂物表面不洁净。

2）喷涂环境洁净度差。

3）操作者工作服、手套掉纤维。

4）涂料内的杂质未过滤干净。

5）喷漆室温度过高，风速过大或溶剂挥发得太快。

6）喷枪及涂料管内有漆皮。

7）涂料变质。

8）雾化的涂料过多、过粗，涂料粘度过高。

9）压缩空气不洁净。

【预防措施】

1）保持被涂物表面洁净，磨掉颗粒并用有黏性的抹布擦净或用洁净空气吹净被涂物表面上的尘埃。

2）保持输调漆室、喷漆室、晾干室和烘干室内洁净，送给的空气除尘要充分。

3）操作者要穿戴不掉纤维、不起静电的洁净工作服及手套。

4）喷涂前将涂料过滤干净，并且过滤装置要经常清理或更换。

5）降低喷漆室温度和通风量，加高沸点的溶剂（一般根据季节变化调整稀释剂配方）。

6）喷枪等器具用后要用溶剂清洗干净备用。

7）不使用变质或分散不良的涂料。

8）调整涂料粘度和喷枪雾化状态，注意喷涂距离、喷涂顺序和喷漆室风速。

9）净化压缩空气。

三、咬起的产生及预防

【现象】　涂面漆后，底层被咬起而脱离，产生桔皮、胀起、起泡等现象（见附录B）。

【产生原因】

1）涂料不配套，底层耐溶剂性差或面漆含有能溶胀底层的强溶剂。

2）底层未干透就涂下一道漆。

3）底层太厚。

【预防措施】

1）选择配套性良好的底层涂料。

2）底层干透后再涂下一道漆。

3）在易产生咬底的配套涂层，应先在底层上喷一薄层面漆，等稍干后再喷涂。

四、涂膜发白的产生及预防

【现象】 涂装过程中或刚涂装完毕的涂膜表面呈现乳白色，产生变白的失光现象。发白多发生在挥发性强的涂料所得涂膜上，严重时完全失光，涂膜上出现微孔及力学性能下降（见附录B）。

【产生原因】

1）涂装场所的空气湿度太高。

2）所用的有机溶剂沸点低，而且挥发得太快。

3）被涂物的温度低于室温。

4）涂料和稀释剂含水或压缩空气中含水分。

5）溶剂和稀释剂的选用及配比不恰当，造成树脂从涂膜中析出而发白。

【预防措施】

1）涂装场所的环境温度最好为15～25℃，相对湿度不高于70%。

2）选用沸点较高和挥发速度较低的有机溶剂，可添加防潮剂。

3）涂装前先将被涂物加热，使其比环境温度高10℃左右。

4）防止溶剂和压缩空气中带有水分。

5）防止树脂在成膜过程中析出。

五、露底、盖底不良的产生及预防

【现象】 因漏涂而使被涂面未涂上涂料的现象称为露底；因涂得太薄或涂料的遮盖力太差而未盖着底面的现象称为盖底不良（见附录B）。

【产生原因】

1）涂装不认真而漏涂。

2）涂料遮盖力太差或涂膜太薄和涂料粘度偏小。

3）底层、面层的色差太大，如在深色涂层上涂亮度高的浅色漆。

4）涂料在使用前未搅拌均匀。

【预防措施】

1）选用遮盖力强的涂料，增加涂膜厚度或喷涂次数，且涂料应搅拌均匀。

2）适当增大涂料的施工粘度，或选用固体成分高的涂料，每道漆应达到规定的喷涂厚度。

3）操作者应加强责任心，并提高技术水平。

4）尽量选用面层与底层相近的颜色。

六、拉丝、蛛网的产生及预防

【现象】 在喷涂时涂料雾化不良，成丝状喷出，使涂膜表面呈丝状（见附录 B）。

【产生原因】

1）涂料粘度大，或是制漆用的合成树脂的相对分子质量偏高。

2）选用的溶剂溶解力不足。

3）易拉丝的树脂含量超过无丝喷涂时的含量。

【预防措施】

1）通过试验给涂料选择最适宜的施工粘度或者最适宜的施工固体成分。

2）选用溶解力适当的溶剂。

3）使用相对分子质量分布均匀或相对分子质量较低的树脂。调整涂料配方，降低易拉丝树脂的含量。

七、缩孔、收缩的产生及预防

【现象】 受被涂物表面存在的异物或混入涂料中的异物的影响，涂料不能均匀附着，产生收缩而露出被涂面的现象（见附录 B）。由于该缺陷产生的原因和现象较多，因此将露底面积大且不规则的称为收缩（或“发笑”），将呈圆形的称为缩孔，将圆孔内有颗粒的称为“鱼眼”。

【产生原因】

1）所用涂料的表面张力偏高，流平性差，释放起泡性差，涂料本身对缩孔的敏感性大。

2）调漆工具及设备不干净，使有害异物混入涂料中。

3）被涂物表面不干净，有水、油、灰尘、肥皂、硅酮、打磨灰等异物附着。

4）涂装环境空气不干净，有灰尘、漆雾、硅酮、蜡雾等。

5）涂装中使用的工具、工作服、手套等不干净。

【预防措施】

1）在选用涂料时，不选对缩孔敏感性强的涂料。

2）在涂装车间，无论是设备、工具，还是生产用的辅助材料等，都不能带有对涂膜有害的物质，尤其是硅酮。

3）应保证压缩空气干燥。

4）确保涂装环境清洁，空气中应无灰尘、油雾、漆雾等漂浮物。

5）严禁用裸手、脏手套和脏物接触被涂物表面，确保被涂物表面干燥、清洁。

6）在旧涂膜上喷涂时，应事先用砂纸对其进行打磨、清洗，保证其干燥、清洁。

八、针孔的产生及预防

【现象】 在涂膜上产生针孔状的小孔，像皮革上的毛孔，孔的直径为100μm左右（见附录B）。

【产生原因】

1）涂料的流动性不良，流平性差，释放气泡的能力差。

2）涂料在储运中变质。

3）涂料中混入杂物，如溶剂型涂料中混入水分等。

4）涂装后晾干不充分，烘烤时升温太快，表面干燥过快。

5）被涂物的温度过高和被涂物表面有污物、小孔等缺陷。

6）环境空气湿度过高。

【预防措施】

1）选用合适的涂料，对易产生针孔的涂料加强进厂检验，避免不合格涂料流入生产线。

2）注意涂料容器与涂装工具的清洁和溶剂的质量，防止杂物混入涂料中。

3）涂装后应按工艺规程晾干，添加挥发慢的溶剂，使涂膜的表干速度降低。

4）注意被涂物的湿度和清洁度，消除被涂物表面的小孔。

5）改善涂装环境，使其满足涂装要求。

九、气泡的产生及预防

【现象】 在涂装过程中涂膜表面呈泡状鼓起，或在涂膜中有气泡。烘干型涂料易产生这种缺陷（见附录B）。

【产生原因】

1）溶剂挥发快，涂料的粘度偏高。

2）烘干涂膜时升温太快，晾干时间太短。

3）板材、底层或被涂物表面含有溶剂、水分或气体。

4）搅拌时混入涂料中的气体未释放完就涂装，或在刷涂时刷子走动得太快而混入空气。

5）木质底材上涂氨基醇酸树脂涂料。

【预防措施】

1）使用指定溶剂，涂料施工粘度应按涂装工艺选择，不宜偏高。

2）烘干涂膜时升温不宜过快。

3）底材、底层或被涂物表面应干燥、清洁，不应含有水分和溶剂。

4）添加醇类溶剂或消泡剂。

5）选择与木质底材配套的涂料。

十、起皱的产生及预防

【现象】 在干燥过程中涂膜表面出现凹凸不平且呈平行的线状或无规则线状等现象（见附录B）。

【产生原因】

1）桐油制的油性漆易产生起皱现象。

2）在涂料中添加了过多的钴催干剂和锰催干剂。

3）烘干涂膜时升温过快，表面干燥得过快。

4）涂膜过厚或在浸涂时产生“肥厚”的边缘。

5）氨基漆晾干过度，表干后再烘干，易产生起皱现象。

【预防措施】

1）控制桐油的使用量。

2）少用钴催干剂和锰催干剂，多用铅催干剂或锌催干剂，对烘干型涂料采用锌催干剂。

3）将涂膜厚度控制在不起皱的厚度限值内。

4）严格执行晾干或烘干的工艺规范。

5）使用防起皱剂。油性的醇酸树脂漆稍涂厚一些，在烘干时就会起皱，可添加少量（体积分数小于5%）氨基树脂作为防起皱剂，一次喷涂到40μm以上也不起皱。

6）氨基面漆按规定时间晾干后，即可进行烘干。

十一、桔皮的产生及预防

【现象】 在喷涂时不能形成平滑的干涂膜，而形成桔皮状的凹凸现象，凹凸度约为3μm（见附录B）。

【产生原因】

1）涂料的粘度大、流平性差。

2）压缩空气压力低，涂料喷出量过大和喷涂工具不佳，导致雾化不良。

3）被涂物和空气温度偏高，喷漆室内风速过大，溶剂挥发过快。

4）晾干时间短，喷涂厚度不足。

5）喷涂距离太大等。

【预防措施】

1）选用合适的溶剂；添加流平剂或挥发慢的高沸点有机溶剂，以改善涂料的流平性。

2）选择合适的空气压力，选择涂料喷出量和雾化性能好的喷涂工具，使涂料达到良好的雾化效果。

3）一次性喷涂到规定厚度，适当延长晾干时间，不宜过早进入高温炉烘烤。

4）被涂物温度应冷却到50℃以下，喷漆室温度应维持在20℃左右。

5）调整喷涂距离。

附　　录

附录 A　全车涂装顺序

9
10
11
12
13
14
15
16
17

附录 B　常见涂膜缺陷

流挂

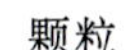

颗粒

咬起

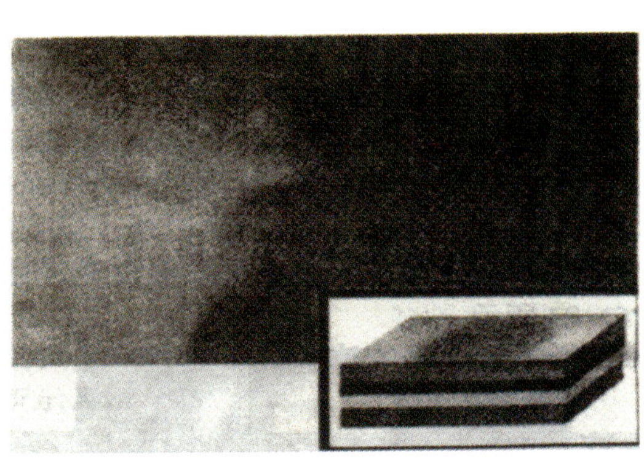

涂膜发白

露底、盖底不良

拉丝、蛛网

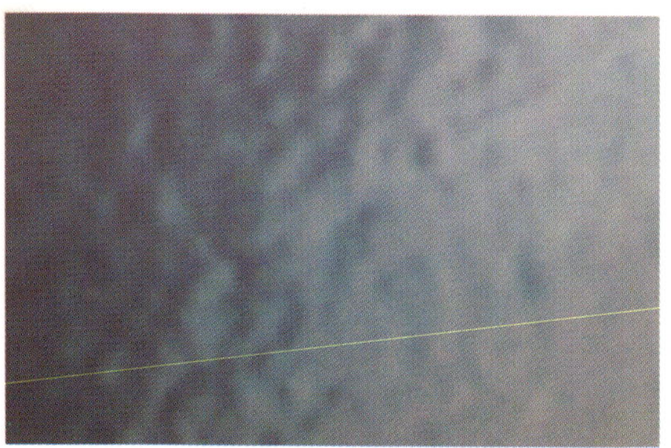

缩孔、收缩

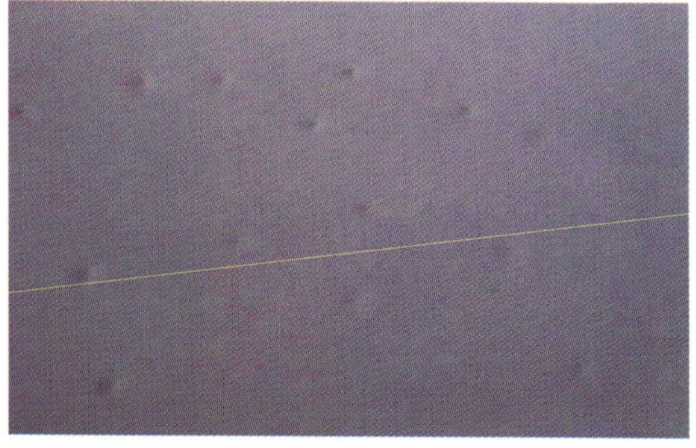

针孔

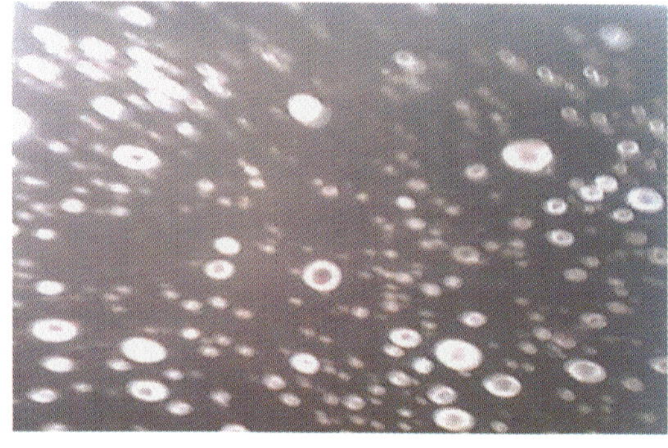

气泡

起皱

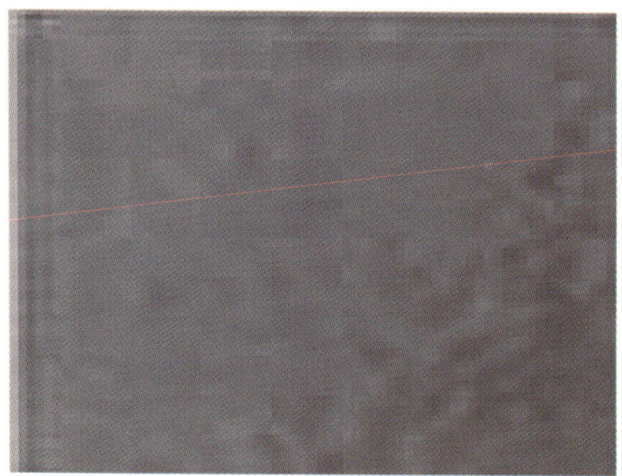

桔皮